MEIGUO BIJIAO ZHENGZHIXUE DE
BAINIAN XUESHU FAZHAN YANJIU

美国比较政治学的百年学术发展研究

张春满 ——— 著

复旦大学出版社

国家社科基金后期资助项目
出版说明

　　后期资助项目是国家社科基金设立的一类重要项目,旨在鼓励广大社科研究者潜心治学,支持基础研究多出优秀成果。它是经过严格评审,从接近完成的科研成果中遴选立项的。为扩大后期资助项目的影响,更好地推动学术发展,促进成果转化,全国哲学社会科学工作办公室按照"统一设计、统一标识、统一版式、形成系列"的总体要求,组织出版国家社科基金后期资助项目成果。

全国哲学社会科学工作办公室

目 录
Contents

绪论 ··· 1

第一章　本书的研究对象与研究方法 ·· 7
 第一节　比较政治学是什么 ·· 7
 第二节　为何要研究美国的比较政治学 ·· 12
 第三节　本书的研究方法 ·· 17

第二章　美国比较政治学的发轫 ·· 20
 第一节　19世纪末20世纪初美国比较政治学的萌芽 ······························ 20
 第二节　美国比较政治学发轫的理论基础 ······································ 22
 第三节　美国比较政治学发轫的人才基础 ······································ 23
 第四节　美国比较政治学发轫的国家基础 ······································ 26

第三章　美国比较政治学研究议题的百年发展演变 ································ 28
 第一节　美国比较政治学发展早期的研究议题 ·································· 28
 第二节　第二次世界大战结束后美国比较政治学研究议题的
    转变 ·· 30
 第三节　冷战结束后美国比较政治学的新议题 ·································· 32
 第四节　美国比较政治学的重点与经典议题 ···································· 35

第四章　美国比较政治学研究范式的百年演化 ···································· 38
 第一节　研究范式及其社会科学意义 ·· 38
 第二节　美国比较政治学早期的旧制度主义范式 ································ 39
 第三节　行为主义革命的兴起与旧制度主义范式的消退 ·························· 41
 第四节　新制度主义研究范式的兴起 ·· 47

第五节　研究范式的多元化与实用主义原则的突围 ………… 50

第五章　美国比较政治学研究方法的百年演化 …………… 53
第一节　定性分析与美国比较政治学早期的模糊方法论 …… 53
第二节　定量研究与行为主义政治学的兴起 ………………… 55
第三节　混合研究方法的兴起和发展 ………………………… 57
第四节　美国比较政治学研究方法在论战中寻求创新 ……… 61

第六章　美国比较政治学代表性理论的贡献与局限 ………… 64
第一节　政治发展理论的贡献与局限 ………………………… 64
第二节　国家理论的贡献与局限 ……………………………… 68
第三节　政党理论的贡献与局限 ……………………………… 75
第四节　选举理论的贡献与局限 ……………………………… 80
第五节　制度理论的贡献与局限 ……………………………… 87

第七章　美国比较政治学代表性学者的贡献与局限 ………… 93
第一节　加布里埃尔·阿尔蒙德的理论贡献与局限 ………… 93
第二节　理查德·卡茨的理论贡献与局限 …………………… 102
第三节　阿伦德·利普哈特的理论贡献与局限 ……………… 106
第四节　塞缪尔·亨廷顿的理论贡献与局限 ………………… 111
第五节　罗纳德·英格尔哈特的理论贡献与局限 …………… 118
第六节　西摩·李普塞特的理论贡献与局限 ………………… 123

第八章　美国比较政治学中的中国政治研究 ………………… 128
第一节　中国政治研究在美国比较政治学中的发展过程与角色
　　　　……………………………………………………………… 128
第二节　从单一到多元：美国的中国政治研究的议题演化 …… 134
第三节　从质性到量化：美国的中国政治研究的方法论转向 … 138
第四节　跨越两大鸿沟：美国的中国政治研究的前景 ……… 141

第九章　美国比较政治学的发展困境与未来挑战 …………… 146
第一节　欧洲中心论的视角还能走多远 ……………………… 146

第二节　问题优先、方法优先还是西方意识形态优先 …………… 147

　　第三节　美国比较政治学如何直面百年未有之大变局的挑战

　　　　　　……………………………………………………………… 150

　　第四节　美国比较政治学研究向何处去 ………………………… 151

结论：打破西方对比较政治学理论话语权的垄断 …………………… 153

附录 …………………………………………………………………… 165

主要参考文献 ………………………………………………………… 197

绪　　论

比较政治学是现代政治学的一个重要研究分支。国内外学者在比较政治学领域已经产生了丰硕的成果。建构具有中国特色的比较政治学具有重要的理论和现实意义。一方面，中国特色社会主义道路自信、理论自信、制度自信、文化自信要求我们在社会科学学科发展中建构自己的主体性；另一方面，服务国家"一带一路"倡议需要加强对共建"一带一路"国家政治状况的比较研究。环视全球，经过长达一百多年的发展，美国的比较政治学已经发展成为学术水平最高、学术影响力最大、学术成熟度最高的学科体系，对维护美国的国家利益发挥了巨大的作用。构建具有中国特色的比较政治学，需要积极学习和借鉴国外比较政治学的发展规律。近些年来，以杨光斌、潘维、张小劲、景跃进、李路曲、佟德志、王正绪、高奇琦等为代表的国内学者对西方重要的比较政治学理论进行了系统性的介绍和评述。[①] 一部分学者对比较政治学中的重要议题进行了引介和讨论。与此同时，为了推动中国特色的比较政治学发展，我国学界开始对西方比较政治学进行学科反思，并且讨论西方理论与本土理论的关系问题。[②] 尽管我国引介了一些西方尤其是美国的比较政治学的概念、理论和研究范式，但是截至目前，学术界还没有系统地梳理美国比较政治学的百年发展演变。事实上，以美国为代表的西方比较政治学已经走过了百年发展历程，而我国引介的成果大部分是美国最近几十年的研究成果。我国政治学界是在改革开放之后才开始注意加强与国外的学术交流，这导致我们对美国早期和中期的比较政治研究

---

① 参见杨光斌：《比较政治学：理论与方法》，北京大学出版社2016年版；潘维：《比较政治学理论与方法》，北京大学出版社2014年版；张小劲、景跃进：《比较政治学导论》，中国人民大学出版社2008年版；李路曲：《解析比较政治学》，中央编译出版社2015年版；王正绪、耿曙、唐世平主编：《比较政治学》，复旦大学出版社2021年版；高奇琦：《比较政治学》，高等教育出版社2016年版。

② 李辉、熊易寒、唐世平：《中国的比较政治学研究：缺憾和可能的突破》，《经济社会体制比较》2013年第1期；李路曲：《中国特色比较政治学话语体系的建构及其面临的问题》，《学海》2018年第1期。

了解有限。正所谓"不谋全局者不足谋一域",我们需要对美国比较政治学的百年发展历程有一个比较全面、系统和丰富的认识,这有利于我们更好地掌握和利用西方的社会科学知识,更有利于建构具有中国特色的哲学社会科学。

莎士比亚说过,一千个观众的眼中有一千个哈姆雷特。学者对于比较政治学的理解也是如此。在比较政治学蓬勃发展的今天,对于什么是比较政治学、比较政治学的学科边界、国家之间的可比较性与不可比较性、比较政治学与区域国别研究的关系等问题,在中外学术界是一个仁者见仁、智者见智的问题。笔者首次接触比较政治学的知识是2008年在国内本科学习期间,虽然学习了一些基本的比较政治学理论,但是仍然处于云里雾里的状态。在加拿大英属哥伦比亚大学(University of British Columbia)攻读硕士学位期间,笔者在西方拉美政治研究的著名学者麦克斯韦·卡梅伦(Maxwell Cameron)为博士生开设的比较政治学课程中学习西方的比较政治学。这是我第一次在西方学者的指导下学习美国的比较政治学理论。笔者当时以为比较政治学就是卡梅伦的课程所展现出的样子。后来,笔者又在约翰斯·霍普金斯大学(Johns Hopkins University)攻读博士学位期间跟随西方政党政治研究的权威学者理查德·卡茨(Richard Katz)教授等人学习比较政治学,那时候笔者意识到霍普金斯大学的比较政治学教学内容与在英属哥伦比亚大学期间学习的内容又不一样。当笔者于2018年博士毕业回到复旦大学开始工作的时候,发现国内学界对于比较政治学的理解与西方又不一样。在过去的十多年里,这份独特的求学和工作经历不断冲击着笔者对比较政治学的认识,也促使笔者能够在审慎的中西比较视角中系统地回顾、总结和反思美国的比较政治学。

本书由绪论、九章和结论组成。第一章向读者介绍本书的研究对象与研究方法。在这一章,我们首先要界定比较政治学是什么,在充分列举和讨论国内外学术界对于比较政治学的定义和讨论的基础之上,我们会提出一个比较政治学的学科定义。接下来,我们会对美国比较政治学的百年发展阶段进行一个简略的总结,目的是从这个发展阶段的演变出发探讨我国学术界研究美国比较政治学的意义。具体而言,这包括理解三个比较重要的问题:第一个问题是美国比较政治学的百年发展呈现出什么特点和规律;第二个问题是如何认识美国比较政治学在开放性和本土性之间发展出自己的理论体系;第三个问题是美国比较政治学的发展有哪些问题值得我们关注和反思。这一章的最后一部分介绍本书的研究方法。我们采用了面-线-点相结合的三位一体研究法,既能够从整体上为美国比较政治学的发展勾勒出一个宏观的图景,也能从代表性理论和代表性学者的角度从中层和微观层面展现美国比较政治学发展的线索、轨迹和细节。

第二章比较详细地介绍了美国比较政治学在19世纪末20世纪初发轫阶段的主要状况。本书之所以在内容上单独把这个阶段独立成章来介绍,是因为考虑到我国的比较政治学当前恰好处于发轫阶段,对美国比较政治学这一阶段的研究对我国学界具有极强的参考价值。我们通过搜集和整理国内外的资料和文献,对这一阶段美国比较政治学的发展状态进行梳理。包括介绍美国政治学在这一阶段的发展情况,以及这一时期比较有开拓性和代表性的研究成果。在此基础之上,我们将重点讨论美国比较政治学发轫的三大基础:理论基础、人才基础和国家基础。一个学科和学术研究方向的兴起必须具有一定的支撑条件,否则,就是空中楼阁,难以发展壮大。美国之所以在起步稍晚的情况下能够超越欧洲把比较政治学发展到今天这样繁荣的景象,很重要的一个原因就是早期打基础阶段成效斐然。这一章的目的是剖析美国比较政治学如何打下早期的发展基础。

从第三章到第五章,本书将从议题、范式和方法三个维度对美国比较政治学的百年发展进行"面"的介绍和讨论。第三章的主要内容是分不同发展阶段对美国比较政治学的研究议题变化进行阐述和讨论。美国比较政治学界在不同发展阶段关注的议题呈现出较大的差异性。虽然也存在诸如政党议题一类比较经典的研究议题,但是总体上来看,美国比较政治学研究的议题处于不断变化之中。另外,议题的范围也从比较宏观的领域向中观和微观领域的议题转变。进入21世纪以来,一些更加新潮的议题开始出现和占据学术讨论的中心,这反映了美国的比较政治学在总体上是与现实紧密联系在一起的。与此同时,我们也应该看到美国的比较政治学忽视了一些研究议题,尤其是非西方国家的研究议题不一定会受到美国学界的重视。

第四章对美国比较政治学研究范式的百年演化进行分析。研究范式对于指导社会科学研究具有十分重要的意义。美国学者推动比较政治学研究的重大成果之一,就是在不同时期发展和总结出了不同的研究范式。这一章会对早期的旧制度主义研究范式、行为主义研究范式、后行为主义研究范式和新制度主义研究范式进行比较详细的讨论。这些研究范式集中反映了美国比较政治学界学习欧洲同行最终超越欧洲同行的研究历程。尤其是行为主义研究范式和新制度主义研究范式,它们非常鲜明地体现了美国比较政治学的学科底色和研究品位。进入21世纪,美国比较政治学界已经不拘泥于某一种特定的研究范式来开展研究,更多的时候是采用实用主义的研究立场,灵活折中地对研究范式进行取舍。

第五章从研究方法的角度讨论美国比较政治学的百年学术发展。在美国比较政治学发展的早期,大部分学者没有方法论意识。这在当时是西方社会科学界一个比较普遍的问题。美国比较政治学研究能够从早期的简单描述式的研究走向今天科学规范的政治科学研究,研究方法的转变和创新功不可没。行为主义革命的兴起,促使美国比较政治学界整体上向定量研究方法倾斜。但是坚持质性研究方法的学术力量也在不断地对研究方法的发展贡献力量。尤其是定量研究团体与定性研究团体开展的几次方法论"论战",更是将美国比较政治学的方法论发展水平提升了几个台阶。美国比较政治学发展到今天,研究方法已经变得丰富多元。自然科学和其他社会科学广泛使用的方法也在比较政治学研究中大行其道。还有一些学者主张利用混合研究方法来开展比较政治学研究。对于方法的重视虽然推动了美国比较政治学的发展,但是也产生了一种消极的倾向,即部分学者过分依赖方法创新而忽视了研究问题的实际意义。换句话说,就是完全为了方法而方法,不考虑与现实的联系。

第六章进一步深化对美国比较政治学百年发展的研究。与第三、四、五章不同的是,这一章是在"线"的层面进行更多的补充介绍和学理讨论。我们选取了几个代表性的理论作为重要线索来梳理美国比较政治学的百年发展历程。这些代表性的理论包括政治发展理论、国家理论、政党理论、选举理论和制度理论。尽管我们没有穷尽美国比较政治学的所有代表性理论,但是这些代表性理论就像大厦的支柱一样,基本上能够支撑起美国比较政治学这间大厦。每个国家的政治学界都要讨论和研究政治发展、国家、政党和制度等问题,但是美国比较政治学界对这些问题的理论认识是自成一体的。美国比较政治学界一直坚持欧洲中心论和美国例外论的立场,因此,这些美国比较政治学的代表性理论也有很多值得我们反思和扬弃的内容。我们需要用马克思主义政治学的立场批判地看待和认识这些理论。

第七章选取美国比较政治学界几位代表性的学者作为"点"来为美国比较政治学的百年学术发展研究提供更多生动的细节。学术研究归根结底要依赖学者尤其是著名学者来推动和发展。例如,一想到近代物理学的发展,我们就会想到阿尔伯特·爱因斯坦(Albert Einstein)、詹姆斯·麦克斯韦(James Maxwell)、尼尔斯·玻尔(Niels Bohr)等著名科学家。同理,在美国比较政治学的百年发展历程中,诸如加布里埃尔·阿尔蒙德(Gabriel Almond)、塞缪尔·亨廷顿(Samuel Huntington)、阿伦德·利普哈特(Arend Lijphart)等人对比较政治学的发展作出了巨大的贡献。他们的贡献一方面体现在理论发展方面,另一方面体现在扩大了比较政治学的学术影响力。今天,当我们研究政治文化、现代化、政党等问题时，我们是无法绕开阿尔蒙德、罗纳德·英格尔哈特（Ronald Inglehart）、亨廷顿、理查德·卡茨等美国学者的。需要说明的是，美国比较政治学界代表性的学者比较多，如果要把这些代表性学者都讨论一遍，恐怕写一本书都无法完成任务。碍于篇幅的限制，本书选取了加布里埃尔·阿尔蒙德、理查德·卡茨、阿伦德·利普哈特、塞缪尔·亨廷顿、罗纳德·英格尔哈特、西摩·李普塞特共六位代表性学者。阿尔蒙德是政治文化和政治发展等多个研究领域的开拓者，同时也是美国比较政治学的学术组织者和推动者。理查德·卡茨是美国比较政治学界政党研究的代表性学者，而且他与欧洲比较政治研究学者的紧密合作非常具有代表性。阿伦德·利普哈特是比较政府与民主模式研究领域的旗手。罗纳德·英格尔哈特是政治文化和后现代化研究领域鼎鼎大名的学者。亨廷顿的学术声誉更不必说，他的影响力之大在比较政治学界是极为罕见的。西摩·李普塞特在政治社会学和政党研究领域也是一位具有卓越声誉的美国学者。

第八章为读者展示了美国比较政治学百年发展过程中的中国政治研究。中国是一个东方大国，即使在1949年之前，这头"沉睡的雄狮"就令世界侧目。中华人民共和国成立之后，在中国共产党的领导下，中华民族迎来了从站起来、富起来到强起来的伟大飞跃。今天的中国已经是世界上第二大经济体，是工业产值最高的社会主义国家。美国与我国在政治制度和经济制度方面存在根本性的差异，美国比较政治学界对中国政治的研究自然会与我国本土的中国政治研究不同。我们研究发现，美国的比较政治学在百年发展过程中对于中国政治的关注存在较大的波动。改革开放之前，中国政治研究处于非常边缘的地位；改革开放之后，中国政治研究的重要性在美国比较政治学界迅速上升。但是中国政治研究仍然没有完全融入美国比较政治学发展的主流。这表现为中国政治研究的概念和理论还没有进入主流的比较政治学的教学和研究之中。美国的中国政治研究与我国本土的中国政治研究在研究议题、研究方法和受众对象等方面越走越远。

第九章是本书正文部分的最后一章，主要内容是讨论美国比较政治学的发展困境和未来挑战。我们发现，美国的比较政治学经过百年发展取得了很大的成就，但是我们也应该注意它存在的问题和缺憾。美国的比较政治学虽然是研究美国之外的其他国家，但是美国比较政治学的理论研究被深深地打上了美国制度的烙印。从很多方面来讲，美国的比较政治学研究服务于美国的国家利益需要，要维护美国政治制度的正当性和合法性。对于非西方国家，美国比较政治学的学者很少注意到他们的特殊性，更多的是挖掘他们的共性。这就是形成了所谓的普遍性理论知识。但是这种逻辑存在突出的问题，从方法论的角度来讲，非西方国家中的大国和小国是不能放在一起比较的。比如，把具有14亿人口的中国和一个只有几百万人口的小国都纳入案例库中进行比较研究，这种比较的结果在科学性方面必然存疑。而且欧洲中心论的研究视角在一定程度上禁锢了美国比较政治学的理论想象力。在理论突破比较难以实现的情况下，越来越多的美国比较政治学者致力于在研究方法上的创新。方法论的创新是值得鼓励的，但是部分学者过分看重研究方法的新颖而与研究现实脱节，这也是一种不可取的研究取向。当然，这些问题还不是美国比较政治学面临的最大困境。最大的挑战是美国的比较政治学如何回应百年未有之大变局的挑战。西方发达国家抗疫的惨痛经历能否让美国的比较政治学者认识到西方国家内部的问题？中国消除绝对贫困的成功实践又能否让他们认识到社会主义制度和中国共产党领导的优势？气候变化、全球疫情、经济复苏等全球问题能否给比较政治学带来新的理论想象力？这些问题是美国比较政治学目前很难回答的问题，但又是在未来不得不回答的问题。

结论部分的主题是思考和分析如何打破以美国为代表的西方对于比较政治学理论话语权的垄断。2016年，习近平总书记在哲学社会科学座谈会上发表了重要的"5·17讲话"。总书记提出我国要加快构建中国特色的哲学社会科学，这对于发展我国的比较政治学具有重大的指导意义。美国比较政治学的发展规律和发展经验值得我国认真总结和学习。尽管比较政治学理论的话语权目前掌握在西方学术界的手中，但是随着中国日益进入世界政治舞台的中央，我们对世界各国的认识不断加深，我们有信心、有能力、有责任构建具有中国特色的比较政治学知识体系。我国不能成为西方理论的"传声筒"，我们要做中国理论的"发声器"。我国的政治学、国际关系和公共管理学界（大政治学领域）都对构建中国的学科话语体系提出了自己的思考。我们在分析和讨论这些思考内容的基础之上，对发展具有中国特色的比较政治学提出我们的思路。打破以美国为代表的西方对于比较政治学理论话语权的垄断势在必行，这也是我国学术界的重大责任和使命。

第一章 本书的研究对象与研究方法

本章是本书的第一章,由三个小节组成。第一节首先充分列举、讨论和分析国内外众多比较政治学的定义,在此基础之上,本书将提出一个新的定义。第二节简要概述美国比较政治学的发展历程和阶段,通过展示美国比较政治学的百年发展,促使我们思考它能为我国发展比较政治学带来哪些启发。第三节介绍本书的研究方法。

第一节 比较政治学是什么

既然本书的内容是对美国比较政治学的百年学术发展历程进行梳理和讨论,我们首先需要界定什么是比较政治学。明确了什么是比较政治学和什么不是比较政治学,我们就可以对美国比较政治学的发展情况进行系统的梳理。国内外学者对于比较政治学的定义和研究范围尚存在一些争论。在美国大学的政治科学系或者政府系中,比较政治学是一个重要的研究方向,通常与美国政治、国际关系、政治哲学等研究方向并列。在中国,我国的学科体系没有明确列出比较政治学这个二级学科,与之关系最为紧密的可能是中外政治制度。中外政治制度属于法学门类政治学一级学科下设的二级学科,在我国众多高校中都有开设。

关于比较政治学的定义五花八门,我们无法穷尽所有。首先介绍和讨论部分国外的定义,之后介绍和讨论部分国内比较有代表性的定义。爱尔兰比较政治学家彼得·梅尔(Peter Mair)认为:"比较政治学主要由三个部分组成:一是国别研究,即以某一国家的政治制度或政治过程为内容的个案研究;二是国家之间的系统比较,即辨识不同政治系统之间的不同与相同之处,并以此形成一定程度上可以检验的理论;三是比较的研究方法,即比较的规则与标准、比较分析的层次、比较本身的局限性和适用性等。"①这是一个内涵和外延都比较宽泛的定义,包括的学科内容比较广泛。一些学者倾向于把比较政治学与国别研究分开处理,拒绝把国别研究纳入比较政治学的范畴。按照卡尔斯·博伊克斯(Carles Boix)和苏珊·斯托克斯(Susan Stokes)在《牛津政治学手册》中所表达的观点,研究国别政治也是比较政治学的一部分。两位作者说:"从1960年代到1980年代,顶尖政治学系所培养的大部分比较政治学研究生都是在开展一个地区或者国家的研究。所以,'比较'这个词汇在很多时候是有误导性的。比较政治学并没有包含多少比较,主要是对美国之外的一个国家的政治开展研究。"②这里突出强调对美国之外的国家开展政治方面的研究,表现出很强的美国例外论的色彩。纽约大学图书馆为比较政治学做出了如下的定义:"比较政治学是对其他国家、公民、不同政治单元的部分或者整体的比较研究。它要分析这些政治单元的相似点和差异点。比较政治学也包含对于美国以外的政治思想的研究。"③这个定义比较有意思的部分是包含了对于其他国家政治思想的研究。

我们再进一步列举和讨论美国比较政治学的教科书中对于比较政治学的定义。美国学界出版了多部比较政治学的教科书,而这些教科书的作者对比较政治学的定义却不尽相同。帕特里克·奥尼尔(Patrick O'Neil)认为:"比较政治学就是对不同国家的国内政治进行研究和比较。"④霍华德·威亚达(Howard Wiarda)在他的教科书中认为:"比较政治学是对世界上诸多政治体制进行系统的比较和研究。它尝试解释国家间的差异和相似点。与对单一国家开展的新闻报道不同的是,比较政治学非常热衷于讨论政治系统间的模式、过程和规律。"⑤露丝·莱因(Ruth Lane)认为:"比较政治学既是一个世界又是一个学科。作为一个世界,比较政治学包含大量的政治行为和制度;作为一个学科,比较政治学是一个急迫想要包含、理解和解释甚至要影响比较政治世界的一个研究领域。"⑥格雷戈里·马勒(Gregory Mahler)认为:"比较政治学差不多就是对政治的比较研究。它要在不同的

---

① 参见彼得·梅尔:《比较政治学:综述》,载[美]罗伯特·古丁、汉斯-迪特尔·克林格曼主编:《政治科学新手册》,钟开斌等译,生活·读书·新知三联书店2006年版,第444—445页。
② Carles Boix and Susan Stokes, "Overview of Comparative Politics", in Goodin, Robert ed. *The Oxford Handbook of Political Science*, Oxford: Oxford University Press, 2009, p.544.
③ https://guides.nyu.edu/polisci/comparative-politics.
④ O'Neil, Patrick, *Essentials of Comparative Politics*, 5th ed., New York: Norton, 2015, p.5.
⑤ Wiarda, Howard J., *Introduction to Comparative Politics: Concepts and Processes*, 2nd ed., Fort Worth, TX: Harcourt College, 2000, p.7.
⑥ Ruth Lane, *The Art of Comparative Politics*, Boston: Allyn and Bacon, 1997, p.2.

政治现象中寻求差异和相似之处。这包括政治机构(立法部门、政党、政治利益集团)、政治行为(投票、示威、阅读政治宣传手册)、政治理念(自由主义、保守主义和马克思主义等)。政治包括的所有内容,比较政治学都会进行研究。比较政治学就是在开展研究的时候在头脑中有一个明确的比较的意识。"①尽管这些教科书中的定义五花八门,但是它们都包含着比较的意识和理念,只是比较的侧重点存在较大的差别。

在国外的比较政治学教科书中,国外学者非常注重向读者表明比较的意义。我们为何要进行比较?日常生活中比较的含义与学术研究中比较的含义存在差异。在我们的日常生活中,我们会发现比较是无处不在的。我们比较的目的是确定更优的选择。我们在挑选水果时,不会看到一个水果就立即付钱买下。大部分人的做法是会挑挑选选,比较一下找到自己最满意的水果然后买下。学生们在大学选什么课也会进行比较,他们会比较不同教师的教学风格、课程的难易程度、作业量的多寡、与自己专业的契合度等。比较政治学中的"比较"从学术的角度上来讲是什么含义?很显然,比较政治学中的"比较"尽管涉及对不同政治制度、政治过程和政治活动的比较,但是(首要)目的并不是要为读者或者作者找出最优的选择。政治层面的很多现象和制度一般很难直接判定是好还是不好,加之各国国家的国情、历史、文化和发展状况不同,人为主观地判断政治现象和制度的好坏优劣往往站不住脚。既然如此,学术界开展比较的意义在哪里?如果不是为了寻求更优的选择或者作出判断,比较还具有什么目的和意义?美国学者蒂莫西·林(Timothy Lim)在他的教科书《开展比较政治学研究》中为我们总结了比较的三种学术目的。

简单来讲,蒂莫西·林认为学术界中开展的比较有三个目的(见表1-1)。第一个目的是通过开展比较进行控制。控制是一种具体的实验做法,是自然科学中开展实验的关键,只有控制了变量,我们才能确认某一个变量或者因素是否发挥作用。在社会科学中,我们同样可以进行控制,比较方法的引入就是为了实现在不同的案例和情境中进行控制,从而检测特定的假设和理论。第二个目的是通过开展比较进行理解。学者的出发点是要理解某一单独的案例,但是孤立地开展单一案例研究会遭遇"盲人摸象"的困境。在这种情况下,引入比较方法,引入其他案例就显得极为重要。比较的意义是为了通过比较来加深对单一案例的研究深度,形成更加深刻的认

---

① Gregory Mahler, *Comparative Politics: An Institutional and Cross-National Approach*, 3rd ed., Upper Saddle River: Prentice-Hall, 2000, p.3.

识。第三个目的是通过开展比较进行解释。学者需要通过对多个案例的比较分析探索变量之间的因果关系。这个过程就是理论发现的过程,是因果机制的识别过程。只有通过对不同的案例开展层层深入的研究,我们才能不断地进行归纳,最后得出一个分析性的结论。

表 1-1 比较的三种目的

	通过比较进行控制	通过比较进行理解	通过比较进行解释
基本策略或目的	比较性的检测	解释	分析性的归纳
比较性分析的逻辑或方法	研究人员使用一系列案例来检测(验证或伪造)特定的主张,假设或理论	研究人员主要对单个案例感兴趣,并使用不同的案例或一般理论作为了解所研究案例的方式	研究人员应用多个案例作为建立更强理论解释的方法。案例应用是层层递进的,每个案例都有助于发展一般理论
简单示例	(1) 从一个主张开始:高水平的枪支拥有率将导致高概率的枪支凶杀案	(1) 从具体案例(以及具体问题)开始:在南非,凶杀案发生概率高	(1) 从一般理论开始:关于民主化的结构理论
	(2) 检测这一主张:研究者测试一系列国家并掌握其枪支拥有权情况;如果具有最高枪支拥有率的国家拥有低的枪支凶杀案概率,这一主张就是伪造的,且必须摒弃。反之,亦然	(2) 应用现有的理论以及其他案例,从而更好地理解本案例:研究者应用一系列的枪支暴力相关理论,从而更好地理解为什么南非是世界上最暴力的国家。研究者也应用其他多个案例,并从中寻找这些案例传达的关于南非的信息	(2) 应用众多案例强化这一理论:研究者从墨西哥民主化进程入手。这将引导研究者修改理论要素;接下来,研究者钻研中国台湾地区、波兰以及乌克兰。每个案例都作为发展或强化原有理论的垫脚石

来源:Timothy Lim, *Doing Comparative Politics: An Introduction too Approaches and Issues*, Boulder: Lynne Rienner Publisher, 2016, p.18.

在回顾了诸多具有代表性的美国比较政治学者提出的定义之后,现在转入国内比较政治学的定义讨论。徐海燕认为:"比较政治学是建构关于政治现象的普遍性解释理论或者是搜集和描绘各国和各种政治系统的数据以促成普遍性的理论建构的学科。"① 这个定义的重点是通过比较构建普遍性

---

① 徐海燕:《中国视角下的比较政治学研究:发展与评析》,《政治学研究》2013 年第 2 期。

理论。潘维认为:"比较政治(也称世界政治)遵循类似自然科学重复实验的规则,在世界范围内兼用纵向(时间)和横向(地域)比较的方法检验'所有的政治因果假设'。"①这个定义体现出比较政治学具有很强的科学意蕴和实证主义倾向。欧阳景根认为:"比较政治学这门学科是要借助某一个(套)分析概念和理论分析框架,在某些方面,来对某几个(类)民族国家(政治体系)进行经验性的分析和比较,以了解、把握它们各自的政治运作、政治体制、政治发展前景,从而一方面,在经验上提供深层次的实证性的知识,为某一民族国家(政治体系)提供借鉴;另一方面,又在理论层次上查明现有理论分析概念和分析框架的不足,并发展和完善比较政治学的理论分析概念和分析框架,为作为一门科学的政治科学提供另一种视野。"②欧阳景根的定义比较复杂,他的定义兼顾经验和理论两个层面,与霍华德·威亚达的定义比较接近。

张建伟认为:"比较政治学是需要运用严格的比较方法,将不同国家纳入统一的分析框架,对其政治主体、政体制度、政治过程之间的互动模式进行深入的比较分析。"③张建伟和林永兴的定义具有异曲同工之妙,都是强调对多个国家开展系统比较。那传林认为:"作为政治学重要的分支学科,比较政治学研究不同国家的政治制度、政治关系和政治进程。"④高奇琦认为:"比较政治学的研究重点是各国的国内政治,主要关注选举政治、政党运行、国家社会关系、政治结盟、公众态度变迁、政治精英作用、行政官僚机构、政治稳定、政治效能、政权合法性、政治认同、国内政治经济关系等领域。"⑤这个定义与格雷戈里·马勒的定义类似,重点在于提出比较政治学的主要研究议题和领域。

对国内比较政治学定义的罗列不是为了证明我们穷尽了所有的定义。本书的目的只是用部分定义来表明国内学术界非常关注比较政治学研究,但与此同时,大家对于比较政治学的认识存在较大的差异。这个现象在国外学者对比较政治学的定义中也存在。潘维和徐海燕对于比较政治学的认识比较一致,都是偏向于普遍性的理论建构层面。而张建伟、高奇琦、林永兴等人的定义偏重对不同国家的政治现象、政治行为和政治制度开展比较

---

① 潘维:《比较政治学及中国视角》,《国际政治研究》2013年第1期。
② 欧阳景根:《比较政治学的理论困境与发展前景》,《社会科学》2003年第3期。
③ 张建伟:《被误解的比较政治学》,《中国社会科学报》2019年5月29日第7版。
④ 那传林:《当代俄罗斯的比较政治学研究:特点、问题和前景》,《国外社会科学》2017年第6期。
⑤ 高奇琦:《论西方比较政治学与国际关系学理论路径的趋近》,《世界经济与政治》2012年第4期。

分析。国内学者对于比较政治学的定义与美国学者的定义存在很多重合的部分,也存在一些差异。但总体上来讲,国内外的比较政治学定义是趋于形成更多的学术共识。基于这些共识,本书提出一个新的比较政治学定义。在这本书中,我们定义比较政治学是政治学的一个重要研究领域,它基于比较的方法与意识对本国之外的一国或者多个国家内部的政治过程、政治现象、政治制度、政治行为和政治结果开展系统的研究,目的是增加我们对于政治世界的普遍性知识。比较政治学并不刻意依赖某一种方法,也不排斥某一种研究方法,比较是作为一种元方法存在于研究者的研究过程中。需要说明的是,即使一位学者开展的是针对一国的研究,只要他是从比较的视野出发就是比较政治学的研究,而不是区域国别研究。本书以这个定义作为基准来分析美国比较政治学的百年发展。

第二节 为何要研究美国的比较政治学

美国的比较政治学不是起步最早的,欧洲国家比美国更早开展比较政治学研究,但是美国的比较政治学是发展得最迅猛、最成熟、最成体系的。我们研究美国的比较政治学,就是要剖析它在不同发展阶段的特点,剖析它的演变路径,总结它的发展规律,进而为我国发展具有中国特色的比较政治学提供借鉴。

本书把美国比较政治研究的发展脉络分为四个阶段:冷战开始以前,冷战初期到1960年代,1960年代到1980年代以及冷战结束以后。从19世纪末到冷战开始以前,这是美国比较政治研究的发轫阶段,也就是美国比较政治学发展的早期阶段。在早期阶段,美国的政治学研究也是刚刚起步,而比较政治学很快成为美国政治学发展的重要内容。这一时期美国的比较政治学研究具有三个特点。第一,作者以美国少数顶尖高校的教师为主,且具有多学科的背景。通过对这一时期作者信息的查询,我们发现大部分作者来自哈佛大学、耶鲁大学、约翰斯·霍普金斯大学等美国最知名的学府。因为在这一阶段美国的政治学整体上处于起步阶段,并没有形成非常专业的学科队伍。很多作者不仅是政治学研究者,更是历史学家、哲学家或者经济学家。第二,这一阶段的作者没有形成方法论自觉,大部分研究只是进行描述和介绍。仔细阅读这一阶段的所有论文,几乎没有一篇会专门介绍和论证论文所使用的研究方法。这些论文的作者基本上也不会考虑论文观点和结论的可信性、延展性和科学性问题。第三,大部分论文以他国的政治制度和法律制度进行静态介绍为主。美国早期的比较政治学具有明显的制度主义导向，但是只停留在制度介绍的层面，而没有像新制度主义一样讨论制度变迁、制度演化、制度影响等更复杂的问题。

冷战开始之后，美国的比较政治学进入一个新的阶段。第一，在研究范围上开始迅速扩张，亚非拉等发展中国家上升为研究的主流领域。20世纪初期，美国比较政治学的研究对象主要是欧洲和大国。在《美国政治科学评论》上早期发表的经典论文中，有相当一部分是关于英国、德国、意大利、日本等国的研究，非洲和拉美国家很少被研究。冷战开始之后，美国政府出于维护自己霸权和对抗苏联的需要，亟须加强对广大亚非拉国家的了解。在这种背景下，美国比较政治的研究者们把目光从欧洲大国转向了非洲和拉美的国家。统计发现，这一阶段关于非西方国家的研究论文数量开始显著上升，关于西方国家的论文数量则大幅下降。第二，在这一阶段，美国的比较政治学走向国际，事实上开始起到学术引领的作用。在西方国家内部，开展国别研究最早并且最成功的是英国和法国等欧洲传统大国。比如，英国在1916年就成立了东方研究学院（伦敦大学亚非学院的前身）来加强对亚洲和非洲的研究。美国在第二次世界大战结束之后取代英国成为西方世界最强大、最富裕的国家，也吸引了大量欧洲的人才到美国开展比较政治研究。在这种背景下，比较政治学研究的重镇就从欧洲转移到了美国。国外的学者也开始在美国的期刊上发表比较政治研究的论文。例如，在这一阶段发表在《美国政治科学评论》上的论文中的一部分作者来自英国和墨西哥等国。

1960年代之后，美国比较政治学受到行为主义革命的影响而进入一个新的发展阶段。政治学界的行为主义革命在本质上就是要重塑政治学的研究对象。在此之前，政治学和比较政治学的研究对象主要是两个：思辨性的政治哲学研究和静态描述的制度研究。行为主义革命掀起的新浪潮把研究对象替换为可观察、可测量、可比较的政治行为。从对制度的研究转向对人和组织的政治行为的研究产生了巨大的学术影响，也极大地扩宽了比较政治学的研究领域。从入选《美国政治科学评论》百年百篇经典论文的数量可以发现，以投票和政党研究（入选8篇）为代表的最经典的政治行为研究成为最热门的研究议题。此外，因为研究对象发生了重大改变，研究方法的创新也就水到渠成。在比较政治学的早期阶段，对他国政治制度的静态介绍不需要严格的分析方法，也很难应用复杂的研究方法。对政治行为的研究不依赖科学的方法是难以实现的。以定量研究和形式模型为代表的统计学和数学方法开始得到政治学者的青睐。加之西方社会能够产生大量的政治数据,这些数理统计的方法极大地丰富了行为主义政治学者研究政治行为的手段和能力。

冷战结束以来是美国比较政治学的最新发展阶段。这一阶段最大的特点可以被称为"百花齐放、百家争鸣"。在研究议题上,以选举、政党、投票、政治发展为代表的高政治议题与一些低政治议题(环保、性别、气候变化、移民、族群等)共同得到学界的关注和研究。比较政治学的研究领域已经发展到一个几乎无所不包的境地。在研究范式上,行为主义浪潮所主张的学术范式不再一家独大,并且制度研究复兴再次成为比较政治研究的重点。当然,现在的制度研究不再是简单的静态制度介绍,而是更加复杂的以制度分别为自变量和因变量的研究。此外,在研究方法上,学界也在进一步探索和创新。虽然定量统计研究在这阶段的发展势头迅猛,但是以实验法、(自动)文本分析和混合研究方法为代表的方法论多元主义正在形成新的趋势。在学术繁荣的背后,美国的比较政治学也开始面临一些现实问题。例如,一些学者对于方法的重视似乎超过了对研究问题的关注。这导致一些研究的开展动机并不是出于研究问题本身,而是因为数据和方法的便利。这些"精致的方法主义者"也许能够呈现出漂亮的模型,但是研究问题的重要性和现实意义则被削弱了。

从上文简单的阶段分析可以看出,美国比较政治学从无到有、从弱到强、从一种范式走向另一种范式,经历了非常多的变化和调整。研究美国比较政治学的发展历程,对于我国学术界至少有以下三点启示。

第一,本国的比较政治学研究与国家的发展阶段和发展需要息息相关。美国的比较政治学之所以能够发展到今天这种繁荣的局面,与美国国家实力迅速增强和美国加强对世界的认识和了解密不可分。社会科学研究与自然科学研究一样,都需要国家和社会的大力投入。无论是历史上还是今天,科学研究实力最强的国家往往也是世界的主要大国和强国。虽然有可能在个别小国和弱国中诞生一些了不起的科学家和社会科学理论家,但是从整体上来讲,小国和弱国是无法持续性地发展和引领自然科学和社会科学研究的。在历史上,中国作为亚洲最强大的国家一直引领着亚洲的科技发展和人文伦理。19世纪,英国、法国和德国引领了世界上的自然科学和社会科学研究。到了20世纪,随着美国崛起为世界头号强国、苏联成为社会主义阵营的"老大哥",这两个国家引领了自然科学研究和社会科学研究的发展。苏联解体之后,美国成为独一无二的超级大国,致使美国的社会科学研究成为独领风骚的学术大本营。

中国自从改革开放之后国家综合国力迅速上升,经济实力已经跃升为世界第二，仅次于美国（与美国的差距在逐年缩小）。中国是世界上大多数国家的主要贸易伙伴，中国的商品遍布世界，我国的经济利益已经广布四海。与此同时，我们看到我国的投资和其他合法权益经常在国外遭受损失，在与国外政府和社会打交道的时候还会面对各种困难。一些国外政府、政党、机构和组织对于我国的制度和对外政策还存在误解和偏见。我国的发展阶段和发展需要已经明确地表明要加快发展比较政治学的重要性和紧迫性。这也是发展我国的比较政治学最主要的推动力和国家基础。

第二，本国的比较政治学研究要在开放性和本土性兼容的状态下构筑自己的特色。科学研究必须是开放的，必须是致力于构建广义的带有普遍规律性质的理论。社会科学研究与自然科学研究稍有区别的地方在于，在尊重科学性和开放性的前提下，社会科学研究还要兼顾本土性和国家性。社会科学研究无法脱离一国的历史、文化和国情而发展，这是一个客观的规律。举例来讲，美国的比较政治学者在研究非洲政治的时候，不管他是多么地了解非洲，他永远是一个外人。所谓的外人，就是一个没有从非洲历史、文化和国情的土壤中生长出来的人。他的研究意识和研究视角一定是西方的，而不是非洲本土的。因为美国的比较政治学者是从西方的历史、文化和国情中生长出来的，他们在研究非洲之前已经天然地接受了西方土壤给他们带来的思维和视野。中国是一个具有悠久历史的文明古国，我国的文化和历史与世界上大部分国家的文化和历史都存在很大的差异。这种差异性一定会要求我国的比较政治学研究具有本土性，而且在客观上也一定会具有这种本土性。即使在西方社会科学理论如此强势的状况下，我国的比较政治学者也在努力做到本土性与开放性的兼容。在此基础之上，更为重要的问题是如何发展开放性的比较政治学。

我国的比较政治研究者如何拥有全球视野来开展比较政治学研究？我国的比较政治学者如何超越中国本土的经验来提炼更加具有普遍性的世界经验？我国的比较政治学者如何发展出能够与世界主流学界对话和交流的比较政治学理论？这三个问题都是非常棘手的问题，需要我们认真思考并加以解决。从美国比较政治学的发展历程来看，美国本土的学者非常注重与国外尤其是欧洲学者的交流和对话。欧洲经验和理论对于美国本土比较政治学的发展起到了举足轻重的作用，是促成美国比较政治学兼顾本土性和开放性的关键内容。我国比较政治学界应该进一步加强与国外学术界的对话和沟通，尤其是与共建"一带一路"国家的学者开展学术交流活动非常必要。

第三，本国的比较政治学研究需要借助有使命感的学术共同体来推动和构建。学术发展需要由学者尤其是领军学者来推动。但是光有个别领军学者也无法真正推动一个学科的发展与创新。从美国比较政治学的发展历程来看，个别代表性的学者作出了突出的贡献。比如，芝加哥大学政治学系的查尔斯·梅里亚姆（Charles Merriam）以一己之力推动了芝加哥学派的形成，培养了一大批美国比较政治学的著名学者。还有哈佛大学的塞缪尔·亨廷顿，他的代表作《变动社会中的政治秩序》和《第三波：20世纪后期的民主化浪潮》极大地影响了比较政治学研究的研究议程设定。我们在关注这些美国著名学者的同时，更应该看到美国比较政治学发展的真正推动力量是学术共同体的成长和发展。梅里亚姆与众人一起打造出芝加哥学派，形成了美国行为主义革命的大本营势力，为后来推动美国的比较政治学研究从旧制度主义走向行为主义奠定了基础。亨廷顿和阿尔蒙德都是重要的学术研究组织者。为了研究发展中国家内部的政治发展和政治秩序问题，塞缪尔·亨廷顿与麻省理工学院教授迈伦·维纳合作组织了哈佛大学和麻省理工学院政治发展联合研讨会。阿尔蒙德受到美国社会科学研究理事会（Social Sciences Research Council）的委托，从1955年开始组织学术工作坊研究发展中国家的政治。后来，阿尔蒙德还寻求基金会的资助为很多比较政治学者提供田野调查的资助。这些工作坊和研究资助直接带动了一批人投身到比较政治学的研究之中。这启示我们要注重学术共同体的培养和建设。要通过领军学者组织学术共同体，通过投入资源和资金形成共同的研究旨趣和研究路径，最终形成学术共同体。

美国比较政治学的发展在未来面临一些困境和挑战。欧洲中心论的视角极大地束缚了美国比较政治学的理论想象力，致使今天美国的比较政治学在理论发展方面后继乏力。而且美国比较政治学的理论中存在很强的意识形态偏见，对西方国家发展过程中的问题存在"漂白"的倾向，而对非西方国家根据本国国情选择的发展道路持批评的学术态度。只要我们认真地研究美国比较政治学的百年发展历程，我们就能够发现美国的比较政治学不是价值中立的，而是在学术上起到了维护美国霸权和世界领导地位的作用。面对中国的崛起和美国社会内部的撕裂，美国比较政治学的话语权存在式微的可能性。尤其是在新冠肺炎疫情暴发以来，西方国家在抗疫方面表现得非常糟糕，这些国家的所谓民主制度优势并没有帮助他们成功地解决问题。西方国家经常称赞的印度也没有很好地控制住疫情，这也让印度政客和西方政客经常宣传的印度民主没了遮羞布。美国比较政治学界需要重新认识非西方世界，重新认识中国等非西方国家的制度和优势。

第三节 本书的研究方法

棋无定势，水无常形。研究方法的选择要着眼于研究问题的独特需要。本书的研究问题是对美国的比较政治学开展一个长时间跨度的梳理和分析。对一个学科的发展史进行长时间跨度的梳理难度极大，但是学术意义极强。尽管可以采取专著、期刊或者其他方法来开展学科发展史的梳理，但是不管采用哪种方法都难免百密一疏，无法做到面面俱到。本书主要采取面-线-点三位一体的研究方法，同时辅以文献研究法和访谈法来支撑面-线-点三位一体研究法。需要说明的是，尽管我们的研究是关于美国比较政治学的百年发展历程，但是我们并没有采取历史学的研究路径。我们的研究方法不是依赖档案的历史学研究方法，本书也不是一本学科史著作。本书是从政治学视角出发采取面-线-点三位一体的研究方法，对美国比较政治学百年发展过程中的重大问题进行学术探索，目的是为我国自身构建比较政治学的学术体系、学科体系、话语体系提供借鉴。

首先，本书从"面"的角度对美国比较政治学的百年发展进行全面"素描"，目的是让读者对于美国比较政治学百年发展过程中的议题、方法和范式等问题有比较系统而整体的理解。为了进行全面"素描"，本书从学术期刊的角度来梳理美国比较政治学在过去一百多年的发展状况。"从期刊论文的角度来理解美国的比较政治研究与从专著的角度来理解存在很大的区别。从专著出发进行考察是看重了比较政治学专著在研究深度和材料的丰富度上的优势，这样的学科史梳理能够获得很多洞见。但是相比于专著，期刊发表的学术论文具有成果发表速度快、传播速度快、传播范围广、研究范围广和全文数据库检索等多种独特优势，这些优势也有利于开展学科史分析。"[1]美国学术界有多本期刊刊发比较政治学领域的论文。我们从期刊影响力、创刊时间和研究需要出发，从众多美国政治科学和比较政治学期刊中选取《美国政治科学评论》(American Political Science Review)作为开展全面"素描"的资料素材。经过搜集整理和统计分析，我们发现《美国政治科学评论》从1906年创刊至今至少发表了1600篇比较政治学论文，对这些论文开展分析可以较好地展现美国比较政治学的百年发展历程。《美国政治科

---

[1] 张春满、郭苏建：《美国主流政治学期刊的中国政治研究：脉络、议题、方法、前景》，《政治学研究》2019年第3期。

学评论》是西方政治学界普遍公认的影响力最大的学术期刊,是美国政治科学协会的官方旗舰期刊,它的创刊时间远远早于《美国政治科学杂志》(American Journal of Political Science)、《比较政治学》(Comparative Politics)、《比较政治研究》(Comparative Political Studies)和《世界政治》(World Politics)等政治学领域内的著名期刊。也就是说,其他期刊因为时间跨度不如《美国政治科学评论》大,所以不适合作为开展"素描"的主要资料。当然,为了使"素描"做到全面,本书也会参考其他期刊的一些成果作为辅助。

其次,本书从"线"的角度对美国比较政治学的一些代表性理论进行系统的回顾和理论反思。一个学科的发展离不开一系列具有代表性的理论来支撑。这些具有代表性的理论既是证明学科走向成熟的一种标志,也是支撑这个学科进一步向前发展的核心基础。大学的专业教育离不开这些代表性的理论,培养年轻学者的一个重要步骤就是向其讲授代表性的理论。在加拿大和美国学习期间,笔者发现政治学系的培养方案都是派出本系非常资深的教授来上课,向硕士生和博士生讲授西方的代表性比较政治理论。美国是比较政治学发展的大本营,美国学者构建和扩展了一些广受关注的比较政治学理论知识。本书碍于篇幅所限不能对美国比较政治学的所有代表性理论都进行讨论。为了使讨论能够更加全面,本书对代表性理论的选择也需要尽量做到广泛。在这种情况下,本书最终选取了政治发展理论、国家理论、政党理论、选举理论和制度理论作为代表,以求将其作为重要的理论线索来抽丝剥茧地反映美国比较政治学的发展历程和演变轨迹。这五个代表性理论尽管不能覆盖美国比较政治学理论发展的方方面面,但是已经能够大致勾勒出美国比较政治学理论发展的线条。而且与比较政治学教材侧重对于概念和理论观点的介绍不同的是,本书对代表性理论进行回顾和反思时,把重点放在讨论这些理论的出场背景、核心要义、影响范围、理论缺陷上。换句话说,本书要对这些代表性理论进行"学术解剖",解释清楚这些理论的内核。本书开展"学术解剖"所采取的视角是一种非西方的学术视角,意图跳出西方理论产生的场域来冷峻地观察这些西方理论。为了能够用非西方的视角审视美国的比较政治学,我们学习了国内学者的学术观点,吸收了他们对于美国比较政治学代表性理论的认识和看法。

最后,本书从"点"的角度对美国比较政治学的一些代表性学者进行介绍和讨论。学科的发展需要一些代表性学者来推动。这些代表性学者不仅是著名的学者,而且是重要的学术组织者。他们在开展研究的同时,往往也会带动一群人来开展研究。从这个角度来讲,这些代表性学者尽管是一个个孤立的"点",但是这些"点"能够实现"见微知著"的研究效果。从这些代表性学者的身上,我们能够感受到美国比较政治学研究的一些被忽视的具象。例如,美国比较政治学的一些代表性学者往往与美国政府和受政府支持的一些学术组织保持紧密的联系,这就说明美国比较政治学的研究背后存在着很重要的国家影响。

本书的主要研究方法是上文提到的面-线-点三位一体研究法。这种开展学术发展历程的研究方法具有一定的创新性。为了进一步夯实研究成果的可信性,本书还借助了文献研究法和访谈法作为辅助方法。本书的文献研究法是通过构建英文论文数据库开展量化的文献研究。从1906年创刊到2021年,《美国政治科学评论》大约发表了4 800篇学术论文。通过逐一筛查,我们发现其中至少有1 500篇是比较政治学领域的学术论文。本书将每十年作为一个间隔,通过逐一查询和统计这1 500多篇比较政治学论文的引用量,分别筛选出每个十年间隔内引用量最大的10篇论文。通过对早期、中期和近期入选论文的比例进行微调,本书创建一个《美国政治科学评论》百年百篇经典论文数据库(以下简称百年百篇论文)。截至2023年2月,这100篇论文的总引用量已经接近10万次,平均每篇被引用量近1 000次。被选入百年百篇论文数据库中的成果大部分都是政治学和比较政治学的重要文献,其中的相当一部分已经被纳入美国政治学系研究生培养的课程必读材料。具体信息可以参阅本书的附录。本书的附录还收录了《美国政治科学评论》《比较政治学》和《比较政治研究》这三份期刊所发表的关于中国政治的论文。这些论文构成了文献研究法的基础。

我们还对国内外从事比较政治学研究的学者进行访谈。每个访谈进行1个小时左右,因为疫情,学术交流受限,我们的访谈主要是以腾讯会议和电话访谈的形式进行,只有少部分访谈依靠面对面的形式展开。大部分访谈采用半结构化的形式进行。访谈对象既包括国内外比较资深的学者,也包括年轻的学者。访谈的基本问题包括:美国比较政治学的发展历史和现状;美国比较政治学的学术共同体建设;美国比较政治学的局限和问题;如何评价美国的一些代表性的比较政治学者;我国比较政治学的发展历史和现状;如何构建具有中国特色的比较政治学;我国比较政治学的突破在哪里等。

第二章　美国比较政治学的发轫

美国的比较政治学与美国政治学的兴起几乎是同步出现。19世纪末到20世纪40年代是美国比较政治学的发轫阶段。这一时期,美国比较政治学还没有形成自己鲜明的学科风格,研究议题也比较单一。整体上来讲,美国的比较政治学内部在孕育新的突破,但是外在成果表现方面还没有实质性的进展。尽管如此,我们不能忽视这一时期。在美国比较政治学的发轫阶段,我们看到美国比较政治学后来突破性发展的理论基础、人才基础和国家基础正在不断夯实,为第二次世界大战结束后美国比较政治学的腾飞打下了坚实的基础。本书之所以重点关注这一时期,是因为今天中国的比较政治学发展也处于夯实基础的阶段,与美国这一时期存在相似之处。他山之石,可以攻玉。对美国比较政治学发轫阶段的研究,将会为我国比较政治学的发展提供一些有借鉴意义的启示。

第一节　19世纪末20世纪初美国比较政治学的萌芽

政治学和比较政治学虽然是现代大学的学科和学科方向,但是却有比较悠久的历史根基。从比较的视野来观察和思考政治的传统古已有之。在西方学者的眼中,古代政治学要从柏拉图和亚里士多德时代开始讲起。对于不同城邦政体的研究启示我们,政治学从一开始就引入了比较的视角。现代理性政治学的旗手是意大利人尼可罗·马基雅维利(Niccolò Machiavelli),他让政治学摆脱了神学的束缚,开始推动人们以理性和经验的眼光观察政治现实。今天学者眼中的政治学是现代科学主义导向的政治学,抑或是政治科学。它在美国的发展历史以1880年美国哥伦比亚大学成立政治学研究院(Columbia University Graduate School of

Political Science)作为起点。① 作为一个独立学科,政治学从此开始强调对于事实的归纳和政治现象分析与解释的重要性。在德国,这种研究也被称为国家学。在这方面,一大批思想家如奥古斯德·孔德(Auguste Comte)、卡尔·马克思(Karl Marx)、约翰·密尔(John Mill)、赫伯特·斯宾塞(Herbert Spencer)、罗伯特·米歇尔斯(Robert Michels)和马克斯·韦伯(Max Weber)等人做了奠基性的基础工作。比较是一项基础的研究方法,所以,从政治学在美国诞生之日起,比较政治学也就顺势脱胎而出了。由于美国相比于欧洲国家有着更强的人才基础和国家基础,美国的比较政治学在进入20世纪之后发展得更加迅速。

1880年,由约翰·伯吉斯(John Burgess)在哥伦比亚大学成立政治学研究院之后,政治学系和政治学研究生项目在美国高校中逐渐扩散和发展壮大。1903年,随着美国政治学会的正式建立,这个学科在步入专业化和自主化方面又迎来了里程碑。1906年,美国政治学会的旗舰会刊《美国政治科学评论》创办发行,进一步确定了政治学的学科边界和正规性。从此,历史学与政治学从19世纪末的交叉混合状态走向拥有各自的学科领地的境地。因为历史学也要研究国家,所以在一定程度上政治学和历史学在比较政治学的发端阶段仍然有一些交集。早期的比较政治学往往以单一国家的研究为主,侧重于从历史、法律、制度等层面对欧洲主要国家开展研究。如果说法国人阿历克西·德·托克维尔(Alexis de Tocqueville)的《论美国的民主》是欧洲版的比较政治学,那么美国人在比较政治学发展早期还没有一部著作能够达到托克维尔的研究水准。这一时期政治学的主要成果集中在美国政治研究领域。阿瑟·本特利(Arthur Bentley)的《政府过程》出版于1908年,对美国政治过程的分析给人极大的启发。② 之所以美国政治研究的成果要好于比较政治学的研究成果,是因为美国的学者在研究美国政治的时候能够从现实出发,他们在比较政治学研究领域还没有走出欧洲的窠臼。

就在学者们还在《美国政治科学评论》期刊上发表论文,讨论中国的内政、英国的政党政治、利比里亚的政治制度、外国的宪政发展的时候,芝加哥大学政治学系的查尔斯·梅里亚姆正在酝酿着一场学术研究革命。这就是

---

① 哥伦比亚大学在政治学的创立阶段做了很多工作。当时,为了加强哥伦比亚大学法学院和政治学研究院的合作,哥伦比亚大学还成立了政治学院(Academy of Political Science)。从1886年开始,政治学院开始出版期刊《政治学季刊》(*Political Science Quarterly*),由约翰·伯吉斯负责编辑。
② See Bentley, Arthur, *Process of Government*, Chicago: University of Chicago Press, 1908.

之后改变了美国政治学发展轨迹的行为主义革命。行为主义革命首先是影响了美国政治的研究，进入比较政治学是在 20 世纪 40 年代之后，这也标志着美国比较政治学发展中期的到来。美国在这一时期先后经历了第一次世界大战、大萧条和第二次世界大战，随着美国逐渐摆脱孤立主义外交政策，以及美国海外利益的扩张，美国人再也无法让自己置身事外，这也就决定了美国的比较政治学必须发展起来。经过 19 世纪末到 20 世纪初几十年的积累，美国的比较政治学在充分吸收了欧洲的研究路径之后，终于做好准备要开创带有美国特色的比较政治学。

第二节　美国比较政治学发轫的理论基础

美国比较政治学发轫的理论基础由三部分构成：第一部分是西方自古希腊以来的政治学理论；第二部分是近代西方自然科学的理论基础；第三部分是西方近代社会科学的其他学科理论知识。

美国是一个由移民组成的现代国家，欧洲移民是美国移民的主体。欧洲人主要受到古希腊古罗马文明的影响。自古希腊以来，西方已经产生了非常丰富的政治学理论。亚里士多德（Aristotle）在两千多年前就提出，人是天生的政治动物。他所撰写的《政治学》是启迪现代政治学研究的理论经典，至今依然被广为阅读。亚里士多德率先通过对城邦的比较让比较研究的价值得到凸显。文艺复兴运动和启蒙运动为发展现代政治思想奠定了基础。马基雅维利、霍布斯、伯克、休谟、斯密等一批鼎鼎有名的政治思想家和经济学家崭露头角，开始重塑欧洲的政治思想版图。这些近代思想随着美国的建国而开始在新大陆迅速传播。共和体制、联邦政府、强国家、代议制等新的政治制度在近代西方政治思想的启发下被创造出来。约翰·密尔对比较方法的研究为后来比较政治学的兴起奠定了方法论的基础。美国比较政治学的发轫是由内及外的动态过程，内部完成的积累就是对西方自古希腊以来的政治学理论和理念进行消化吸收。

美国比较政治学发轫的理论基础也包括近代西方自然科学的理论基础。自然科学的发展在 19 世纪要比社会科学更加迅猛。近代科技革命由欧洲发起，第一次科技革命发生在 18 世纪末，是由蒸汽机的发明和使用引起的，英国是第一次科技革命的发起国。受益于第一次科技革命，大机器生产方式成为工业生产的主要方式，英国也一举成为世界霸主。自 19 世纪下半叶开始，第二次科技革命开始兴起，这次的主角是电力的发现和使用。电灯、电话、电机等相继出现并获得广泛应用,再次推动了工业生产的急速发展。第二次工业革命的发起国是德国和美国。美国在自然科学和工程研究领域开始占据一席之地,科学的观念开始在美国土地上得到传扬。这个过程的一个标志性事件就是约翰斯·霍普金斯大学(Johns Hopkins University)的建立。霍普金斯大学成立于1876年,是美国第一所现代研究型大学。这所大学参照德国的柏林大学模式设立,专注于扩展知识、研究生教育和鼓励创新的研究风气。霍普金斯大学的办学模式取得了成功,一批美国的老牌学院如哈佛、耶鲁、哥伦比亚、普林斯顿等,纷纷步其后尘而改革成为现代研究型大学。这些新兴教育力量努力传播西方的自然科学新知识,启迪了整个美国社会的认知思维,自然也影响了从事社会科学研究的学者们。当广大人民充分认识到自然科学的神奇和奥秘之后,科学的研究路径也在社会科学研究领域受到认可。美国比较政治学界的早期开拓者非常注重学习自然科学的研究路径,以此来推动美国的比较政治学形成新的特色,与欧洲注重历史、思辨和制度研究的路径相区别。

美国比较政治学发轫的理论基础也包括西方其他社会科学的理论知识。社会科学一般认为包括经济学、社会学、人类学、民族学、政治学、法学、心理学等。在美国比较政治学的发展早期,其他社会科学知识也在迅速积累。尤其是法学、经济学和社会学的发展基础已经比较稳固,形成了一系列基本理论。这些理论对于美国比较政治学的发展起到重要的推动作用。与此同时,美国学术界一直非常重视的历史学和哲学对于比较政治学的发展也有直接帮助。在比较政治学发展的早期,美国的比较政治学与欧洲的比较政治学研究是非常相似的。主要的研究对象是主要大国的政府形式、宪法和法律、央地关系、政治制度等。其中,关于宪法、法律和条约的很多研究就需要有法学研究背景的人员来从事。对于政治制度和政府形式的研究,往往也需要有历史学的研究背景。关于政府运行和财政预算方面的研究,可能需要有经济学背景的研究者。总之,美国比较政治学的发轫阶段,学科的边界是比较模糊的状态。与历史学、法学、经济学、社会学的交叉比较多,甚至一些发表比较政治研究成果的学者并没有政治学的研究背景。这种情况直到20世纪30年代之后才出现根本性的转变。在此之前,美国比较政治学与其他学科存在着混合发展的态势。

第三节 美国比较政治学发轫的人才基础

美国是一个由移民组成的现代国家,至今已经发展成为世界上最大的移民国家。有些人认为美国是一个"永未完成的国家",就是因为美国不断地被移民一次又一次地改造。早期的移民主要来自欧洲和非洲,20世纪初以来,美国的移民来源更加多元。欧洲的移民对美国比较政治学的发轫作出了比较突出的贡献。下文从两个维度对美国比较政治学发轫的人才基础进行讨论。

第一个维度是来自欧洲的移民为美国学习欧洲和研究欧洲提供了人才基础。从教育发达程度的角度来讲,19世纪世界学术的中心在欧洲,尤其是在德国、英国和法国。美国的高等教育在19世纪并不出彩,无法与欧洲老牌强国的高等教育相媲美。美国以常青藤为代表的老牌高校在19世纪并不以现代科学研究闻名于世,主要是以一些比较僵化的经院哲学式的教育示人。美国第一所现代研究型大学于1876年才得以创建。约翰斯·霍普金斯大学的学习目标是在美国模仿德国的研究型大学(主要是德国的柏林洪堡大学)。霍普金斯大学的首任校长丹尼尔·吉尔曼(Daniel Gilman)是英国移民的后裔,曾经到欧洲广泛考察欧洲的大学和图书馆。美国的学校之所以非常重视向德国高校学习,主要是德国在19世纪一跃成为世界学术的重镇(德国哲学在18世纪已经蜚声欧洲)。在德国的大学,教授们不再像神学院时代那样只能禁锢在一种思想体系中,而是以不断研究不为人知的规律、发现真理和追求新知识作为最高追求。19世纪,在现代教育理念的引领下,德国科学界在很多科学研究领域都取得了举世瞩目的成就,同时也诞生了马克思、韦伯、李斯特、海德格尔等社会科学理论大家。在纳粹德国兴起之前,德国人获得的诺贝尔奖的数量是最多的,远超20世纪的诺贝尔奖大赢家美国人。

欧洲尤其是德国在现代科学研究上的突飞猛进对美国的影响很大。在霍普金斯大学成立之后,美国的教育界开始了向现代大学的转型。芝加哥大学兴起之后进一步推动了美国现代研究型大学发展的浪潮。向欧洲学习成为美国高等教育界的共识。学习和研究欧洲的需要导致美国对欧洲移民持更加欢迎的立场。恰巧美国在19世纪后期经济腾飞,工业发展需要大量的劳动力,这些因素叠加在一起,导致欧洲移民在19世纪末20世纪初又形成了一波移民高潮。从1960年到1890年,1 000多万移民到达美国;从1890年到1920年,超过1 500万移民到达美国。美国的吸引力是一方面,另一方面是欧洲在这一时期出生率急剧上升,但是土地和粮食供应却满足不了新增人口的需求,因此,多余的人必须离开故土选择移民。这些欧洲移民及其后代进入美国的大学,为美国学习和了解欧洲的制度提供了便捷的条件。例如,美国政治学的创始人之一弗朗西斯·利贝尔(Francis Lieber)就是这一时期从普鲁士移民来到美国。他在纽约哥伦比亚大学讲授政治学,对于后来整个美国的政治学(包括比较政治学)发展产生了很大影响。美国比较政治学的发展早期就是以学习和比较欧洲的国体、政体、政党、宪法、政府为最核心的内容。欧洲移民具备语言、国情和知识基础,对于开展欧洲的比较研究具备天然的优势。

第二个维度是欧洲学者为了躲避欧洲法西斯主义的迫害移民美国,助推了美国比较政治学的理论发展。1933年,纳粹德国的首领希特勒通过大选上台担任德国政府总理,不久之后又成为德国的独裁者。希特勒(Hitler)是一个狂热的种族主义者,他认为日耳曼民族是高等民族,其他民族是低等民族。反犹主义是希特勒的重要政策主张。在希特勒的授意下,德国法律开始了全面的排挤犹太人运动。犹太人被禁止与日耳曼人通婚,他们不允许担任公职和上大学,专业性和管理性的岗位也将他们排斥在外。在反犹主义的煽动下,在德国的众多犹太人遭到了灭顶之灾,他们不得不离开德国,很多人远走美国。1933~1935年,约有1 200名犹太科学家遭到德国大学或研究所的驱逐。到1938年,大学教师因政治和种族原因被解雇的达到15%~20%之多。[①] 被德国政府排斥和迫害的犹太人和其他少数族裔向欧洲其他国家聚集,随着意大利进一步法西斯化和其他反动势力的发展,越来越多的德国学者远走美国,寻求在这个国家立足和发展。

美国对大规模接受难民持消极态度,因此,普通难民在这时候移民美国会遭到百般刁难。但是对具有较高文化水平和专业技能的外来人士,美国持欢迎的态度。对这些来自德国和其他欧洲国家的学者,美国则更是希望早日延揽他们。因为美国的发展需要这些人才来出谋划策。大名鼎鼎的爱因斯坦因为受到德国当局的迫害来到美国普林斯顿大学的故事已经妇孺皆知。其实,爱因斯坦只是众多德国学者转移到美国的一个比较著名的案例。很多从事政治学和社会学的学者也在这一时间从欧洲来到美国。此外,我们还不应该忽视的一点是,在19世纪末到20世纪初,一些美国的著名学者曾经在德国的大学学习或者访问,他们积极地与德国和其他欧洲国家同行交流,这些经历也对美国比较政治学在发轫阶段学习欧洲奠定了基础。例如,美国利益集团理论研究的著名学者阿瑟·本特利就曾经在弗莱堡和柏林大学学习,美国社会学奠基人塔尔科特·帕森斯(Talcott Parsons)也曾经在海德堡大学学习,并取得经济学博士学位。类似的例子还有很多,我们不一一赘述。

---

① 《科学桂冠之争:从德国到美国》(2019年10月23日),参考网站,https://www.fx361.com/page/2019/1023/5878681.shtml,最后浏览日期:2024年2月26日。

第四节　美国比较政治学发轫的国家基础

18世纪末,美国摆脱英国殖民统治并顺利建国,没有人会想到这个国家日后会发展成为世界上最强大的国家。摆脱了英国殖民统治的美国人首先从东北部13个州向外扩张领土。白人大肆攻击和驱赶当地的土著印第安人,从而占据了广袤的新领地和丰富的资源。美国的自然禀赋非常好,矿产资源丰富,土地肥沃,在发展工业和农业方面占据了先机。19世纪以来,工业革命在美国如火如荼地开展起来。电话、灯泡、口袋式照相机、留声机等新发明层出不穷。美国南北战争结束之后,南方的奴隶制被废除,国内最大的矛盾得到了解决(但是种族问题依然存在),社会的重心完全转向了经济发展。在《美国史》这本书中,作者写道:"1990年,美国的制造业产量超过了英国、法国和德国产量的综合。其增长之快。似乎是神话而非现实。在1870年和1914年之间,美国铁路长度从53 000英里增加到250 000英里——比世界其余地方的铁路连在一起的长度还长一些。从1860年到1900年,美国经济部门几乎都增长了两倍或两倍以上。农业用地增长了一倍,国民生产总值上升了6倍之多,人均制造业产品总值增长了3倍。"① 在19世纪末到20世纪初,美国在主要的工业指标上已经完成了对老牌帝国英国的超越,成为事实上的世界第一大经济体。

19世纪上半叶,当美国的经济基础还比较薄弱的时候,美国政府提出"门罗主义"的对外政策,将自己的对外势力扩展只限制在美洲。美国虽然也在利用各种手段进行领土扩张,但是它的扩张形式是大陆扩张。美国从东海岸向西海岸进行北美大陆的领土和势力扩张。当南北战争结束、工业革命兴起之后,美国的经济实力得到了快速发展,美国已经不满足于将自己的手脚束缚在美洲。为了进一步提升自己的影响力和经济实力,美国逐步放弃"门罗主义",开始积极向外扩展势力。1898年,通过美西战争,美国获得了对菲律宾的控制权,从此将自己的势力从美洲扩展到亚洲。在1898年吞并夏威夷和1899年开始提出对华门户开放政策之后,美国对中美洲和亚太的势力扩张已经势不可挡。19世纪中叶前后,通过输送黑人移民返回非洲,美国在非洲西海岸扶持建立了一个新国家——利比里亚,从而导致美国

---

① [美]詹姆斯·柯比·马丁、兰迪·罗伯茨、史蒂文·明茨等:《美国史》,范道丰、柏克、曹大鹏等译,商务印书馆2014年版,第691页。

在非洲的势力开始发展。到了19世纪末,随着经济实力和金融实力的扩展,一个新的帝国俨然正在北美大地上诞生。虽然美国也在对外扩展势力范围,但是通过参与第一次世界大战和提议建立国际联盟,美国反而在世界上构筑了一个和平进步的形象,占据了国际道义的高地。从国家实力增长的角度出发,美国渴望在国际舞台发挥更大的作用,对于国际事务拥有更强的话语权。这迫使政府对区域和国别研究更加渴望,这就为比较政治学在美国的发展提供了不竭的动力。

在这种背景下,美国政府和学术界有意识地推动政治学尤其是比较政治学领域的"有组织科研"。从1880年哥伦比亚大学成立政治学院到设立政治学博士点,从1903年成立美国政治科学学会到芝加哥大学政治学系倡导行为主义革命,美国比较政治学界不仅完成了本学科的草创,而且开始探索出一条符合美国发展需要并且有别于欧洲路径的比较政治学发展道路。在这一过程中,美国社会科学研究理事会(Social Science Research Council)推动"有组织科研"的作用尤其突出。美国社会科学研究理事会由芝加哥大学政治学系主任查尔斯·梅里亚姆于1923年推动成立,梅里亚姆及他培养的学生(以阿尔蒙德为代表)在社会科学研究理事会中成立了很多研究分委会,研究领域覆盖世界上大部分地区,而且积极倡导政治行为研究,有力地推出了一大批代表性的集体研究成果。① 而且这一过程还培养了大量的比较政治学研究新秀。

---

① 这方面代表性的成果包括 Joseph LaPalombara and Myron Weiner eds., *Political Parties and Political Development*, Princeton: Princeton University Press, 2015; Joseph LaPalombara ed., *Bureaucracy and Political Development*, Princeton: Princeton University Press, 2015.

第三章 美国比较政治学研究议题的百年发展演变

无论是比较政治学还是其他学科领域,都会关注研究议题的变化。随着研究积累的加深,有些研究议题可能逐渐淡出学者的视线;随着实践和时代的发展,可能会有一些新鲜的研究议题引发关注;当然,还有一种可能,就是在研究议题"新老更替"的过程中会出现一些经典议题,无论时代发生什么改变,这些议题始终占据学科的重要位置。美国比较政治学的研究议题在百年发展过程中发生了重大的变化。随着比较政治学学科边界的扩展和美国比较政治学不断发展的需要,越来越多的新议题被纳入比较政治学的视野之中。研究议题的范围也从比较宏观的议题走向中观和微观议题。在一些新兴议题不断涌现的同时,美国比较政治学也诞生了一些经典议题。

第一节 美国比较政治学发展早期的研究议题

美国比较政治学发展的早期,在研究议题上比较单一。研究议题的受限与当时流行的研究范式存在较大关联。在旧制度主义的指引下,研究议题主要以介绍和描述其他国家(主要是西方国家)的政府机构、宪法文本和政治制度等宏观主题为主。因为当时比较政治学的学科边界与法学和历史学的学科边界还交叉在一起,所以,很多比较政治学研究议题是关于宪法和历史问题的研究。

举例来讲,《美国政治科学评论》在创刊第一卷第一期就刊发论文讨论了比较立法的指数问题。① 在 20 世纪早期,比较宪法和立法研究是比较政治和国别研究的重要内容。但是这篇论文没有实质性的内容,只是提出一

---

① Walter Dodd, "An Index of Comparative Legislation", *American Political Science Review*, 1906, 1(1).

个比较政治学领域的研究方向和研究设想。从这里也可以看出,比较政治学和法学在美国比较政治学的发展早期还存在交叉。1908 年,这本期刊发表了一篇具有实质内容的比较政治学论文——《市长:德国首席市政官》。严格来讲,这更像是一篇比较行政学的论文。这篇论文对德国城市中的首席市政官(Burgermeister)一职的历史、权力、人员聘用和职能等各方面情况进行了细致的介绍。① 这篇论文的作者是哈佛大学的约瑟夫·比舍普(Joseph Bishop),他在文章中多次把德国的首席市政官与美国地方城市中的市长一职进行比较。这也体现出比较政治学的研究就是通过比较来更加清楚地认识政治现象。1920 年,《美国政治科学评论》刊载了一篇关于俄罗斯的论文,讨论了俄国革命之后的宪法问题②,还刊载了一篇关于第一次世界大战结束之后德国新宪法的论文。③ 德国问题在第一次世界大战结束之后引起了美国学术界极大的关注。《美国政治科学评论》1919 年收录了介绍德国新政府的论文④,《政治学季刊》在 1920 年也收录了一篇论文讨论德国新宪法的主要内容和政治影响。⑤ 对于国外宪法的研究基本上贯穿了美国比较政治学发展早期的全部时间,直到 20 世纪 60 年代之后才明显减少。

这一时期对政党和选举的研究开始出现。1911 年,阿尔弗雷德·丹尼斯(Alfred Dennis)发表关于英国政党政治的论文。⑥ 英国政党政治的实践历史悠久,政党体制运作比较成熟,自然引起了学界的重视。1919 年,《美国政治科学评论》收录了多篇关于选举的论文,一篇是英国议会选举的论文,论文中还提到了女性议员的问题,另外一篇是关于丹麦选举的论文。⑦ 因为第一次世界大战的爆发,所以学者也把注意力转移到战争及其影响上。查尔斯·芬威克(Charles Fenwick)的论文从战争对于民主和政府效率的角

---

① Joseph Bishop, "The Burgermeister, Germany's Chief Municipal Magistrate", *American Political Science Review*, 1908, 2(3).
② Korff, Baron SA. "The Future Russian Constitution as Seen by Russian Liberals", *American Political Science Review*, 1920, 14(2).
③ Walter James Shepard, "The New German Constitution", *American Political Science Review*, 1920, 14(1).
④ Shepard, Walter James, "The New Government in Germany", *Americna Poitical Science Review*, 1919, 13(3).
⑤ Freund, Ernst, "The New German Constitution", *Political Science Quarterly*, 1920, 35(2).
⑥ Dennis, Alfred L. P., "Impressions of British Party Politics, 1909 - 1911", *American Poitical Science Review*, 1911, 5(4).
⑦ Saby, R. S., "Danish Parliamentary Elections of 1918", *American Political Science Review*, 1919, 13(4); Ogg, Frederic A., "British Parliamentary Elections", *American Political Science Review*, 1919, 13(1).

度检视了战争的巨大影响。① 这些研究都是从比较宏观的视角来展开的,聚焦于政党现状和选举的具体结果。因为美国国内也定期举行选举,所以,这一时期的比较政治学研究以欧洲这些国家的国内主要政治活动为主,从而对美国的政治实践形成参考。在非西方国家中,中国议题受到的关注比较多。美国学者对于中国的研究主要是从中国的宪法、政府、改革等方面来进行的。这种现象一方面显示了中国在20世纪初是作为一个重要国家的面貌出现的,另一方面中国内部经历的辛亥革命和重大改革也引起了世界的关注。

如果要从整体上来评价这一时期的研究,结论是这一时期的研究比较分散,加之当时从事比较政治学研究的学者数量有限,因此,发表的成果在学术引用量上均比较少。而且美国比较政治学者的研究受限于当时的条件,能依赖的主要方法是田野调查。举例来讲,这一时期对于中国的宪法和政府的研究,是由那些曾经来过中国的美国学者通过田野调查完成的。他们在中国有亲身经历,与当时国内的政府官员和学者又有紧密的联系。通过掌握这些资料,他们得以在学术期刊上发表研究成果。虽然这些研究成果更多的是对这些宏观议题的静态描述,但是根据当时的现实条件,这对于美国学界认识国外已经形成了巨大的帮助。

第二节 第二次世界大战结束后美国比较政治学研究议题的转变

第二次世界大战深刻地改变了世界的权力格局和国际社会的面貌。随着美国成为世界头号大国和确立全球霸权,美国比较政治学开始重视广大亚非拉国家,这促使美国比较政治学的研究议题发生了重大转变。在美国比较政治学发展的早期,学者关注的区域主要是欧洲大国和部分亚洲大国,在第二次世界大战结束之后,美国比较政治学者开始把发展中国家与西方发达国家摆在同等重要的学术位置上。行为主义革命也促使更多的研究者开辟新的研究领域。在这种情况下,旧式制度研究逐渐消退,越来越多的新议题开始涌现,研究议题也变得丰富起来。

---

① Fenwick, Charles G., "Democracy and Efficient Government—Lessons of the War", *American Political Science Review*, 1920, 14(4).

表 3-1　在百年百篇论文中出现频次 3 次以上的研究议题

议　题	出现频次	时　间　(年)
政党与政党体制	18	2017、2005、2003、1991、1982、1971、1973、1961、1956、1959、1953、1957(2次)、1947、1937(2次)、1935、1929
民　主	7	1993、1997、1994、1996(2次)、1967、1959
制　度	5	2004、1997、1987、1911、1918
政治文化	5	1987、1988(2次)、1984、1971
冲　突	3	1987、2014、1968
政府改革	3	1936、1942、1915
军人政治	3	1966、1970、1944
庇护政治	3	1972(2次)、1970
族群关系	3	2007、2012、1972
阶级政治	3	1982、1983、1976

从表 3-1 可以看出，第二次世界大战结束之后的美国比较政治学的研究选题已经变得非常多元。关于民主、政治文化、冲突、军人政治、庇护政治、族群关系的研究开始兴起。这些研究议题在美国比较政治学发展的早期几乎不存在。随着美国把比较政治的视野放到了全球层面，新的研究议题得以不断涌现。在这些研究议题中，出现频次最多的是政党与政党体制研究(出现了 18 次)。在百篇经典论文中，政党研究能够占到 18 篇，而且在美国比较政治学发展的早期、中期和近期都有多篇论文入选，充分说明了政党在西方尤其是美国政治生活中的重要性。因为政党在西方社会广泛存在，而且政党及其政党活动能够产生大量的数据，这非常符合行为主义革命所倡导的对政治行为的研究。所以，这一时期的政党研究也与早期的政党研究有着根本性的区别。例如，1970 年，《美国政治科学评论》发表的一篇关于坦桑尼亚农村非洲党(Rural African Party)的研究，从变量关系的角度探索了农村非洲党对于政治参与的影响。[①] 同一时期对于日本政党政治的研究，加州大学伯克利分校的迈克尔·莱瑟森(Michael Leiserson)则从博

---

① Miller, Norman N., "The Rural African Party: Political Participation in Tanzania", *American Political Science Review*, 1970, 64(2).

弈论的角度来分析日本自民党内部的派系政治。① 这些论文都体现了行为主义革命对比较政治学研究的深刻影响。

其他出现频次较多的议题,有些是西方社会的热点议题,有些则是亚非拉国家内部的热点问题。例如,庇护政治和族群政治在西方社会内部也存在,但是不及在亚非拉国家中的影响力大。在西方发达国家,公民可以诉诸正式的政治和法律渠道来保护自己的利益。但是发展中国家普遍政治发展落后,民众无法借助正式制度来维护和发展自己的利益,因此,寻求庇护和借助族群身份成为很多公民的现实选择。像政治文化研究则主要是对发达国家内部的情况进行研究。无论是政党与民主还是族群和庇护政治,这都属于高政治议题。事实上,在百年百篇经典论文中,也有很多低政治议题论文入选。所谓低政治议题,就是指那些看起来与政治关系不大的议题。例如,有些论文是讨论印度的种姓制度、拉丁美洲的城市化和社会偏好形成等问题。② 尽管这些低政治议题的出现频次不如高政治议题多,但是这些问题也非常重要。在比较政治学发展的中期,学术界对于政治的理解是在不断扩大的。传统的政治理解是围绕着国家和政府进行的,到了20世纪下半叶,学术界越发明白政治的影响是无处不在的。尤其是从政治行为的角度来讲,可以开展的政治学研究就更多了。

第三节 冷战结束后美国比较政治学的新议题

东欧剧变和苏联解体是20世纪世界政治的大事件。几十个国家的政治面貌在短时间内发生了翻天覆地的变化,这直接导致关于民主化的研究成为冷战结束之后最热门的研究领域。在百年百篇经典论文数据库中,出现频次排在第二位的是关于民主及其民主化的研究论文。在7篇入选论文中有5篇是20世纪90年代发表的。民主及民主化研究在这一时期受到格外重视是源于第三波民主化的影响。众多比较政治学者试图从各个因素来分析政体变迁的原因。举例来讲,马克·加西奥罗夫斯基(Mark Gasiorowski)

---

① Leiserson, Michael, "Factions and Coalitions in One-Party Japan: An Interpretation based on The Theory of Games", *American Political Science Review*, 1968, 62(3).
② Lloyd Rudolph, "The Modernity of Tradition: The Democratic Incarnation of Caste in India", *American Political Science Review*, 1965, 59(4); Wayne Cornelius, "Urbanization as An Agent in Latin American Political Instability: The Case of Mexico", *American Political Science Review*, 1969, 63(3); Torben Iversen and David Soskice, "An Asset Theory of Social Policy Preferences", *American Political Science Review*, 2001, 95(4).

利用复杂的统计分析技术(事件史分析法)对 97 个发展中国家的国内政体变动情况进行了分析,他发现通胀危机和衰退危机对于民主化转型的影响在不同时期是不同的。① 从经济危机的角度来探索国内政体变动的研究一直持续到今天。

进入 21 世纪,百年百篇论文中的研究主题主要包括资源诅咒、族群政治、冲突、内战、制度变化、政党、性别政治、政治参与、分权化等。这些议题不仅是当前比较政治学研究的热点和前沿问题,更是现实政治世界中存在的热门问题。很多西方国家和一些发展中国家的政治在进入 21 世纪以后出现了政治极化甚至"部落化"的倾向。② 国内有学者也提出整个世界的发展是在转向新部落主义③,因而对族群政治的研究是一大重点。族群政治研究本身并不是一个全新的领域,但是有很多学者在利用新的研究手段和工具不断开拓新的研究范畴,导致族群政治呈现出新的面貌和特点,成长为一个新议题。在族群政治研究领域,毫无疑问,非洲又是重点研究地区。《美国政治科学评论》在 2012 年刊发了一篇关于族群政治的论文,标题是《领导人的种族身份重要吗?》。截至 2023 年 10 月,谷歌学术统计显示这篇论文已经被引用了 635 次。在这篇论文中,研究人员利用统计分析方法对 18 个非洲国家的族群政治进行了研究。具体的研究内容是评估过去 50 年里非洲国家领导人种族身份的变化对本国教育和婴儿死亡率的影响。他们用翔实的数据证明,种族偏袒不仅客观存在,而且造成的影响是巨大且广泛的,从而从种族政治的角度对非洲发展缓慢提出了一种解释。④ 这项研究的意义不仅指出了非洲发展存在的一个问题,而且能启示我们全球层面的部落化也会导致全球发展出现问题,不得不引起我们的深思。

除了上文提到的族群政治问题,资源诅咒问题也是学界关注的新议题。所谓资源诅咒,是说国家拥有大量的某种不可再生的天然资源,但却不仅面临经济结构单一的窘境,而且其他领域的发展都停滞不前的现象。例如,有些学者研究了石油资源对国家发展的影响。美国加州大学洛杉矶分校的比

---

① Gasiorowski, Mark J., "Economic Crisis and Political Regime Change: An Event History Analysis", *American Political Science Review*, 1995, 89(4).
② Fukuyama, Francis, "Against Identity Politics: The New Tribalism and the Crisis of Democracy", *Foreign Affairs*, 2018, 97 (5).
③ 刘昌明、找敏:《全球化的新部落主义转向:特征、动因及影响》,《探索与争鸣》2023 年第 7 期。
④ Franck, Raphael and Ilia Rainer, "Does The Leader's Ethnicity Matter? Ethnic Favoritism, Education, And Health in Sub-Saharan Africa", *American Political Science Review*, 2012, 106(2).

较政治学者迈克尔·罗斯(Michael Ross)长期研究资源诅咒问题。他的研究发现，石油资源开采对经济结构的影响很大，而且也对女性参与经济过程产生直接影响，间接造成了女性在很多产油国中的社会地位低下。① 其他一些矿产资源的开采也会产生类似的社会经济效应。一些学者还认为，资源诅咒不仅在一些国家的经济领域显现，而且会对本国的长期政治发展产生影响。至于产生的是消极影响还是积极影响，美国比较政治学界还存在一些分歧。例如，迈克尔·罗斯的研究认为，资源诅咒存在消极的政治影响，斯蒂芬·哈勃(Stephen Haber)等人则认为资源诅咒并不存在消极的政治影响。② 一些学者在研究中还会同时关注几个新议题，如研究资源、族群和内战的关系等。

除了上面提到的一些新议题，特别需要指出的就是以性别政治为代表的一些"先锋派"议题对比较政治学的影响。2019年，《美国政治科学评论》编辑团队进行了大换血，新当选的12位编辑全部是女性政治学者。新当选的首席编辑分别是来自美国佛罗里达大学的政治学教授莎朗·奥斯汀(Sharon Austin)和来自加拿大麦克马斯特大学的政治学教授米歇尔·迪翁(Michelle L. Dion)，其余10位编辑全部来自美国和加拿大的高校。12位编辑的研究领域主要是美国政治，其次是比较政治。这是美国政治学界和期刊界的里程碑事件。这些女性编辑明确表示要在内容上、代表性上和方法上追求多样性。在研究议题方面，新团队提出要重点探索阶级、种族、性别、能力、国家起源和性倾向等议题。鉴于《美国政治科学评论》在期刊领域的旗帜地位，比较政治学的议题范围已经开始迎来新一轮的变化。

我们仔细查阅2021年、2022年、2023年《美国政治科学评论》刊发的论文，可以发现自新的编辑团队接手以来，确实有了一些新选题。例如，2023年第4期刊发了一篇关于弗雷德里克·道格拉斯(Frederick Douglass)反奴隶制和反种族主义演讲的论文。这一期还刊发了两篇关于暴力的论文，一篇研究革命暴力的问题，另一篇研究疫情对非国家行为体暴力的影响。2022年刊发的论文则涉及应对气候变化、绑架、公立学校、女性主义与家务工作、离婚、美国历史人物、专家作用等。纵览美国比较政治学的百年发展历程，过去几年出现的新选题极大地扩展了美国政治学和比较政治学的议

---

① Ross, Michael L., "Oil, Islam, and Women", *American Political Science Review*, 2008, 102(1).
② Haber, Stephen and Victor Menaldo, "Do Natural Resources Fuel Authoritarianism? A Reappraisal of The Resource Curse", *American Political Science Review*, 2011, 105(1); Ross, Michael L., "Does Oil Hinder Democracy?" *World Politics*, 2001, 53(3).

题思维。诸如家务工作、绑架、离婚这类议题也开始吸引比较政治学者进行思考和研究。

第四节　美国比较政治学的重点与经典议题

在美国比较政治学的百年发展历程中,有些议题研究领域是"常青树",有些则"昙花一现"。根据美国学术界的需要,一些议题已经被确定为经典议题,或者是美国比较政治学的代表性议题,有些议题则还没有成为主流。本节对美国比较政治学的重点与经典议题进行介绍和分析。

到底什么研究议题在比较政治学领域的影响力比较大?为了分析这个问题,我们对百年百篇经典论文的引用量进行排名统计(见表3-2)。入选引用量前10位的论文全部是比较政治学领域的经典论文。论文作者是哈佛大学、斯坦福大学、耶鲁大学等美国顶尖高校的著名比较政治学者。在这10篇论文中,有3篇的研究议题是关于民主的。虽然政党研究在百年百篇论文中出现的频次比民主出现的频次要多,但是没有一篇政党研究论文入

表3-2　百年百篇论文中引用量最高的10篇论文

第一作者	发表时间（年）	引用量（次）	议题
西摩·李普塞特（Seymour Lipset）	1959	11 540	民主
詹姆斯·费伦（James D. Fearon）	2003	10 954	种族与内战
保罗·皮尔森（Paul Pierson）	2000	10 685	路径依赖
曼瑟尔·奥尔森（Mancur Olson）	1993	5 413	民主
威廉·瑞克（William H. Riker）	1968	4 211	投票
大卫·卡梅伦（David Cameron）	1978	3 377	公有经济
约瑟夫·奈（Joseph Nye）	1967	3 678	腐败
罗纳德·英格尔哈特	1971	3 137	政治文化
卡尔·多伊奇（Karl Deutsch）	1961	2 641	社会动员
巴里·温加斯特（Barry R. Weingast）	1997	2 441	民主

注：数据截至2023年4月。

选引用量前10名。其他入选的研究议题包括腐败、政治文化、投票、种族关系等。引用量最多的论文是1959年发表的《民主的一些社会条件：经济发展和政治合法性》一文，截至2023年4月，它被学者引用多达11 540次。这篇研究民主的经典论文的作者是时任美国加利福尼亚大学伯克利分校的西摩·李普塞特。在这篇民主研究的经典论文中，李普塞特提出经济发展与民主具有正相关关系。① 虽然李普塞特不是第一个讨论经济发展与民主的关系的学者，但是从引用量的角度来讲却是最知名的学者之一。其他作者的论文也在比较政治学领域产生了很大的影响。曼瑟尔·奥尔森的论文首次用"流寇论"与"坐寇论"挑战了政府起源领域的社会契约论②，在学界引起了巨大的反响。在奥尔森的理论发表之前，社会契约论是西方社会的主流理论。奥尔森用理性选择学派的理论提出了国家起源的新模式，挑战了权利学派的解释。罗纳德·英格尔哈特（Ronald Inglehart）也是在国内外享有盛誉的比较政治学家，他对西方社会中的价值观和政治文化变迁的开创性研究，引起了大量的学术和媒体关注。

总体来看，美国比较政治学百年发展过程中形成的重点和经典议题包括民主、民主化、选举、国家、政治文化等。之所以这些议题能够成为重点和经典议题，而不像族群关系、军人政治、庇护政治等议题，关键还是因为美国的比较政治学者在开展研究的过程中要考虑美国的国家需要。对于民主、选举和政治文化的研究，有助于向外传播美国的政治价值观，有助于扩展美国的霸权。其他研究议题尽管也有很强的学术价值，但是从美国国内政治的角度出发，他们的学术市场并不广阔。未来，美国比较政治学的研究议题可能会出现新的变化。尤其是《美国政治科学评论》的编辑团队"大换血"之后，这本期刊的选题范围已经开始出现调整。例如，在《美国政治科学评论》2021年第2期中，前3篇论文的题目都与女性和性别主题有关，他们的题目分别是《女性思想家与国际思想经典：复苏、拒绝和重建》③《从薄到厚的代表：女性总统如何塑造女性议会行为》④《即将出现？养家糊口、母性和女性

---

① Seymour Lipset, "Some Social Requisites of Democracy: Economic Development and Political Legitimacy", *American Political Science Review*, 1959, 53(1).
② Mancur Olson, "Dictatorship, Democracy, and Development", *American Political Science Review*, 1993, 87(3).
③ Hutchings, Kimberly and Patricia Owens, "Women Thinkers and the Canon of International Thought: Recovery, Rejection, and Reconstitution", *American Political Science Review*, 2021, 115(2).
④ Wahman, Michael, Nikolaos Frantzeskakis and Tevfik Murat Yildirim, "From Thin to Thick Representation: How a Female President Shapes Female Parliamentary Behavior", *American Political Science Review*, 2021, 115(2).

竞选公职的决定》。① 在 2022 年第 4 期中,部分论文的主题是绑架、离婚与投票、女权主义、国家构建与公立教育等。这些研究议题都很重要,但是在美国比较政治学发展的早期和中期,很少有学者会关注。在未来,这种变革趋势似乎已经非常明显。

---

① Bernhard, Rachel, Shauna Shames and Dawn Langan Teele, "To Emerge? Breadwinning, Motherhood, and Women's Decisions to Run for Office", *American Political Science Review*, 2020, 115(2).

第四章　美国比较政治学研究范式的百年演化

本章转向对美国比较政治学研究范式百年演化的讨论。与研究议题相比,研究范式相对来讲比较不易被察觉。如果说从议题的角度能够帮助我们认识美国比较政治学的"表象",从范式出发就能比较深入地挖掘美国比较政治学的"内里"。只有开展了"由表及里"的分析,我们对于美国比较政治学的百年发展才能形成一个比较全面的认识。

第一节　研究范式及其社会科学意义

范式虽然一开始是由自然科学界提出的概念,但却已经被社会科学研究者广泛地接受和使用。对于范式的理解,目前学术界有各种各样的说法。有些学者从方法论的角度来定义范式。① 也有一些学者是以特定的学术流派所主张的核心概念或者研究视角来定义范式。② 尽管莫衷一是,但学者们普遍认为范式能够引导和指导一定时期内的社会科学研究。本书认为范式是指相当多的学者认同和使用的包括研究方法、视角和理论在内的一种用于指导研究工作的工具性集合。

在政治学尤其是比较政治学领域,范式在今天已经成为一个耳熟能详的概念。政治学者用范式可能会表达出多种含义。有些学者用它指代一种研究视角或路径,如制度范式、国家范式和结构主义范式等。也有学者用范

---

① Burke Johnson and Anthony J. Onwuegbuzie, "Mixed Methods Research: A Research Paradigm Whose Time Has Come", *Educational Researcher*, 2004, 33(7); Martyn Denscombe, "Communities of Practice: A Research Paradigm for the Mixed Methods Approach", *Journal of Mixed Methods Research*, 2008, 2(3).

② Ange-Marie Hancock, "When Multiplication Doesn't Equal Quick Addition: Examining Intersectionality as a Research Paradigm", *Perspectives on Politics*, 2007, 5(1).

式来表明一种重要的理论或者理论领域,如现代化范式或者转型范式等。相对而言,政治学者很少用范式来区分不同的研究方法,即不从方法论的角度来定义范式。本章的目的是要对美国比较政治学的研究范式进行一个长时间跨度的全景式考察。这包括对比较政治学发展过程中产生的视角、路径和理论(领域)开展长时间跨度的总结和评论。

社会科学之所以要重视范式,是因为它能发挥三种独特作用。首先,范式是指导学者开展研究的一种指向性工具。无论是资深学者还是刚刚进入比较政治学领域的博士生,通过了解和掌握特定的研究范式,能够很快地把到学术研究的"脉搏"。其次,范式有利于社会科学领域形成学术共同体,从而实现知识快速积累。研究范式的形成需要一定数量的学者共同接受,学者之间的共同研究形成的共识是发展学术共同体的基础。最后,范式变迁能够带来学术创新和进步。学术研究范式的变迁就像树木的"年轮"一样记载着研究历程中的知识积累,从而也展示了学术研究如何实现发展,形成了知识扩展的进步。

第二节 美国比较政治学早期的旧制度主义范式

美国比较政治学最早出现的研究范式可以被称为旧制度主义范式。旧制度主义范式与今日西方政治学和经济学中的新制度主义范式相对应。在比较政治学发展伊始,无论是欧洲强国还是美国的学术界,研究的重点都是其他国家的政治制度、宪法体制和政府形式等非常宏观的内容。美国的比较政治学研究从发轫上来讲是落后于英国和法国等传统欧洲强国的比较政治学的。例如,法国学者托克维尔在1835年就写出了《论美国的民主》这部比较政治学和美国政治研究领域的经典著作。尽管美国的比较政治学发端落后于欧洲强国,但是它很好地继承和发展了欧洲国家的研究传统。或者说,当时的美国学界是在学习和模仿欧洲国家的学术传统。这种学习和模仿导致美国比较政治学在早期发展(20世纪初到冷战开始之前)的过程中,(旧)制度主义成为压倒性的研究范式。

我们从这一时期发表的论文中可以很明显地察觉到旧制度主义范式的影响力。举例来讲,《美国政治科学评论》1911年发表了《利比里亚的政治制度》。[①] 这篇论文是美国早期比较政治学研究中制度研究的典型作品。利

---

① George Ellis, "Political Institutions in Liberia", *American Political Science Review*, 1911, 5(2).

比里亚是一个非洲小国,地缘政治影响力和经济影响力非常有限,因此看起来非常不起眼。我国学界和社会大众对利比里亚也比较陌生。尽管利比里亚很小,但却是一个非常独特的国家。它是非洲大陆上第一个共和国,是完全由黑人建立起来的共和国,在非洲和世界政治发展史上具有特殊意义。此外,这个国家的建立与美国的内政外交息息相关。19世纪初期,美国内部有人提出一个大胆的设想,希望把那些通过奴隶贸易由非洲掠夺过来的黑人再次送回非洲大陆,让他们重回家园之后建立自己的国家。利比里亚就是在这种理念支持下由美国黑人建立起来的国家。《利比里亚的政治制度》这篇论文非常详尽地对这个国家的基本政治制度(总统制、三权分立体制、联邦制和选举制度)进行了介绍和讨论,并与美国的政治制度进行了对比分析。之所以说旧制度主义是这一时期美国比较政治学的主导范式,是因为类似的研究在这一时期非常多。除了对利比里亚政治制度的研究,这一时期对一国整体制度的研究还包括对中华民国早期政府改革的研究、纳粹德国的整体制度性改革研究、意大利法西斯体制研究、抗日战争时期的国民政府研究等。

在旧制度主义的指引下,比较政治学在这一时期的研究议题相对来讲比较单调和单一,主要以描述和介绍其他国家的机构设置、宪法规定和政治制度等为主。如果我们从今天回过头看,这些研究毫无疑问是非常简单的,属于比较政治学领域最基础的知识。但是如果我们能够从历史的视角出发,这一时期美国的比较政治学研究是具有其独特价值的。因为在20世纪早期,世界各国对彼此的政治制度并不了解和熟悉,西方民主体制也没有获得国际的广泛关注和认可,国与国之间的政治制度和政府机构设置存在非常大的差异。对世界上的主要国家开展基本政治制度的比较分析是一项基础性工作。从类型学的角度来讲,这也有助于我们区分出最基本的国家形态和政体特征,从而为后续的比较政治学发展打下基础。

当然,早期的制度主义研究范式有很强的局限性。首先,早期的制度主义研究无法与实证数据相结合,因此主要停留在描述性分析的层面。文字描述的好处是能够将外国政治制度和法律制度的文本进行准确的介绍,符合旧制度主义范式的功能诉求。但是没有数据支撑的研究会导致研究很难走向深入,尤其是无法开展统计学分析,研究不同变量之间的关系。另外,没有数据支撑的研究往往容易产生主观性过强的问题。其他的研究者也无法通过复制数据来检验这项研究的可信度。其次,旧制度主义范式没有深入研究制度的其他问题。旧制度主义范式在本质上来讲是静态的制度研究,是把制度置于孤立的场域中开展静态"素描"而得出的结果。而在实际的政治实践中,制度表现出的动态性才是理解政治的关键。换句话说,停留在纸面上的制度并没有多大的影响,实践中制度运行的过程才是真正的影响力所在。最后,旧制度主义范式主要是以正式制度作为出发点,忽视了非正式制度的作用。在政治实践中,非正式制度不仅非常重要,而且在特定的情境下能发挥出比正式制度更加重要的影响。[①] 20世纪80年代之后兴起的新制度主义范式,突破了旧制度主义研究范式的局限,将制度研究带到更高的层次。

第三节 行为主义革命的兴起与旧制度主义范式的消退

如果说美国比较政治学的发展脉络在冷战之前更多的是承继欧洲的路数,那么冷战之后美国比较政治学的发展更多依赖的是范式的创新。行为主义革命的兴起对于政治学的发展是重大的范式创新。美国学者乘着行为主义范式的东风,开始在世界上引领现代政治学的发展。当然,出现这个局面并不是偶然的,美国比较政治学的范式创新是多方面因素共同起作用的结果。

首先,从学科发展的角度来讲,比较政治学的欧洲研究路径偏重历史因素、理论思辨和静态描述,在这些方面美国学者很难超越欧洲学者。受到建国历史短、哲学社会科学基础薄弱、学者数量偏少等因素的限制,美国学者想要与欧洲学者在知识竞赛中胜出,就必须开辟出一条新的政治学研究路径。这条新的政治学研究路径必须能够克服美国学者的短处,且能发挥出他们的长处和比较优势。否则,美国学界跟在欧洲学者的后面永远无法超越欧洲学者,更谈不上建立重大的学术影响力。这是学术发展的普遍规律,也是国与国之间知识竞赛的普遍规律。

其次,美国的大国地位为美国学者的范式创新奠定了充足的物质基础、思想基础和心理基础。美国的大国地位在第二次世界大战之后正式确定下来,在建立军事和政治霸权之后美国迫切需要掌握学术霸权。因为如果学术话语权还掌握在他国的手上,不仅在颜面上于美国不利,更不利于维护和发展美国的霸权。纵观世界历史,一个强大的国家往往在学术话语权上也

---

① Gretchen Helmke and Steven Levitsky, "Informal Institutions and Comparative Politics: A Research Agenda", *Perspectives on Politics*, 2004, 2(4).

是强大的,学术与政治从来都是密不可分的关系。美国是第二次世界大战之后的超级大国,因此,它有充足的经济资源支持本国学者开展创新的政治学研究。美国官方和社会组织为学界提供了大量的资金,资助研究人员对美国以外的国家开展社会科学研究。一些美国学者用这些资金赴国外开展田野调查,而且这些经济资源还能够吸引美国非政治学领域的专家和国外的学者参与美国政治学的创新实践。除了经济基础,思想基础和心理基础也非常重要。当欧洲的老牌强国在第二次世界大战中被摧残成了"二流国家",美国却一跃成为超级大国和领导者时,美国学界在面对欧洲学术权威时也就有了更强的底气和自信。范式创新就是推陈出新,创新之路一定是不平坦的,肯定会遭受质疑甚至打压,有了底气和自信才能大胆革新。

最后,第二次世界大战结束之后世界政治有了新发展、新变化和新格局。第二次世界大战之前的世界政治由两部分组成:西方大国及其附属殖民体系。当时,亚非拉的很多地区都是殖民地,不是现代民族国家。因此,美国学者在第二次世界大战之前把主要研究精力投入到对大国的研究。而第二次世界大战结束之后,世界殖民体系开始土崩瓦解,新生国家像雨后春笋般地涌现,这极大地扩展了政治学的研究对象和范围。广大亚非拉新生国家面临着很多棘手的发展问题,尤其是需要寻找现代化的发展之路。美国和一些西方国家是现代化历程中的早发国家,发展中国家选择什么样的现代化发展路径对这些先发国家有比较重要的影响。世界政治的新发展、新变化和新格局为美国学者开展比较政治学研究的范式创新提供了新鲜材料。

以上三点原因是促成美国比较政治学研究范式创新的宏观因素,也是国内外学界比较熟悉的。但是在比较政治学范式创新的背后还存在一些不被众人所知的比较微观的因素。这些微观因素表明,美国行为主义革命的萌芽早在20世纪20年代就已经出现。行为主义革命正式被主流认可是在20世纪五六十年代,是在行为主义范式萌芽出现和发展了30年之后才形成了广泛的影响力。

第一,美国比较政治学范式创新的主要推动者是芝加哥大学政治学系。推动学科发展的力量一般来自老牌资深院校和年轻的院校。老牌资深院校学术资源丰富,权威的学者较多,推动学科发展的阻力较小。但是有些时候,老牌资深院校会比较因循守旧,也往往是"旧范式"的维护者。年轻的院校没有历史负担,在特定条件下勇于革新,但是往往缺乏比较资深的学者和厚重的学术资源以及威信,推动学术范式创新的压力和阻力比较大。美国行为主义革命的兴起是多所美国高校共同起作用的结果,但是最主要的推动者是年轻的芝加哥大学政治学系。芝加哥大学创建于 1890 年,与老牌的常青藤大学相比是绝对的"后浪"。1900 年,一个叫查尔斯·梅里亚姆(Charles Merriam)的学者加入芝加哥大学,成为政治学系的第一位教员。他从 1911 年开始担任政治学系的系主任直至退休。在此期间,他大力倡导并身体力行地开展关于真实政治现实的政治学研究,这与欧洲还在盛行的应然状态下的理论探讨大相径庭。作为系主任,他整合全系的资源对研究生开展政治科学的培养,从而使得芝加哥大学政治学系从教授到研究生在后来出现了一批如哈罗德·拉斯韦尔(Harold Lasswell)、维尔德马·基(V. O. Key)、大卫·杜鲁门(David Truman)、赫伯特·西蒙(Herbert Simon)、加布里埃尔·阿尔蒙德等众多倡导行为主义范式的知名政治学家。因为梅里亚姆的独特贡献,他被众多学者誉为行为主义革命的建立者,芝加哥大学政治学系也因为倡导行为主义路径而被称为芝加哥学派。

第二,美国比较政治学范式创新的本质是推动政治学研究向自然科学范式靠拢。在两次世界大战中,美国有大量学者进入政府机构工作,他们目睹了美国科学在战争中实现了大发展,更看到了科学知识广泛应用的强大力量。因此,从政府官员到人文社会科学学者普遍对科学形成一种痴迷甚至迷信。自然科学研究的研究方法和范式开始影响美国学者对政治学研究范式的思考,前文提到的行为主义革命的建立者梅里亚姆就是这方面的典型代表。早在 1925 年,他在美国政治学会发表演讲时就说:"在以后,我们可能会采取另外一种路径来研究(政治),它不是那种(欧洲)正式的,而是像其他科学学科那样,我们会开始把政治行为作为研究对象的一个核心因素。"[1]自然科学在美国和欧洲都有发展,但是在美国,社会科学的学者受到自然科学的影响更甚。因此,我们可以说美国的政治学和比较政治学研究更多地受到其他学科的影响。换句话说,它更加地开放和乐于接受其他学科的"输血"。行为主义革命兴起之后,美国政治学和比较政治学界开始倡导研究政治系统、政治文化、政治行为、政治组织,这里的系统、文化、行为、组织借鉴了自然科学、社会学、人类学、组织学、管理学中的概念和理论。以数学和统计学为代表的新型研究方法也不是政治学内生出来的,而是从自然科学家早已熟练掌握的数学和统计学工具中借鉴过来的。因此,从这个意义上来讲,美国的比较政治学范式创新是以自然科学

---

[1] Robert Dahl, "The Behavioral Approach in Political Science: Epitaph for a Monument to a Successful Protest", *American Political Science Review*, 1961, 55(4).

为师的范式创新,是跨学科意义上的范式创新,不是学科范围内的范式创新。

第三,美国比较政治学的范式创新受到自欧洲来美国避难的学者的极大影响。从20世纪30年代开始,一大批欧洲学者尤其是德国学者来到美国。他们这样做是因为他们受到欧洲法西斯主义的迫害和压迫,在欧洲已无立锥之地。这些在欧洲已经崭露头角的学者来到美国之后迅速在顶级大学获得了教职。有趣的是,这些欧洲学者因为广泛受到马克思、涂尔干、韦伯、弗洛伊德、米歇尔斯等人的影响,他们在美国开展政治学研究的路径让美国本土学者感到非常新奇。尽管这些欧洲学者并不都是行为主义革命的拥护者,但是他们让美国学者意识到社会学、精神分析、组织学等其他学科的概念、理论和视角也能够用来研究政治现实。也就是说,美国学者对欧洲政治学研究的认识在这批学者到来之前是以哲学和政治理论讨论为主,在这些学者来到美国之后,他们发现政治学研究可以扩展出很多方向。例如,政治学者和社会学者的研究其实有很多交汇点,这些交汇点在日后形成了政治社会学这个方向。而政治社会学在20世纪50年代行为主义革命兴起之后,又成为政治学和社会学的重要方向。从这个意义上来讲,美国的比较政治学范式创新不仅是以自然科学为师的范式创新,也是以欧洲为师的范式创新,是跨大西洋的范式创新。

综上,我们能够发现美国比较政治学的范式创新早在20世纪20年代即已生根发芽,经过几十年的努力,在一系列宏观和微观因素的影响下形成了50年代声势浩大的行为主义革命。虽然被命名为行为主义革命,但其并不是只以政治行为研究为主。通过统计《美国政治科学评论》《比较政治学》和《比较政治研究》三大期刊在20世纪五六十年代的论文发表情况,我们发现行为主义革命主要是从三个研究领域发力:政治活动(选举、社会动员)、政治组织(利益集团、政党、军队)、政治行为(投票、竞选、冲突)。政治行为研究只是行为主义革命的一个部分,关于政治活动和政治组织的研究是行为主义革命中同等重要的研究内容。例如,关于政治活动的研究,有关于黎巴嫩社会动员的研究[①]、印度尼西亚的选举研究[②]、苏联的选举研究[③]等;关

[①] Michael C. Hudson, "Democracy and Social Mobilization in Lebanese Politics", *Comparative Politics*, 1969, 1(2).
[②] Robert C. Bone, "Organization of the Indonesian Elections", *American Political Science Review*, 1955, 49(4).
[③] Jerome M. Gilison, "Soviet Elections as a Measure of Dissent: The Missing One Percent", *American Political Science Review*, 1968, 62(3).

于政治组织的研究,有西非洲一党体制的研究①、英国的利益集团与政党的研究②、墨西哥一党独大体制研究③、南斯拉夫共产党研究④等。

美国比较政治学的行为主义革命发生之后,旧制度主义范式开始消退,因此,20世纪五六十年代是行为主义和旧制度主义两种范式并存的时期。行为主义革命尽管风头正劲,但是并不是摧枯拉朽似的把旧制度主义范式赶下台。例如,1963年,《美国政治科学评论》发表了一篇关于南非的政治制度和白种南非人社会机构的论文⑤,这篇论文依然是旧制度主义范式的研究思路。更为重要的是,有学者开始反思行为主义革命的限度,并在此基础之上推动了政治学后行为主义革命的到来。

政治学的行为主义革命倡导对现实政治行为开展研究,而不是像过去那样关注静态描述和抽象的理论探讨。这不仅是在研究对象上从国家和制度向行为个体的转变,更是对研究方法和研究价值的调整。为了分析和理解现实世界中人和组织的政治行为,行为主义政治学者必须依赖定量的方法,用数据分析得出自己的结论。在这一过程中,他们笃信价值中立,不预设任何政治价值和意识形态考量,努力像自然科学家那样去开展研究。很显然,这样的研究范式极大地冲击了政治学界。因为按照行为主义政治学路径,开展政治学研究的人并不需要专业的政治学知识训练,他们完全可以是来自其他学科领域的学者。这在当时的历史条件下,是很难让一些传统的或者保守的政治学者所接受的。这就导致在行为主义兴起的时期,美国比较政治学界也产生了身份危机(identity crisis)。⑥ 从事比较政治学研究的学者如何构建自己领域的独特性?如何阐述比较政治学的"政治性"?如果没有政治学知识训练也可以开展比较政治学研究,比较政治学是否还可以单独作为一个学科方向而存在?

比较政治学界的身份危机既困扰着传统的政治学学者,也困扰着行为

---

① Ruth Schachter, "Single-Party Systems in West Africa", *American Political Science Review*, 1961, 55(2).

② Samuel H. Beer, "Pressure Groups and Parties in Britain", *American Political Science Review*, 1956, 50(1).

③ Vincent Padgett, "Mexico's One-Party System: A Re-Evaluation", *American Political Science Review*, 1957, 51(4).

④ Fred Neal, "The Communist Party in Yugoslavia", *American Political Science Review*, 1957, 51(1).

⑤ Stanley Trapido, "Political Institutions and Afrikaner Social Structures in the Republic of South Africa", *American Political Science Review*, 1963, 57(1).

⑥ Joshua Berkenpas, "The Behavioral Revolution in Contemporary Political Science: Narrative, Identity, Practice", Ph.D. diss., Western Michigan University, 2016.

主义革命的倡导者。为了解决这个身份危机,行为主义政治学出现了重大的调整,并且走向了后行为主义政治学。后行为主义革命兴起的标志性事件就是大卫·伊斯顿(David Easton)1969 年在《美国政治科学评论》发表的论文《政治学的新革命》。① 伊斯顿是行为主义革命的旗手和积极倡导者。他于 1947 年从加拿大来到芝加哥大学,在这个行为主义大本营工作到 1997 年。在这 50 年中的前 20 年,他是一个行为主义政治学家;在 1969 年之后,他转变为一个后行为主义政治学家。因为他在学术界的影响力非常大,他在 20 世纪 50 年代提出的系统理论是当时美国政治学界影响力最大的理论,所以,他的转变基本上代表了美国政治学和比较政治学界的范式转变。

在《政治学的新革命》这篇论文中,伊斯顿认为一个新革命正在美国政治学界中发生。很显然,他这里的新革命不是指行为主义革命,因为行为主义革命已经发生多年了,这里的新革命是后行为主义革命(post-behavioral revolution)。伊斯顿指出后行为主义革命包含七个方面的观点:第一,内容大于技术,研究有意义的相关的社会问题比提高研究工具的复杂程度更重要;第二,行为主义掩盖了一种实证保守主义的意识形态,只研究这些可观察和可测量的现实会影响对这些现实从更加广泛的情境来理解;第三,行为主义研究脱离了实际,后行为主义革命的任务是回到人类的真实需要;第四,对于价值建设性发展的研究是政治学研究不可分割的一部分;第五,一个学科的成员负担着所有知识分子的责任,那就是保护文明的人类价值;第六,探索知识包含着行动的责任,行动就是要重塑社会;第七,如果知识分子有责任把他们的理论应用到实践,那么由这些知识分子组成的机构(大学和学会)也不能与现实相脱节。② 伊斯顿的这篇论文为 20 世纪下半叶美国比较政治学的发展指出了新的方向,而且它的意义已经超越了学术本身,是美国政治学界和现实政治相结合的"说明书"。

如果我们对旧制度主义范式、行为主义范式和后行为主义范式进行比较,我们能发现三者存在很大的差异(见表 4-1)。旧制度主义范式是 20 世纪上半叶的主流研究范式,它的研究对象是比较宏观的,不强调严格的研究方法,与现实的关联也比较弱。在旧制度主义范式作为主流范式的过程中,以芝加哥学派为主的学者开始尝试提出和推行行为主义范式。行为主义范

---

① David Easton, "The New Revolution in Political Science", *American Political Science Review*, 1969, 63(4). 截至 2023 年 4 月,这篇论文被引用了 636 次。

② David Easton, "The New Revolution in Political Science", *American Political Science Review*, 1969, 63(4).

式的兴盛时间比较短暂,它以鲜明的个体和组织行为为研究对象,展现出与旧制度主义范式截然不同的学术取向,对政治学界产生了极大的冲击。因为要开展数据分析,所以,统计学和数学的研究方法被广泛地应用到政治学之中。脱胎于行为主义范式的后行为主义范式是以更加广泛的政治世界作为自己的研究对象。如果说旧制度主义范式偏向宏观的研究主题,行为主义范式偏向微观的研究主题,那么后行为主义可能比较偏向中观的研究主题。从时间性来讲,旧制度主义范式体现了基于过去的时间性,因为这些制度和法律研究都是基于已经存在的文本开展的。而行为主义范式的时间性更加靠近现在,以观察和分析当下的政治行为为基本的时间定位。与之相比,后行为主义是一种未来导向的范式,因为它关心政治研究所带来的变化,强调开展科学研究对于政治现实的指引。这种极强的现实关联性也是其与旧制度主义范式和行为主义范式不同的地方。

表 4-1　比较政治学三大范式的比较

	旧制度主义范式	行为主义范式	后行为主义范式
兴盛时期	20世纪50年代以前	20世纪五六十年代	20世纪70年代以后
研究对象	政府、国家、法律	个体和组织行为	广泛的政治世界及其价值
时间性	过去	现在	未来
研究方法	无	定量的数据分析	多元化的方法
与现实的关联	弱	无	强

第四节　新制度主义研究范式的兴起

在从行为主义范式向后行为主义范式转化的过程中,新制度主义研究范式异军突起。20世纪60年代,行为主义政治学的发展开始出现分化。一种分化路径是强调对普遍性知识(universal knowledge)的研究,另一种分化路径是强调对情景性知识(contextualized knowledge)的研究。在第一种路径中,通过对不同国家进行比较分析,按照行为主义政治学的逻辑,很多行为体的偏好是一致的,他们所表现出来的行为以及产生的政策后果也应该是一致的,但是现实恰恰相反。理论上一致的行为偏好,却在不同背景下产生了迥异的行为和政策。对于这一问题的研究,促使行为主义者反思自身路径的局限,从而引入了制度分析。制度分析并没有抛弃对可观察的行为的研究,而是补充和完善了对政治行为的研究。因此,新制度主义对行为主义革命的范式超越,是一种演化模式的断裂式均衡(punctuated equilibrium)①,不是割断性的颠覆式均衡。在研究视角上,新制度主义的兴起标志着对偏好和行为的研究从微观层面向中观甚至宏观层面转变。

新制度主义兴起之后,美国比较政治学界的研究领域获得了极大的扩展。新制度主义者在解释制度产生、制度变迁、制度稳定和制度崩溃等领域产生了丰硕的成果。其中,关于制度变迁和稳定的学术成果最为丰富。道格拉斯·诺斯(Douglass North)、詹姆斯·马洪尼(James Mahoney)和凯思琳·锡伦(Kathleen Thelen)主张制度变迁的研究重点应该放在渐进性的制度变迁上而不是急速的制度变迁上。这是他们之间的研究共识,但是在研究渐进性制度变迁的路径上,他们却南辕北辙。诺斯是沿着理性选择制度主义的思路讨论制度变迁和稳定,马洪尼和锡伦则从权力分配的视角进行讨论。诺斯认为:"推动变化发生的行为体是具有企业家精神的个人,他们这样做是为了对制度架构中的激励因素作出反应。"②诺斯的理性选择主义解释虽然清晰直白,但是把制度变迁的过程描述得过于简单。马洪尼和锡伦则把制度变迁的过程划分为四种典型模式,分别是取代(displacement)、叠加(layering)、偏离(drift)和转变(conversion)。具体哪种模式会成为制度变迁的主导模式,取决于变化施动者在制度框架下的权力分配情况。变化施动者不是一个同质性的群体,他们包括暴动者(insurrectionaries)、共生者(symbionts)、颠覆者(subversives)和投机者(opportunists)四种类型。③马洪尼和锡伦的这个理论模型具有比较丰富的应用性,获得了学界的广泛承认。这个模型唯一的问题是没有对非正式制度(informal institution)在制度变迁中的作用给予说明。这个问题在格雷琴·赫姆基(Gretchen Helmke)和斯蒂芬·列维茨基(Steven Levitsky)的研究中得到了解答。两位

---

① Mark Blyth, "Great Punctuations: Prediction, Randomness, and the Evolution of Comparative Political Science", *American Political Science Review*, 2006, 100 (4); Stephen Jay Gould and Niles Eldredge, "Punctuated Equilibria: The Tempo and Mode of Evolution Reconsidered", *Paleobiology*, 1977, 3(2).
② Douglass North, *Institutions, Institutional Change and Economic Performance*, Cambridge: Cambridge University Press, 1990, p.83.
③ James Mahoney and Kathleen Thelen, *Explaining Institutional Change: Ambiguity, Agency, and Power*, Cambridge: Cambridge University Press, 2010, pp.15-23.

作者通过区分四种不同的非正式制度来展现非正式制度如何与正式制度进行互动。这个非正式制度类型学分析把非正式制度区分为补充型、替代型、适应型和竞争型四种。①

新制度主义的理论成果如此丰富，是否意味着新制度主义成为最终的理论范式呢？从范式的本质来讲，一种研究范式最终还是可能被新的范式所取代。这在自然科学的发展史上得到了印证，在社会科学的发展历程中也是一个稳健的结论。新制度主义尽管为我们理解政治活动提供了更加全面的框架，但是它仍然存在一些问题。这些问题应该引起制度主义者的关注和回应。

"新制度主义者用制度建构出一个宏观的分析视野，一方面确实超越了行为主义者以可观察行为为中心的微观范畴，但是另一方面，这个新的宏观视野是静态的，而非动态的。旧的制度主义研究也存在这个问题。只是新制度主义研究侧重分析性的研究，而旧制度主义研究侧重描述性的研究。新制度主义者眼中的制度对个人的行为和偏好都具有限制和引导作用，但是他们不认为在制度发挥影响的同时，其他因素包括个人的施动性会对制度也产生影响。换句话说，新制度主义者采用了一种单向互动过程的宏观视野，而政治活动本身很可能是一种双向互动的动态过程。"② 例如，一些学者关注西方的国家制度的发展演进，但是西方国家的发展形态最终呈现出很大的差异。这种差异从何而来恐怕是一个复杂的动态过程造就的结果，而不是一种单向的过程。

新制度主义的兴起使得一时间好像所有人都变成了制度主义者。③ 尽管学术界都承认制度的重要性，但是目前还没有一个普遍性的概念被学者接受。而且，在统一的新制度主义旗帜下，新制度主义的研究路径并不一致。面对这种局面，彼得·豪尔（Peter Hall）和罗斯玛丽·泰勒（Rosemary Taylor）在1996年发表的文章中系统性地总结了新制度主义的理论发展。他们认为，"新制度主义包括三种路径，它们分别是理性选择制度主义、历史制度主义和社会学制度主义，并且它们相互之间是独立发展的"。④ 当然，这

---

① Gretchen Helmke and Steven Levitsky, "Informal Institutions and Comparative Politics: A Research Agenda", *Perspectives on Politics*, 2004, 2(4).
② 张春满：《重新思考比较政治学中的范式演进谱系》，《南开学报》（哲学社会科学版）2019年第1期。
③ Paul Pierson and Theda Skocpol, "Historical Institutionalism in Contemporary Political Science", in I. Katznelson and H.V. Milner, eds., *Political Science: State of the Discipline*, New York: Norton, 2002, p.706.
④ Peter Hall and Rosemary Taylor, "Political Science and the Three New Institutionalisms", *Political Studies*, 1996, 44(5).

不是学术界对新制度主义唯一的分类方法,但是豪尔和泰勒的三分法确是学界最主流的一个。

此外,新制度主义在从行为主义政治学中脱胎之时,它并没有在观念、话语、政策与制度的关系上给予足够的关注。自20世纪90年代至今,建构主义在政治学中迅速兴起。建构主义者关心观念、规范、知识、文化和争论在政治中的作用,尤其强调共同持有的或者是主体间性的观念和理念对社会生活的影响。① 新制度主义中的理性选择制度主义是直接排斥观念和规范等理念的,历史制度主义关注历史中的结构和施动性,社会制度主义侧重的是宏观的(稳定的)文化结构而非动态的观念,因而,新制度主义暴露了自己理论内核的不完整性和对建构主义转向的无力感。在这种背景下,以马克·布莱斯(Mark Blyth)和薇薇安·施密特(Vivian Schmidt)为代表的学者开始开辟话语制度主义的研究路径。

通过把话语和观念以动态的视角引入制度分析,话语制度主义成功地为制度研究领域构建了一种"沟通的逻辑"(logic of communication),拓宽和增强了制度主义的研究视野与解释效力。"沟通的逻辑"是与后果的逻辑和适宜性的逻辑不同的一种逻辑。从这个意义上来讲,话语制度主义的兴起是对20世纪发展起来的新制度主义的超越。

第五节 研究范式的多元化与实用主义原则的突围

回首美国比较政治学走过的百年历程,我们能够发现研究范式已经经历了多次迭代。20世纪早期,美国的比较政治学主要以研究他国的政治制度、宪法文本和政府形式为主,本书将这一阶段的范式称为旧制度主义范式。② 在旧制度主义范式大行其道之际,行为主义革命的萌芽从20世纪20年代开始出现,最终在20世纪50年代开始占据学界的主流地位。行为主

---

① Martha Finnemore and Kathryn Sikkink, "Taking Stock: The Constructivist Research Program in International Relations and Comparative Politics", *Annual Review of Political Science*, 2001, 4(1).

② 吴清认为:"从19世纪末直至第二次世界大战前的半个多世纪里,比较政治学实际上是对美国以外的国家及其政治法律制度的研究,从美国学者的角度看,颇为类似于比较解剖学是对非人类的动物身体构造的研究一样。这一时期的比较政治学可以称为传统主义的比较政治学。"参见吴清:《本世纪以来比较政治学在美国的发展》,《国外社会科学》1994年第1期。

义革命在 20 世纪 60 年代末转向了后行为主义范式,这种趋势一直发展到 20 世纪末。进入 21 世纪以来,美国比较政治学范式演化的逻辑线索变得不再清晰。在一定程度上来讲,今天美国比较政治学的研究范式是非常多元的,学者们很少固守一种特定的学术范式。在比较政治学领域,现在比较流行的研究范式包括后行为主义范式、新制度主义范式、国家主义范式、文化范式、理性选择范式等。值得注意的是,在范式多元化的背后,美国的比较政治学日益表现出更加明显的实用主义原则,即根据研究的实际需要对多种范式进行创造性综合。这在 20 世纪美国比较政治学的发展过程中是很少出现的一种学术现象。这种情况反映到论文中可能会出现以下现象:一篇研究政党的论文包含很多新制度主义范式的内容,一篇研究政治参与的论文包含很多文化范式的内容,而一篇关于某种制度的研究却是依靠后行为主义范式实现的。对多种学术范式进行创造性综合体现了美国学界向自身实用主义传统的回归。也就是说,美国比较政治学在经历了长期的变化之后再次以自身的哲学文化传统作为自己的范式根基。

美国比较政治学在 21 世纪的范式多元化现象是由 20 世纪后期几股学术运动共同起作用的结果。20 世纪 80 年代以来,美国的比较政治学者希望能够"把国家找回来"[1],"重新发现制度"[2],"把文化找回来"[3],这就导致国家主义范式、(新)制度主义范式和文化主义范式都能够受到学界的重视,而且各个范式阵营都有领军学者或者代表性学者。与此同时,美国学者日益重视利用多个范式来开展比较政治学研究。范式综合或者范式折中变成了比较政治学中一个新兴的发展趋势。范式综合和折中的优点是综合不同范式和视角来建构更加贴近现实的复杂论点,有利于打破采用单一范式而出现的研究视野过窄的禁锢。折中主义在本质上是一种实用主义,而美国一直有实用主义的思想传统。实用主义倡导研究者尊重历史叙事的多样性和丰富性,鼓励用不同的理论流派、视野来对现实开展研究从而达成共识,并且用这些共识来分析和解决现实问题。[4] 范式多元化和范式折中的学术

---

[1] See Peter B. Evans, Dietrich Rueschemeyer and Theda Skocpol, eds., *Bringing the State Back In*, Cambridge: Cambridge University Press, 1985.

[2] See James March and Johan P. Olsen, *Rediscovering Institutions*, New York: Simon and Schuster, 2010.

[3] Ronald Inglehart, "The Renaissance of Political Culture", *American Political Science Review*, 1988, 82(4); Lisa Wedeen, "Conceptualizing Culture: Possibilities for Political Science", *American Political Science Review*, 2002, 96(4).

[4] Rudra Sil and Peter J. Katzenstein, "Analytic Eclecticism in the Study of World Politics: Reconfiguring Problems and Mechanisms across Research Traditions", *Perspectives on Politics*, 2010, 8(2).

倡议自发出以来,日益获得学界的支持和响应。在美国的比较政治学界,范式多元化和范式折中帮助学者在对非西方国家开展分析的过程中,能够激发出更强的理论创造力和理论想象力。在一定程度上,这有利于缓解欧洲中心论造成的学术发展困境。

今天我们查看《美国政治科学评论》和其他美国比较政治学的期刊论文,已经很少能够从题目上来判断是采取何种研究范式。在美国比较政治学发展的早期,很多学者的论文从题目上就会表明是制度研究、政治文化研究还是政治行为研究。但是现在这种情况已经很难出现了。今天美国比较政治学在研究范式上是"百花齐放、百家争鸣"的,而且理论范式的创新和研究方法的创新有了更多结合的趋势。过去十年,美国比较政治学界的研究方法有了新的发展,新的研究方法对于一些比较政治学的经典议题能够给出全新的分析视角。在这方面,大数据研究在比较政治学领域的蓬勃发展为理论范式创新创造了更多的可能性。在未来,人工智能甚至可能会提供一种前所未有的新范式,今天在自然科学领域风头无两的 AI for Science 很有可能会影响到美国比较政治学的研究在实践层面的开展。这种趋势会促使美国的比较政治学研究范式更加突出实用主义的原则。

第五章 美国比较政治学研究方法的百年演化

没有研究方法的进步,就很难有学科的进步。每个学科的发展都仰赖于研究方法的与时俱进和不断革新。比较政治学能够从早期的简单描述式的研究走向今天科学规范的政治科学研究,研究方法的转变和创新功不可没。促使比较政治学研究方法发展的因素有很多,其中有两个重要因素值得讨论。

第一个因素是研究对象从欧洲大国转向亚非拉国家,这极大地冲击了早期以制度为基础的比较政治学研究。广大亚非拉国家中包含很多脱离殖民统治新成立的国家。这些国家往往内部矛盾重重,政治经济发展步履维艰。这些现实问题的存在导致静态制度研究并不能真正为了解这些国家作出贡献。美国政府支持学者开展对这些国家的比较政治研究和国别研究是为了发现和解决现实问题。这鼓励学者抛弃以往对大国开展的制度研究范式,转向在新的研究场域中发现新的研究范式。第二个因素是美国学界的行为主义政治学革命。行为主义倡导将研究对象转向为可观察、可测量的政治行为,这极大地刺激了研究方法的大发展。学者们从案例研究出发,开始寻求多案例比较,进而进一步扩大案例的数量而发展定量统计研究。后来,实验研究方法和大数据研究方法也得到了应用。美国比较政治学的研究方法已经发展到非常复杂的地步。

第一节 定性分析与美国比较政治学早期的模糊方法论

美国的政治学科主要有四个分支领域:美国政治、比较政治、政治理论、国际关系。在部分院校还会有政治学方法论的分支,但是在整个学术界并不占主流。比较政治学是其中唯一一个以方法命名的分支领域,以此可以窥见比较政治学者对于研究方法的倚重。事实上,在美国比较政治学发展的早期,大部分学者没有形成方法论自觉。因为描述不需要复杂的方法,只需把基本的情况和特征写清楚即可。在他们发表的论文中,没有针对研究方法的介绍和讨论。部分学者依靠对案例进行静态描述来作为自己的主要研究方法,但这不是严格意义上的案例研究,本质上还是出于为研究对象提供更多描述性信息的需要而开展的研究。

本书把研究方法细分为如下九类:描述性分析法、比较研究法、描述性统计法、统计分析法、大数据研究法、访谈/民族志研究法、案例研究法、实验研究法和混合研究。描述性分析在1950年代以前的美国比较政治学中非常普遍。研究者重点是对他国的政治制度、法律、政府机构等某一议题进行描述和介绍。在本书的第三章,我们已经对此进行过介绍。按照今天的标准,这样简单的描述性研究是非常基础性的工作,研究发现既不深刻又不具有一般性。我们在评价美国早期比较政治学的研究时,一定要引入时间的概念。在当时的学科背景下,研究方法之所以没有发展到比较科学复杂的程度,主要是数据的缺失和研究资源缺乏造成的。而且这一时期也没有出现关于讨论和研究比较政治学研究方法的论文。1932年,赫尔曼·贝勒(Herman Beyle)发表了一篇论文,虽然题目包含政治方法论这个词,但论文本身并不是要发展一种研究方法。[①] 在比较政治学早期的研究中,一部分学者使用了描述性统计的方法。描述性统计以提供简单归类性的数字信息为基础,而数据描述的功能局限在数据的分布、均值、年度变化等情况。这与今日的定量研究是完全不同的。后者是以高级统计研究方法为支撑,主要通过开展回归分析讨论自变量和因变量的关系,进而开展深度的数据分析、整合和挖掘。

我们通过图5-1的统计发现,百年百篇经典论文中明确使用了研究方法的文章达到64篇,占到总数的三分之二。没有使用研究方法的论文部分是讨论学科发展,大部分是对研究主题进行简单的介绍。这64篇体现方法论自觉的论文,应用统计分析法的论文数量最多,达到33篇。其次是应用描述性分析方法的文章,数量达到16篇。形式模型方法也一度受到学界的关注,有6篇入选。其他研究方法包括描述性统计、实验法、案例法和访谈法。在比较政治学发展的早期,描述性分析是最重要的研究方法。它与简

---

① Beyle, Herman C., "Political Methodology: A Scale for the Measurement of Attitude toward Candidates for Elective Governmental Office", *American Political Science Review*, 1932, 26(3).

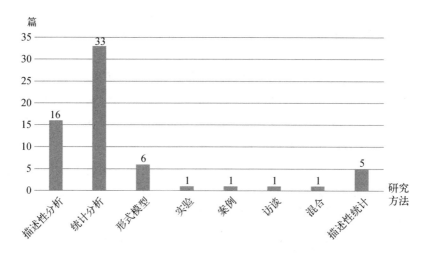

图 5-1　百年百篇经典论文的研究方法

单介绍存在很大的差异。描述性分析要求在描述的过程中进行一定的因果性讨论,而不只是把研究对象介绍一通。例如,如果论文只介绍一个国家的基本政治制度,这样的论文只停留在简单介绍的层面。但是如果在介绍的基础上分析哪些因素影响了这些制度的形成,这样的研究就可以归类为描述性分析。例如,1935 年,罗伯特·古琦(Robert Gooch)发表论文介绍了法国的宪法改革,这篇论文就是完全停留在简单介绍的层面,没有进一步的延展。[①] 而在行为主义革命开始影响比较政治学研究之后,更多的学者开始有了比较严格的方法论意识。这种方法论意识首先是从更加严格的案例研究开始,后来逐步扩展到应用定量研究方法。

第二节　定量研究与行为主义政治学的兴起

在比较政治学发展的中期,尤其是 20 世纪 50 年代到 70 年代,统计分析方法开始崭露头角。这标志着以数据为导向的比较政治研究方法开始形成。20 世纪 80 年代以后,统计分析方法开始对其他研究方法形成压倒性的优势。虽然仍然有很多期刊刊发使用质性研究方法的论文,但是越来越多的期刊发表使用统计分析方法或者定量研究方法的论文。造成

---

① Gooch, Robert K., "Constitutional Reform in France", *American Political Science Review*, 1935, 29(1).

这种局面的原因有很多,一方面是学者可以接触和使用的优质数据越来越多,另一方面是很多人相信定量研究方法比质性研究方法更加规范、科学、透明。

定量研究在本质上是实证主义研究路径的方法论体现。庞珣认为:"定量研究方法是对经验数据(包括实证数据和观察数据)进行统计推论,从而对理论假设进行检验的过程。"①定量研究方法必须依赖数据,没有数据就无法开展统计分析。对于数据的重视是行为主义革命浪潮的一个主要结果。从《美国政治科学评论》在 20 世纪 60、70、80 年代发表的论文来看,使用定量研究方法的比较政治学论文数量远远少于美国政治研究的论文数量。在美国政治研究领域,定量研究在 20 世纪 50 年代已经大行其道。比较政治学在一定程度上受到了美国政治研究的影响而逐渐拥抱定量研究方法。比较政治学之所以在从质性研究转向定量研究时比较缓慢,根本原因还在于数据的差距。美国国内政治活动丰富,产生的数据也容易收集和整理,美国政治研究学者能够近水楼台先得月,将这些数据进行分析来提出和发展理论。而比较政治学需要的数据很多是来自国外的,数据获取的难度非常大,直接制约了比较政治学的量化研究。

线性回归分析是美国比较政治学界一开始使用比较频繁的定量研究方法。这种回归模型对于不同变量之间的关系能够得出非常简单而清晰的结论,因此受到学者的欢迎。随着定量研究方法的普及程度越来越高,美国比较政治学界在三个方面提高了开展定量研究的门槛。第一是逐步应用更加高级和复杂的统计分析模型,如逻辑回归、固定效应回归、生存分析、贝叶斯分析等。统计学其实提供了很多理论分析工具和模型用来处理数据,有些模型是比较简单的,有些则非常复杂。比较政治学者没有必要用非常复杂的统计学方法来开展研究,合适的方法就是好的方法。第二是逐步发掘出更多的一手数据资料开展研究。比较政治学者在定量研究的起步阶段是利用二手数据来开展分析的,之后有更多的学者为了体现创新性开发出新的一手数据。这些数据往往还能公开,可以供其他比较政治学者使用。第三是逐步完善定量研究的研究设计。定量研究是一个博大精深的领域,比较政治学者初期存在一些非常粗浅的理解,认为定量研究就是对几个变量开展简单的线性回归,得出一个相关性即可。随着越来越多的人认识到研究设计的重要性,定量研究的整个研究流程开始变得非常复杂。现在一些定量研究不仅要提供理论模型,还要开展严格的稳健性检验,来

---

① 庞珣:《国际关系研究的定量方法:定义、规则与操作》,《世界经济与政治》2014 年第 1 期。

充分验证因果关系的稳健性。《美国政治科学评论》比《比较政治学》和《比较政治研究》更加强调对于定量研究的严格和准确的使用。前者还出版很多国内政治和专门讨论政治学方法论的论文,所以,对于定量研究的重视更深一些。

我们研究发现,20世纪90年代之后,《美国政治科学评论》刊载的论文对于所使用的方法的偏好与其他比较政治学期刊存在较大的差异。其实,最主要的原因是《美国政治科学评论》刊载的比较政治学论文中使用比较研究法的论文数量偏低。比较研究法是质性研究中的主流研究方法,颇受《比较政治学》和《比较政治研究》等期刊的青睐,在《美国政治科学评论》中则不如统计分析更受重视。一些定量研究的支持者认为,比较分析方法并不是非常科学的研究方法。这种认识当然是错误的,但是这些偏见的存在会影响一些使用比较研究法的论文的出版。从整体上来看,美国比较政治学研究方法发展的方向是进一步迈向数据导向的。这里面的数据是一个宽泛意义上的数据,既包括量化数据,也包括质性数据。《美国政治科学评论》更加偏好量化数据,其他比较政治学期刊则比较重视质性数据。不管是量化数据还是质性数据,方法论发展的方向都是提高数据的透明度和公开度。研究数据一旦透明公开,研究过程就可复制,学界同行就能够验证这些比较政治学的成果是否可靠。在美国,一些期刊已经开始强制要求作者在网上把研究的数据公布出来。量化数据的公开已经逐渐成为学界共识,而质性数据的公开也在逐步落实之中。美国比较政治学研究方法的发展方向是向自然科学领域进一步靠拢,这种潮流能否将比较政治学研究提升到一个新的层次还有待观察。

第三节 混合研究方法的兴起和发展

混合研究也被称为多方法研究或者综合分析。混合研究方法在其他社会科学领域出现得比较早,在美国的比较政治学领域出现得相对较晚。目前,学术界对混合研究方法讨论比较多,但是对于什么是混合研究还没有达成共识。[1] 伯克·约翰逊(Burke Johnson)和安东尼·欧威格布兹(Anthony

---

[1] 有研究人员对混合分析的定义总结出了19种。Burke Johnson, Anthony Onwuegbuzie and Lisa Turner, "Toward a Definition of Mixed Methods Research", *Journal of Mixed Methods Research*, 2007, 1(2).

Onwuegbuzie)对混合分析方法的定义是:"研究人员在一个研究中,混合或者综合了定量和定性研究技术。"①这个定义就是把混合方法看成定量和定性两种研究方法的结合。此外,还有一些学者把混合方法看成定量数据分析和定性数据分析的结合。也就是说,混合分析方法的关键是对于两种数据类型的整合。阿巴斯·塔萨克里(Abbas Tashakkori)和约翰·克里斯韦尔(John Creswell)认为将两者区分开来很有必要。② 也有一些学者从数据及数据分析的角度来定义混合分析。例如,马里奥·斯茂(Mario Small)认为,"不管数据来源的数量是多少,只要使用了两种分析技术,或者用多种技术和数据类型开展的研究,就是混合数据分析研究"。③ 本书在综合上述定义的基础上,提出一个新的理解混合分析方法的视角。我们认为,混合分析是针对特定的研究问题,为了激发不同研究方法的互补优势而将多种方法聚合起来的分析。本书的定义把混合分析的关键聚焦在优势互补上,而不是数据或者方法本身。需要说明的是,混合分析方法不是万能的,也并不是所有人都适合开展混合分析。

　　混合分析方法相较于定量研究方法和定性研究方法具有一些独特的优势。混合分析与单一方法分析最大的不同就是综合使用多种研究方法来开展研究。这样做的好处是可以实现1+1大于2的效果。采用单一研究方法开展研究也能产生丰硕的研究成果。比如,西达·斯考切波(Theda Skocpol)采用比较历史分析的方法来研究革命,利普哈特用比较的方法研究民主,英格尔哈特用调查的方法研究政治文化,学界认为这些研究都是非常成功的。混合分析方法的难度在于需要研究人员熟悉和综合运用两种以上的研究方法开展学术研究,并且要实现1+2大于2的效果。使用多种研究方法并不意味着研究结果就是好的,或者比使用单一方法得到的研究效果好。使用什么方法与取得的成果之间存在联系,但是不存在必然的因果联系。要想取得好的研究成果,关键是研究过程要谨慎细心,研究设计要缜密,研究方法要运用得当,最后实现研究结论明确可信。

　　不同的研究方法各有优劣,好的混合分析方法要求不同的方法之间能够互相增强理论信度,相互支持对方的研究结论。混合分析方法不是简单

---

① Burke Johnson, Anthony Onwuegbuzie, "Mixed Methods Research: A Research Paradigm Whose Time Has Come", *Educational Researcher*, 2004, 33(7).
② Abbas Tashakkori and John Creswell, "The New Era of Mixed Methods", *Journal of Mixed Methods Research*, 2007, 1(1).
③ Mario Small, "How to Conduct a Mixed Methods Study: Recent Trends in a Rapidly Growing Literature", *Annual Review of Sociology*, 2011, 37(1).

地先后用不同的研究方法研究同一个问题。好的混合分析需要针对特定的研究问题,把能够相互支持和相互补充的研究方法结合到一起。在比较政治学中,有多种研究方法可供选择。除了实验研究法、统计研究法、案例研究法和比较研究法,还有质性比较分析、博弈论(和其他数理方法)和电脑模拟等方法。这些不同的研究方法之间并不都能互相补充,取长补短。举例来讲,博弈论和电脑模拟能够很好地结合在一起,但是博弈论和统计分析就不一定能够结合在一起。一般来讲,质性研究方法中的案例研究和比较研究能够与定量方法中的回归分析结合起来。这也是目前学术界采用混合分析的主流方式。

使用单一方法开展研究的路径往往是比较固定的,这一点在定量研究方面表现得最为明显。质性研究往往还存在一些不确定性的因素。例如,如果我们要使用统计方法研究文化对政治参与的影响,我们首先需要明确自变量和因变量是什么,然后将自变量和因变量概念化并且进行测量,继而建立适当的模型来分析相关性,之后是检验模型的有效性,最后是给出结论。比较历史分析是质性研究方法的一个典型代表。对采用了比较历史分析的研究成果进行考察,我们就会发现,尽管它们研究的问题各不相同,但是它们的研究套路是非常相似的。[1] 与单一方法研究不同的是,混合分析方法的操作方式是非常多元的。从大的方面来讲,定性和定量研究可以通过相关联框架(correlational framework)来实现整合,也可以通过非关联框架(non-correlational framework)来实现整合。麦卡坦·汉弗莱斯(Macartan Humphreys)和阿伦·雅各布斯(Alan Jacobs)提出可以实现定性和定量推断的贝叶斯整合(Bayesian integration)。[2] 从小的方面来讲,比如在回归分析与小样本比较分析中,研究人员既可以先从回归分析开始,也可以先以小样本分析开始。在研究过程中,既可以多次运用小样本分

---

[1] 比如西达·斯考切波对国家与社会革命的研究,安东尼·马克思对种族与民族的研究,本·施耐德对20世纪拉美的商业政治和国家的研究,以及文凯对现代财政国家的研究,都能反映比较历史分析是一个比较成熟和有固定路径的研究方法。请参考 Theda Skocpol, *States and Social Revolutions: A Comparative Analysis of France, Russia and China*, Cambridge: Cambridge University Press, 1979; Anthony Marx, *Making Race and Nation: A Comparison of South Africa, the United States, and Brazil*, Cambridge: Cambridge University Press, 1998; Ben Schneider, *Business Politics and the State in Twentieth-Century Latin America*, Cambridge: Cambridge University Press, 2004; Wenkai He, *Paths toward the Modern Fiscal State: England, Japan, and China*, Cambridge: Harvard University Press, 2013。

[2] Macartan Humphreys and Alan Jacobs, "Mixing Methods: A Bayesian Approach", *American Political Science Review*, 2015, 109(4).

析,也可以只运用一次小样本分析。深入小样本分析内部,在案例选择上也有多种实现方式。既可以主要从异常案例出发选择案例,也可以主要从正常案例出发选择案例,也可以混合异常案例和正常案例。总之,只要研究人员能够说明操作方式的正当性与合理性,操作方式可以是非常多元的。

　　混合分析进入比较政治学者的视野比较晚,在一段时间内更多是一种研究理念。在很多研究人员的眼里,混合分析的主要应用实例是将质性研究方法和量化研究方法结合起来。在美国政治学会质性研究分部组织的小范围调查中,绝大多数的博士生尝试将质性和定量结合起来开展混合分析,只有很小一部分人又加入博弈论的方法。① 2005 年,埃文·利伯曼(Evan Lieberman)在《美国政治科学评论》上发表了《嵌套分析:比较研究的一种混合策略》一文。② 这篇论文在学术界第一次提出了嵌套分析方法。利伯曼的论文不仅论证了混合分析的合理性,还详细介绍了嵌套分析的基本思路和设计轮廓,更解释了嵌套分析各步骤具体的操作方法、疑难点以及应对方案。嵌套分析尽管还不够完善,但是它是目前为止混合分析中最具体、指导性最强的方法。利伯曼提出的嵌套分析在学界引起了一定的反响。③ 2008 年,德国学者英戈·罗尔夫宁(Ingo Rohlfing)在政治学另一个著名期刊《比较政治研究》上发文,对利伯曼的嵌套分析进行了回应。④ 在文中,罗尔夫宁重点解释了嵌套分析中可能存在的问题。这篇论文对我们更好地理解和应用嵌套分析提供了很好的帮助。另一个较为常见(可操作性强)的混合研究方法是把问卷调查研究(survey method)和深入访谈研究(in-depth interview)结合起来。这种研究方法把问卷调查的广度和访谈研究的深度结合了起来,有利于更好地剖析因果机制。整体来看,具有很强操作性的混合研究方法主要是利伯曼提出的嵌套分析和问卷与访谈相结合两种。而在这两种之中,嵌套分析似乎更加受到学界青睐。

---

① Andrew Bennett, "Symposium: Multi-Method Work, Dispatches from the Front Lines", *Qualitative Methods*, Spring 2007, 5(1).
② Evan Lieberman, "Nested Analysis as a Mixed-Method Strategy for Comparative Research", *American Political Science Review*, 2005, 99(3).
③ 嵌套分析在其他领域被研究人员使用。例如 Noa Nyiro, "Nested Analysis-Based Mixed Method Research of Television and Video Recording Audiences", *Journal of Audience & Reception Studies*, 2012, 9(2)。
④ Ingo Rohlfing, "What You See and What You Get: Pitfalls and Principles of Nested Analysis in Comparative Research", *Comparative Political Studies*, 2008, 40(11).

第四节 美国比较政治学研究方法
　　　　　在论战中寻求创新

在政治学中,混合分析出现得比较晚。混合分析的根源是学界对"方法之战"的不满和调和。在比较政治学中,在学术界尤其是在美国学术界,很多研究人员往往长期钟情于单一的研究方法,并且会建立所谓的"方法论阵营"。对于这一点,我们应该从教育的角度来理解。一旦在博士阶段通过学习形成了方法论的偏好,在后期是很难更改的,而且更改的时间成本和消耗的精力也会很大。因此,有些学者只使用定性方法(案例方法和比较方法),他们认为,质性方法能够更好地发现和分析因果关系;有些学者只使用定量方法,因为他们认为定量的研究更加科学。[①] 不同方法论阵营之间经常会在因果机制、理论效度、证伪等问题上攻讦对方。1971年,阿伦德·利普哈特发表方法论研究成果,对四种主流研究方法(案例研究方法、实验研究方法、统计研究方法和比较研究方法)进行了详细的比较。[②] 这标志着比较政治学研究方法的发展迈向了第一个高峰。

1994年,三位美国著名学者加里·金(Gary King)、罗伯特·基欧汉(Robert Keohane)和西德尼·维巴(Sidney Verba)(学界一般将三人简称为"KKV")出版了《设计社会调查:质性研究中的科学推理》一书。[③] 在这本书中,作者详细论证和解释了在定性研究中使用统计学概念和方法的必要性以及可能性。该书对学界产生了重要影响,引发了一直持续到今天的关

[①] 对定量方法比较好的一个评介,请参考庞珣:《国际关系研究的定量方法:定义、规则与操作》,《世界经济与政治》2014年第1期。国内学者对定量方法和定性方法孰优孰劣莫衷一是。很多定量研究者认为定量方法是最科学的,但是笔者并不认为在所谓的科学性和严谨性上,定量方法和质性方法存在差异。这些方法本身都是科学的,但是研究者在研究过程中受到客观环境和个体主观能力限制,不一定能保证自己的研究是科学的。定量研究学者如果自己的研究水平有限也可能生产出不科学的研究成果,而水平很高的质性研究学者往往也能贡献出有影响的研究。就像世界上有不同的武功和拳法,我们不能说拳击比咏春拳更加厉害,拳击和咏春拳都是自成体系的,不能判断孰优孰劣,但是习武之人的水平是可以比较的,也是必然有差异的。

[②] Arend Lijphart, "Comparative Politics and Comparative Method", *American Political Science Review*, 1971, 65(3).

[③] See Gary King, Robert Keohane and Sidney Verba, *Designing Social Inquiry: Scientific Inference in Qualitative Research*, Princeton: Princeton University Press, 1994.

于方法论发展的讨论。① 当然,对于"KKV"的观点,学界并不是一边倒的赞同和支持。比如,美国西北大学的詹姆斯·马洪尼教授就对"KKV"的论断提出了批评。他认为,"KKV"在书中对设计社会调查给出的学术建议是过分简单的、有误导的、不适宜的。② 又如,拉里·巴尔特斯(Larry Bartels)等人认为"KKV"整合定性和定量的思路本质上是一种定量帝国主义(quantitative imperialism),而这种定量帝国主义没有很好地处理不确定性、定性证据和测量误差等方面的问题。③ 与"KKV"相比,亨利·布拉迪(Henry Brady)和大卫·科利尔(David Collier)编纂的《重新思考社会调查》对定量和定性方法在研究上的地位的认识就比较平衡。④ 尽管学界对于如何沟通定性和定量方法存在争论,但是对于发展混合研究方法进行学术研究达成了基本共识。比如,加里·格尔茨(Gary Goertz)和詹姆斯·马洪尼在2012年发表了方法论的最新研究成果——《两种文化:社会科学中的质

---

① 在该书之后,大量关于研究方法和沟通定性和定量方法的书籍面世。比较有代表性的有:Henry Brady and David Collier eds., *Rethinking Social Inquiry: Diverse Tools, Shared Standards*, Berkeley, CA: Rowman & Littlefield and Berkeley Public Policy Press, 2004; Alexander George and Andrew Bennett, *Case Studies and Theory Development in the Social Sciences*, Cambridge, MA: MIT Press, 2005; John Gerring, *Social Science Methodology: A Criterial Framework*, Cambridge, UK; New York: Cambridge University Press, 2001; James Mahoney and Dietrich Rueschemeyer, *Comparative Historical Analysis in the Social Sciences*, Cambridge, UK; New York: Cambridge University Press, 2003; Charles Ragin, *Fuzzy-Set Social Science*, Chicago: University of Chicago Press, 2000; David Collier and John Gerring eds., *Concepts and Method in Social Science: The Tradition of Giovanni Sartori*, New York: Routledge, 2009; Benoît Rihoux and Charles Ragin eds., *Configurational Comparative Methods: Qualitative Comparative Analysis (QCA) and Related Techniques*, Thousand Oaks, California: Sage, 2008; Gary Goertz, *Social Science Concepts: A User's Guide*, Princeton: Princeton University Press, 2006; Charles Ragin, *Redesigning Social Inquiry: Fuzzy Sets and Beyond*, Chicago: University of Chicago Press, 2008; John Gerring, *Case Study Research: Principles and Practices*, Cambridge: Cambridge University Press, 2007; Gary Goertz and James Mahoney, *A Tale of Two Cultures: Qualitative and Quantitative Research in the Social Sciences*, Princeton: Princeton University Press, 2012.
② James Mahoney, "After KKV: The New Methodology of Qualitative Research", *World Politics*, 2010, 62(1).
③ See Larry Bartels, "Some Unfulfilled Promises in Quantitative Imperialism", in Henry Brady and David Collier eds., *Rethinking Social Inquiry: Diverse Tools, Shared Standards*, Berkeley, CA: Rowman & Littlefield and Berkeley Public Policy Press, 2004.
④ See Henry Brady and David Collier eds., *Rethinking Social Inquiry: Diverse Tools, Shared Standards*, Berkeley, CA: Rowman & Littlefield and Berkeley Public Policy Press, 2004.

性和定量研究》。① 在书中,两位主要从事质性方法研究的学者认为,结合了定量和定性技术的混合方法对很多复杂的研究项目非常必要,这些研究项目需要借助两种路径的特长和基础。② 这是比较政治学方法论战的第二个高峰。

  总体来看,美国期刊的比较政治研究在早期的很长一段时间内并没有形成方法论的自觉。随着行为主义革命的兴起,数据导向的研究方法开始蓬勃发展。虽然有些学者钟情于量化研究方法而有些学者偏好质性研究方法,但是几乎学界普遍认为比较政治学研究必须依赖科学的方法和可靠的数据。这些数据可能是质性的数据,也可能是量化的数据。在今天,质性研究方法和量化研究方法都获得了普遍认可,成为最为流行的研究方法。不仅传统的定量研究方法有很多方法论上的进展,而且质性研究方法也有一些新的突破和进展。③ 与此同时,以大数据方法和实验方法为代表的新兴研究方法开始崭露头角,年轻一代的学者对于新兴研究方法的学习热情和使用倾向日渐高涨。美国比较政治学的研究方法创新在过去三十年实现了突飞猛进,关键因素可能是不同方法论学派之间爆发的论战。因为存在这些方法上的争论,所以彼此更加熟悉对方的研究方法,也更好地认识到己方研究方法的不足和缺陷。最终,不同的研究方法在争论中得到了完善。

---

① See Gary Goertz and James Mahoney, *A Tale of Two Cultures: Qualitative and Quantitative Research in Social Sciences*, Princeton: Princeton University Press, 2012.
② Ibid., p.3.
③ 这方面的代表性成果,参照 Agustina Giraudy, Eduardo Moncada and Richard Snyder, eds., *Inside Countries: Subnational Research in Comparative Politics*, Cambridge: Cambridge University Press, 2019; Eva Thomann and Martino Maggetti, "Designing Research with Qualitative Comparative Analysis (QCA): Approaches, Challenges, and Tools", *Sociological Methods & Research*, 2020, 49(2).

第六章　美国比较政治学代表性理论的贡献与局限

当我们谈起美国比较政治学的理论时，或者当我们翻看国内出版的比较政治学教材时，一定会看到很多理论框架和理论流派。这些丰富的内容告诉我们，美国比较政治学在百年发展历程中取得了哪些理论共识，又存在哪些理论分歧。本章以政治发展理论、国家理论、政党理论、选举理论和制度理论作为代表，来剖析美国比较政治学理论的贡献和局限。

第一节　政治发展理论的贡献与局限

政治发展理论是西方国家的政治学者首先提出的重要理论，美国学者掌握着理论的话语权。时至今日，对于政治发展的研究已经引起了全世界的注意。在政治发展理论研究日益兴盛的今天，我们有必要回顾一下政治发展理论得以出场的背景及主要学术争论。西方国家自从启蒙运动之后开始正视自身存在的政治问题。尽管在18世纪和19世纪涌现出很多重要的政治理论，但是这些并不是现代的政治发展理论。启蒙运动之后产生的这些政治理论，为美国学者在20世纪中叶提出政治发展理论奠定了思想基础。美国的政治发展理论是一系列因素综合在一起而产生的结果。

首先，美国政治发展理论出场的时代背景是第二次世界大战结束之后世界格局发生的重大调整。第二次世界大战给整个世界造成了巨大的灾难，但与此同时也孕育了一个全新的世界。第二次世界大战之后，世界殖民体系迅速土崩瓦解，新生国家像雨后春笋般地涌现出来。亚非拉新生国家的出现给政治学界带来了巨大的冲击。第二次世界大战之前，政治学研究的重点对象是那些已经存在很长时间的大国，像英国、法国、中国这些国家具有很长的历史，具有非常复杂的政治体系。第二次世界大战结束之后的这些新兴国家的政治该是何种景象，这些国家的政治如何向前发展，这些都是非常现实的问题,需要政治学者作出回应。美国的政治发展理论就是要回答这些问题。

其次,美国政治发展理论的出场来自美国掌控世界霸权的需要。从功利的角度来讲,掌握了世界政治和军事霸权的美国需要掌握世界的学术霸权。在两次世界大战之前,尽管美国经济在产量上已经是世界第一,但是世界的学术话语权掌握在欧洲老牌国家的手中。第二次世界大战结束之后,英国、法国和德国元气大伤,美国崛起为整个资本主义阵营毫无争议的主导国。20世纪三四十年代,欧洲大量的学者尤其是犹太裔学者来到美国定居和执教,这进一步增强了美国学术界的话语权和影响力。因为掌握了世界的政治和军事霸权,加之大量学者在美国从事学术研究活动,美国学者面对欧洲学者就有了更强的底气和信心。政治发展理论在20世纪中期是一个新理论,目的是要从理论上为广大新生国家寻找未来的发展方向。美国政府资助大量学者开展政治发展研究,政府的目的不仅仅是要扶持美国的学术发展,更主要的目的是掌握世界的话语权和学术霸权。因为一旦这些新生国家接受了美国的政治发展理论,这将对维护美国霸权产生非常积极的影响。

最后,美国政治发展理论的出场体现了资本主义和社会主义两大阵营的意识形态较量。第二次世界大战结束不久,冷战就揭开了序幕。以苏联为首的社会主义阵营和以美国为首的资本主义阵营开展了针锋相对的全方面竞争。其中,比较激烈的竞争就是意识形态的竞争。政治发展理论与意识形态关联极大,因为一个国家选择什么样的发展道路,就决定了它选择什么样的意识形态。苏联和美国都需要争取广大亚非拉国家的支持,都希望这些新生国家拥抱和支持自己的政治发展道路和意识形态。在这种背景下,西方的政治发展理论具有鲜明的意识形态属性。按照西方的政治发展理论,所有国家都会走上西方自由民主体制的道路。这种思想集中反映在弗朗西斯·福山(Francis Fukuyama)的《历史的终结与最后一人》一书中。社会主义阵营国家对于政治发展道路有自己的选择和理解,他们认为政治发展模式不会是唯一的,而应该是多元的。西方国家的政治发展道路只适合这些国家,其他国家的政治发展道路需要依靠本国国情来探索。

对于美国学者来讲,开展政治发展理论研究的重要性毫无争议。但是对于如何开展具体的政治发展研究,美国的比较政治学者莫衷一是。他们的学术争论可以被简单地归结为政治发展研究的三种路径:亨廷顿-维纳路径、阿尔蒙德-派伊路径、福山路径。

（一）亨廷顿-维纳路径

美国政治发展研究的第一种路径被称为亨廷顿-维纳路径，这种研究路径提倡一种区域主导型的政治发展研究。哈佛大学和麻省理工学院是美国乃至西方政治发展理论研究的重镇。早在1965年，哈佛大学教授塞缪尔·亨廷顿和麻省理工学院学院教授迈伦·维纳（Myron Weiner）就牵头召开了哈佛大学和麻省理工学院政治发展联合研讨会。研讨会的主题是研究发展中国家内部影响政治发展的诸多问题。

按照亨廷顿-维纳路径，政治发展研究的区域限制是非常严格的，以广大发展中国家为主。发达国家不需要研究政治发展问题，只有发展中国家面临政治发展问题。亨廷顿的代表作之一——《变化社会中的政治秩序》尽管书名中没有标明发展中国家，但是全书的主要目的就是探讨发展中国家的政治发展问题。一旦涉及西方发达国家，亨廷顿非常注意概念上的区别。例如，在他的一篇重要研究论文《政治现代化：美国对比欧洲》中，他非常明确地用了政治现代化这个概念来讨论西方的政治发展问题。① 亨廷顿本人的政治发展理论具有一定的复杂性。虽然他严格地限制政治发展研究的空间范围，但是他非常看重政党和制度在政治发展中的作用。

（二）阿尔蒙德-派伊路径

美国政治发展研究的第二种路径被称为阿尔蒙德-派伊路径，这种研究路径提倡一种议题主导型的政治发展研究。加布里埃尔·阿尔蒙德和白鲁恂（Lucian Pye）都是美国顶尖的政治学家。就在哈佛大学和麻省理工学院政治发展联合研讨会召开的同一时期，美国的社会科学研究理事会（Social Sciences Research Council）建立了一个比较政治委员会（Committee on Comparative Politics）。这个委员会由阿尔蒙德和白鲁恂共同主持，他们的主要工作就是主持出版政治发展研究丛书（Studies in Political Development）。

与亨廷顿-维纳路径不同，阿尔蒙德和白鲁恂没有把政治发展研究的区域限定在发展中国家。他们把研究重点放在重要的议题上，也可以理解为重要的因素或者变量上。二人主编的政治发展研究丛书出版了多本非常流行的政治学著作。这些著作包括《官僚与政治发展》《政治文化与政治发展》《政党与政治发展》《教育与政治发展》等。从题目我们就能发现，每一部著作都是从一个比较重要的因素着手来分析其与政治发展的关系。更为重要的是，这些研

---

① Samuel Huntington, "Political Modernization: America VS. Europe", *World Politics*, 1966, 18(3).

究并不是限定在发展中国家内部,而是寻求一个比较广义的普遍性的研究结论。例如,这套丛书曾经出版了《欧洲和美国政治发展的危机》,这本书的研究就超越了亨廷顿-维纳路径的地区限制,转而关注发达国家内部的政治问题。

(三) 福山路径

美国政治发展研究的第三种路径是福山路径,这种研究路径提倡一种过程主导型的政治发展研究。与前两种路径相比,福山路径出现得相对比较晚。福山在早期以"历史终结论"闻名于世,但是近些年来他的学术思想发生很大的改变。尤其是《政治秩序的起源》的出版,更是让我们看到了福山对于政治发展的认识经历了很大的转变。福山在这本书中提出,政治秩序的延展是一个过程,但不是历史决定论的。现实状况的巨大改变具有潜力改变政治发展的状态。[1] 澳大利亚迪肯大学的丹米恩·金斯伯利(Damien Kingsbury)非常认同福山的观点,他在2007年出版的《政治发展》中提到,政治发展本身并不是目的,它是实现目的的手段。政治发展不指代一个特定的目标,它指代的是特定的过程。[2] 福山和金斯伯利虽然一个是美国学者,一个是澳大利亚学者,但是他们都承认政治发展是一个过程,涉及国家能力、制度建设、法治基础的培养和发展等。与前两种研究路径相比,毫无疑问,过程主导型的政治发展研究更加具有广度和深度,这也体现出政治发展本身具有丰富和深刻的内容。

美国的政治发展理论对于国外比较政治学界的影响很大。西方国家非常认可美国学者提出的政治发展理论。例如,澳大利亚迪肯大学的金斯伯利就非常支持福山的理论。但是从发展中国家的视角来看,美国的政治发展理论有很大的缺陷。首先,美国学者过分高估了西方政治制度的价值。阿尔蒙德和亨廷顿等人普遍认为,美国等西方国家的政治制度更加优秀,是人类社会的发展方向。亨廷顿的学生福山为此在他学术生涯的早期直接断言历史已经终结。然而,现实政治的发展与西方学者所设想的并不相符。不同国家的政治发展轨迹可能并不相同,西方道路可能只是适合部分国家,并不是一个普遍可行的道路。尤其在进入21世纪后,在西方国家内部已经有越来越多的人质疑政府的有效性,而且西方国家尤其是美国社会表现出明显的对政府不信任和失望的情绪。

其次,美国学者过分低估了非西方国家的政治智慧。政治发展需要智

---

[1] Francis Fukuyama, *The Origins of Political Order: From Prehuman Times to the French Revolution*, New York: Farrar, Straus and Giroux, 2011, p.437.

[2] Damien Kingsbury, *Political Development*, London: Routledge, 2007, p.1.

慧,西方的政治发展凝聚了西方政治领袖的智慧。从英国的"光荣革命"到美国的制宪会议,政治家的智慧为这些国家的政治发展奠定了稳固的基础。非西方国家也有自己的政治智慧,尽管这些政治智慧与西方国家的政治智慧不一定相同,但是不代表这些非西方国家的政治智慧是无效的。发展中国家的领导人比西方学者更了解本国的国情,他们推动本国走适合自己国家的政治道路是综合各种因素作出的决定。在美国学者的研究中,我们能够看到制度、文化、结构、经济等因素的重要性,但是我们找不到关于人的重要性。领导人的因素作为能动的变量不容易测量,美国学者往往不将其纳入分析。因此,非西方国家领导人的政治智慧很少能够得到认可。

最后,政治发展是普遍性的问题,而不是发展中国家独自面对的问题。关于政治发展的比较研究往往以发展中国家作为研究对象,这让很多人产生了一种错觉,怀疑只有发展中国家有政治发展问题需要研究,发达国家不需要研究政治发展问题。事实上,发达国家一样面临着紧迫的政治发展问题。英国脱欧、特朗普上台、美国国会遭冲击、极右翼势力兴起等事件提醒我们,西方国家在政治发展方面同样面临困难和挑战。如果不能采取措施解决政治发展领域的问题,长此以往,美国等西方国家有可能陷入政治衰败的困境之中。这样的先例在历史上是有迹可循的,魏玛共和国崩溃、纳粹通过选举上台就发生在 100 多年前的西方国家。因此,我们应该辩证地看待政治发展问题,也应该客观地看待美国的政治发展理论。

第二节　国家理论的贡献与局限

今天的社会科学知识体系完全离不开国家理论。在德国,比较政治学在早期被称为国家学,这也凸显了国家的重要性。马克思主义经典作家也非常重视对国家的研究。恩格斯曾经写作《家庭、私有制和国家的起源》一书,从唯物主义的角度对国家理论作出了精彩的阐述。作为一种政治组织形式,国家与其他政治组织形式相比具有自己的独特性,马克斯·韦伯对此有针对性的研究。韦伯指出:"现代国家是在一个特定的疆域范围内垄断了暴力的合法使用权的人类共同体。"①当然,暴力不可能只由国家来行使,但只有当国家允许时,人们才赋予所有其他的团体或个人以使用暴力的权利。韦伯将国家看作垄断合法暴力和强制机构的统治团体,在这个意义上,"国家

---

① ［德］马克斯·韦伯:《经济与社会》(下卷),林荣远译,商务印书馆 1997 年版,第 731 页。

被视为应用暴力'权利'的唯一的源泉"。① 美国学者对国家的理解与韦伯和马克思主义经典作家都有不同。美国建国初期,联邦政府的权力比较受限,因此,美国的学界在很长一段时间都将美国定义为"弱国家"类型。与美国的这种弱国家相对应的就是法国这种行政力量比较强的"强国家"。美国学界自身"弱国家"的理论假设,加之行为主义学派对以国家理论为基本内容的传统政治学提出了激烈的批评,导致美国比较政治学界的国家理论一度发展迟缓,甚至"国家"这一概念也几乎在美国的比较政治学领域消失了。

20世纪70年代,国家理论又重新回到美国比较政治学的视野之中,美国学界刮起了一股一直延续至今的所谓"把国家带回来"(bring the state back in)的学术风潮。发生这种理论变化的一个重要原因是后行为主义范式的兴起,还有一个重要原因是美国学界对美国"弱国家"理论假设的反思和调整。经历了20世纪上半叶的"罗斯福新政"之后的美国,已经在国家形态上发生了巨大的变化,美国学界所面对的现实已经不再是美国建国之后的"弱国家、强社会"形态。美国行政部门的扩张在20世纪不断延续,促使美国学界必须重新思考美国的国家性问题。斯蒂芬·斯科夫罗内克(Stephen Skowronek)在1982年出版的《建立一个新的美国国家:国家行政能力的扩张,1877—1920》一书,是比较早的系统解构美国"弱国家"理论的成果。② 在这一背景下,美国学界一批富有远见的比较政治学家对民族国家、国家与社会变革、社会抗争与国家发展等议题进行了广泛的研究,推出了具有里程碑意义的论文集——《找回国家》。这些研究提出国家是一种机制性的现实,并突出国家在社会变迁、革命、市场经济、产业政策等几乎一切涉及人们生活方面的重要性。③ 我国学者张佳俊和焦姣从不同的角度对美国学界如何解构"弱国家"理论进行了讨论。④ 从整体来看,随着国家研究热在美国学界的再度兴起,美国学界形成了众多的国家理论流派,在新兴的"找回国家"学派之外,还有精英主义及新保守主义的国家理论。在美国比较政治学百年发展过程中,国家理论三大流派的出场背景和理论影响各不相同。

---

① [德]马克斯·韦伯:《经济与社会》(下卷),林荣远译,商务印书馆1997年版,第731页。
② See Stephen Skowronek, *Building a New American State: The Expansion of National Administrative Capacities, 1877-1920*, Cambridge: Cambridge University Press, 1982. 这是理解美国国家理论的代表性成果,截至2023年5月,这部著作已经被引用3 680次。
③ See Peter B. Evans, Dietrich Rueschemeyer and Theda Skocpol, *Bringing the State Back In*, Cambridge: Cambridge University Press, 1985.
④ 张佳俊:《"弱国家"的终结与新史观的兴起:当代美国行政之变的话语塑造》,《学术月刊》2023年第2期;焦姣:《美国政治发展研究学派对"弱国家"神话的解构》,《美国研究》2017年第5期。

(一) 精英主义国家理论

第二次世界大战之后,精英理论横跨大西洋,从欧洲传到美国,传统的精英主义国家理论发展成为当代的精英主义国家理论,主要代表人物有约瑟夫·熊彼特(Joseph Schumpeter)和怀特·米尔斯(Wright Mills)。熊彼特虽然是奥地利人,在欧洲接受教育和成长,但是在移居美国成为哈佛大学教授之后对美国学界的影响非常深远。

精英主义国家理论普遍认为,从最终意义上能够直接影响国家机器运转的是其内部的"铁三角"——利益团体、国会和行政机关。美国前总统特朗普多次在不同场合提出,美国国家机器内部存在一个"深层国家"(deep state)。这与精英主义者的"铁三角"在意义上非常接近。埃里克·诺德林格(Eric A. Nordlinger)指出:"国家的偏好在解释民主国家做什么和不做什么方面至少像市民社会的偏好一样重要。鉴于国家通常根据自己的偏好行动,民主国家不仅常常是自主的,而且当其偏好偏离市民社会中大多数权势团体的需求时也显然是自主的。"[①]精英主义者不是把国家制度而是把国家的统治者当作其分析的起点和核心,从全新的角度考察了国家的政治过程,因而其国家理论带有许多特色。

许多当代精英理论学家把国家的意识形态或传统精英主义者所说的"政治公式"当作符号,并极其强调符号在国家政治生活中的作用,这便是逻辑实证主义的"约定主义原则"的体现。此外,在精英主义者看来,人类历史就是少数政治寡头的兴衰史,历史既是极少数政治寡头作威作福的舞台,也是埋葬他们的坟场。一般群众则没有理性,是一群乌合之众,对历史进程微不足道。正如罗伯特·达尔(Robert Dahl)所说,精英主义的国家理论家是"对民主政治深感失望和表示怀疑的社会理论家"。[②] 正因如此,美国学界在比较政治学领域非常重视精英政治和高层政治的研究。

有趣的是,美国的精英主义与马克思主义在国家理论上似乎有相似之处。迈克尔·韦恩斯坦(Michael Weinstein)认为:"马克思主义的分析为政治精英理论家提供了两个核心思想:第一,政治精英理论家采纳了这样一种思想,即每个社会的特征取决于一个力图最大限度地控制社会的使用价值的统治阶级;第二,他们发展了这样一种概念,即在敌对社会团体的斗争中,政治思想是武器。……政治精英理论家把马克思主义理论的

---

① See Eric A. Nordlinger, *On the Autonomy of the Democratic State*, Boston: Harvard University Press, 1981.
② 参见[美]罗伯特·达尔:《现代政治分析》,王沪宁、陈峰译,上海译文出版社1987年版,第69页。

重要组成部分给予定型了。"①但它们有着本质的区别,马克思主义并不一概否认新兴的统治阶级在特定的历史条件下其理论可以带有某种先进性,对民主主义和社会主义也持充分的肯定态度,精英主义则一概否认所有政治意识形态的先进性。

我们需要特别注意精英主义这种悲观主义的理论倾向。尤其是从历史发展演进的角度来看,美国的精英主义国家理论不仅与国家发展的现实进程和逻辑进程严重违背,而且这种对人类进步的无所作为的态度也带有某种宿命论的倾向。此外,正像传统的精英主义理论曾直接影响意大利法西斯主义的产生一样,当代的精英主义理论也正在被当作政治上的集权化和官僚化的理论依据。

(二) 新保守主义国家理论

美国社会因为具有丰富的多元文化和族群,因而是多元主义的大本营。从20世纪60年代中期起,多元主义日益遭到新保守主义思想家的批判。新保守主义虽然极端强调国家的重要性,认为国家是秩序的基础,只有通过国家才能克服人性的缺点,个人只有融入国家才有意义,但其并未因此主张进一步强化国家权力。在传统的保守主义思想家的视野中,小政府才是最为理想的。新保守主义继承了这一思想要素,他们主张限制过分膨胀的政府权力(反对福利国家模式),尤其是竭力反对国家对社会经济事务的过分干预。新保守主义者反对政府过度干预的理由主要有二:一是国家的非中立性;二是福利国家的缺陷。不同于韦伯以来各派国家理论对于国家中立性的强调,他们认为国家或政府是由官僚组成的,官僚由现实中的个人组成。詹姆斯·布坎南提出:"政治中的个人……的地位非常接近市场中商人的作用。他通过可以得到的工具表达自己的利益,他接受从过程中产生的结果。政治是'利益或价值的市场',很像一般的交换过程。它与市场的不同之处在于它的范围更广。"②福利国家政策的推行更是日益暴露其固有的毛病,不仅国家的财政赤字加剧,劳资双方的生产积极性都受到一定程度的挫伤,这成为新保守主义理论者反对大规模国家干预的主要依据。这一点在后来的瑞典模式中得到了证实。瑞典是北欧福利国家模式的优等生,但是在20世纪90年代也出现了很多问题。

新保守主义的国家理论,在经济上反对福利国家的模式,在政治上则对

---

① See Micheal Weinstein, *Philosophy, Theory and Method in Contemporary Political Thought*, Illinois: Scott, Foresman, 1971.
② Geoffrey Brennan and James Buchanan, *The Reason of Rules: Constitutional Political Economy*, Indianapolis: Liberty Fund, 2000, pp.29-30.

新左派等激进政治运动开展批评。20世纪60年代末到70年代,美国出现了政治危机,人们精神颓废,道德观念淡薄,对政府的信心减低,当时有40%的公民认为美国社会已经得了重病,反政府的浪潮此起彼伏。在这种背景下,美国的新左派运动成为世界范围内各类社会运动的急先锋,新左派激烈地批评美国的内外政策,并且把矛头直接指向整个资本主义制度。针对左翼激进力量的咄咄逼人,新保守主义者为了维护美国社会的基本价值挺身而出,他们针锋相对地指出,自由民主国家目前的困境,是政治民主太多、经济福利太泛滥的直接恶果,摆脱政治危机的出路就在于恢复传统的资本主义价值。

第二次世界大战以后,资本主义国家出现了许多严峻的新问题,如政治不稳定和财政赤字,新保守主义理论家将这些问题归结于民主的扩大和福利国家的推广。然而,从事实层面来说,第二次世界大战后的发达资本主义国家之所以能有一个比较安定的社会政治环境,与适当扩大的民主权利和推行福利国家制度密不可分。新保守主义理论家坦率地承认,现实社会中人与人之间实际上是不平等的,等级秩序不可避免,国家的基本职能就是维持这种等级秩序。但是,为了论证这种不平等的合理性,他们诉诸先天因素,认为不平等不仅是先天的自然秩序,而且是推动人类前进的动力源之一。毋庸置疑的是,这样的论证极为单薄,必然遭受到许多诟病。

(三)"找回国家"学派

20世纪50年代以后,行为主义政治学特别是其中的结构功能主义在美国学界占据主流地位。他们的突出特点是强调"去国家化",国家被看作一个中立的、理性的场所。然而,20世纪70年代以来,国际局势发生了很大变化。一批拉美和东亚地区的国家采取以政府为主导的经济增长模式取得了重大成就,为后发国家开展现代化建设提供了一种新路径。这些新的历史经验与学界在研究国家问题时采取的"国家中立"路径形成了鲜明对比,这就为国家理论的再次革新和兴盛创造了现实条件。1968年,美国学者约翰·内特尔(John Nettl)发表了《作为概念变量的国家》,提出"国家性"(stateness)这一概念,认为国家的概念是不可替代的,修补了韦伯理想型国家概念中忽视不同国家的差异的缺陷,拉开了"找回国家"学派兴起的序幕。1982年2月,美国学者在纽约召开了题为"当今国家理论研究之实质"的学术座谈会。1985年,彼得·埃文斯(Peter Evans)、西达·斯考切波等人编辑出版了《找回国家》一书,标志着"找回国家"学派的正式形成,催生了许多针对现实国别案例的实证研究,其目的就是突出国家在社会变迁、革命、市场经济、产业政策等几乎一切涉及人们生活方面的重要性。① 从此开始,"找回国家"理论在美国比较政治学中的国家理论领域占据了主流地位。

"找回国家"学派的代表人物主张从国家自主性和国家能力来分析国家与社会的关系问题。国家自主性指的是"对特定领土和人民主张其控制的组织,国家可能会确立并追求一些并非仅仅反映社会集团、阶级或社团之需求或利益的目标"。② 这突出体现了国家作为一个能动者的角色,改变了单纯的被动反应的角色定位。专门研究国家能力的乔·米格代尔(Joel Migdal)认为:"国家能力是国家通过种种计划、政策和行动实现其领导人所寻求的社会变化的能力。"③这主要表现在国家影响社会组织、规制社会关系、抽取社会资源和拨款或特定方式使用资源等方面。查尔斯·蒂利(Charles Tilly)的研究更加聚焦在国家形成的过程,尤其是欧洲国家形成的经验和路径。在《强制、资本和欧洲国家(公元990—1992年)》一书中,蒂利详细展示了战争造就国家的过程。④ 蒂利虽然从身份上来讲是一个社会学家,但是他的国家理论在美国比较政治学界有着极大的影响力,他提出的国家与战争命题影响了大量的后续研究。

之后,"找回国家"学派将研究重点转向对国家"短板"问题的关注。因为经过几十年的发展,很多发展中国家反而出现了国家失败的现象和问题。此后,国家的"脆弱性"成为美国学界的一个研究热点。"在过去的十年里,国家的'脆弱性'已经被列入美国和其他发达国家的外交政策议程。……人们对脆弱国家的研究兴趣在不断增长。"⑤关于失败国家的研究,美国的比较政治学界主要聚焦于非洲国家。有些学者把非洲作为一个整体开展国家失败的系统分析或者比较分析,有些学者则更多地从单一案例出发研究某些特定的失败国家。关于脆弱国家的研究,美国学界的研究范围则更为广泛。不仅非洲国家的案例符合美国比较政治学界对脆弱国家的定义,在亚洲和拉丁美洲也能找到很多相似案例。与失败国家和脆弱国家相关的一个概念是国家能力(state capacity)。美国比较政治学者非常关注国家能力对经济发展、化解冲突、地区安全的影响。但是这里存在一个比较棘手的难题,即如

---

① 参见 Peter B. Evans, Dietrich Rueschemeyer, Theda Skocpol eds., *Bring the State Back In*, Cambridge: Cambridge University Press, 1985。
② Ibid, p.9.
③ See Joel S. Migdal, *State in Society—Studying How States and Societies Transform and Constitute One Another*, Cambridge: Cambridge University Press, 2001, pp.67-68.
④ 参见[美]查尔斯·蒂利:《强制、资本和欧洲国家(公元990—1992年)》,魏洪钟译,上海人民出版社2021年版。
⑤ Seth Kaplan, "Identifying Truly Fragile States", *The Washington Quarterly*, 2014, 37(1).

何衡量不同国家的国家能力。密歇根大学的乔纳森·汉森(Jonathan Hanson)等人借助统计学方法成功地建立了一个三维度测量模型,为推进国家能力测量方面的研究带来了启发。①

事实上,美国学者对一些后发国家"脆弱性"的评估存在偏见,这来源于对韦伯国家理论的曲解。他们根据韦伯的三种理想类型模式,贬低一些后发国家的具体政治制度。实际上,韦伯的国家统治合法性类型只是从欧洲等一些先发国家的发展进程中抽取出来的一种关于国家特征的理论总结,这里的理想类型不能被理解为一种最正义的最正确的国家形式。但随着美国强权政策的扩张,韦伯关于国家的理想类型变成一种普适主义价值观,强迫后发国家接受,"暗含规范性的韦伯式理想型国家充斥在脆弱性话语中,它意味着,偏离这种类型就会被看作脆弱或失败的证据"。② 这些理论在后发国家的不适应性也引起了美国学者的反思。韦伯的国家理论毕竟是早期的理论产物,后发国家的现实实践则出现了新的变化。这就产生了社会科学研究中如何对待时间性的问题。米格代尔认为,传统的基于韦伯的理想型国家概念的理论过于脱离后发国家的现实。在发展中国家,国家只是社会众多组织中的一类组织,垄断合法性使用暴力及制定统一规则能力的程度在国家间的差异很大。国家和社会处于争夺社会控制的零和博弈之中:只有当国家成功地将社会控制从地方强人的手中争夺过来时,国家才能更好地让民众服从它的规则。③ 此外,"找回国家"学派强调"国家在政策制定和社会变迁中的角色",却忽视了国家在社会中的合法性问题,或者视国家合法性为当然,这不免失之偏颇。很多学者认为,"国家中心论"存在矫枉过正的问题。加布里埃尔·阿尔蒙德就曾批评过该种观点,他认为,"国家中心论"者对多元主义的批评过于夸大其词,多元主义和马克思主义都强调过他们的主要观点。④

当我们今天系统地回顾美国国家理论的贡献和局限的时候,我们既要看到美国学者对于国家的理解与欧洲学者对于国家的理解存在很大的重合,也要看到美国学者对于国家的理解与东方国家的学者对于国家的理解

---

① Jonathan K., Hanson and Rachel Sigman, "Leviathan's Latent Dimensions: Measuring State Capacity for Comparative Political Research", *The Journal of Politics*, 2021, 83(4).
② Nehal Bhuta, "Measuring Stateness, Ranking Politica Orders: Indexes of State Fragility and State Failure", EUI working papers, 2012.
③ See Joel S. Migdal, *State in Society—Studying How States and Societies Transform and Constitute One Another*, Cambridge: Cambridge University Press, 2001.
④ Almond Gabriel, "The Return to the State", *American Political Science Review*, September 1988(3).

存在很大的差异。事实上,美国比较政治学界尽管对国家理论研究颇丰,但是美国本身的国家历史是非常短暂的。也就是说,美国人的国家历史是一个非常独特的案例,或者是一个异常案例。美国学者如果仅仅从自身国家发展历程出发建构国家理论往往不会顺利,这就解释了为什么像蒂利等美国学者很多时候要借助欧洲国家的经验来构建国家理论。但是欧洲国家的经历并不能代表其他国家的经历,西方中心论下的国家理论并不能很好地解释其他国家,尤其是不能解释那些在20世纪独立的新兴国家。

第三节 政党理论的贡献与局限

比较政党政治是比较政治学领域内学术积淀非常深厚的一个核心领域。尽管欧洲和美国都是政党政治的先发地,但是两者对于政党的认识却存在较大的分歧。因为这些分歧的存在,美国比较政治学界对于政党理论发展出自己独特的认识体系。本节从政党概念和政党功能两个维度讨论美国比较政治学界过去百年所发展出的政党理论。

尽管政党在世界政治舞台上已经活跃了两百多年,但是对于如何为政党作出一个准确的定义却迟迟未能形成共识。对此,约翰·怀特(John White)说道:"对于如何定义政党和政党应该具有何种功能,我们很难客观地作出讨论。这些是规范性的问题,而且政治学家给出的答案也在随着时间而改变。"[①]怀特的说法是有道理的,因为至少在美国和西欧学者对于政党的概念理解上,我们就能发现一个政党概念的"大西洋分歧"。

世界上最早对现代政党开展研究并为之定义的是英国的学者。我们一想到政党的定义,就会想到埃德蒙·伯克(Edmund Burke)为政党所下的定义。伯克认为,政党就是一群人团结在一起,根据他们彼此同意的特别原则,通过共同的努力而推进实现国家利益。[②] 他的定义在内涵和外延上都比较模糊,并且因为伯克曾经担任过英国辉格党(the Whig Party)的国会议员,一些人认为,伯克的定义并不具有普遍意义,只是为了对18世纪的辉格党进行理论辩护。不管伯克是为了对辉格党进行理论辩护也好,还是有其他的目的,他的这个定义是非常有意义的,而且对于现代政党理论研究影响

[①] John White, "What Is a Political Party", in Richard Katz and William Crotty eds., *Handbook of Party Politics*, London: Sage, 2006, p.6.

[②] Edmund Burke, "Thoughts on the Cause of the Present Discontents", in Paul Langford ed., *The Writings and Speeches of Edmund Burke*, London: Clarendon Press, 1981, p.317.

深远。我们必须明白一点,伯克的研究并不是英国学者开展的政党研究中最早的。与伯克同时代的英国著名学者大卫·休谟(David Hume)也非常关注政党。今天的研究发现,休谟认为政党是宪政模式政府的自然产物,政党随着政府内部狭隘情绪和利益分野的增长而出现。① 尽管他没有为政党作出严谨的定义,但是他对于政党的产生和功能进行了理论讨论。总体上来讲,英国学者对于政党的出现持比较积极的心态,这一点与政党在美国的早期命运形成了鲜明的对比。

包括美国国父乔治·华盛顿在内的建国一代人对政党是比较反感的。在他们的眼中,政党就等于派系,因为派系是以追求私利为目的的,所以,政党会给这个新生的国家带来混乱。詹姆斯·麦迪逊(James Madison)在《联邦党人文集》中曾经为派系下过定义:"派系就是一群公民,不管是整个社会的多数还是少数,他们被普遍的一些激情冲动或者利益所驱使而团结一致地对其他公民的权利构成伤害,或者是对整个群体永恒的和共同的利益构成伤害。"② 从这个定义中可以看出,麦迪逊和美国的联邦党人是非常厌恶派系的,他们认为派系或者政党的存在会伤害公民的利益,进而损害这个新生国家的整体利益。需要指出的是,麦迪逊所指的激情和利益是特定背景下的激情和利益,它们都与选举相关,不是泛指的激情和利益。有些学者认为,这对于后来美国学界对政党的认识产生了比较重要的影响。③

尽管美国和英国都产生了两党制,但是政党在两个国家所发挥的作用存在很大的区别。因为这些区别的存在,美国人对于政党的定义也与英国的政党定义不一样。美国学者安森·莫斯(Anson Morse)在 1896 年发表了一篇论文对政党进行界定。他认为,政党是一个持久的组织。在最简单的意义上来讲,它是由一群被共同原则所团结起来的公民组成的。在更加复杂的意义上,它是由两个或者更多这种类似的被共同的政策所松散地结合在一起的团体组成的。他们所追求的不是全体国民而是一个他们所代表的特殊群体或者多个群体的利益和观念的实现。④ 莫斯对政党的定义既强调了原则的重要性,也强调了政策的重要性。他对原则的强调与 19 世纪早期美国领导人对政党认识的转变有关。前文已经提到,美国建国一代的领导

---

① Joel Landis,"Whither Parties? Hume on Partisanship and Political Legitimacy",*American Political Science Review*,2018,112(2).
② A. Hamilton, J. Madison and J. Jay,*The Federalist Papers*,Oxford:Oxford University Press,2008,p.56.
③ Gerald Pomper,"Concepts of Political Parties",*Journal of Theoretical Politics*,1992,4(2).
④ Anson Morse,"What Is a Party",*Political Science Quarterly*,1896,11(1).

人对政党持有负面偏见,但是到了 19 世纪 30 年代和 40 年代,对政党的正面评价在国家领导人层面开始出现。例如,美国第八任总统马丁·范步伦(Martin Van Buren)就认为,当政党是根据一些原则而组织起来的时候,它们就能够发挥出公共服务的重要作用。① 如果我们把英国和美国进行比较,就会发现英国早期的政党概念对原则的强调更加浓厚,而同时期美国的政党概念更加强调政策意义。

政党的概念得到真正系统性的研究是 20 世纪的事情。随着西方民主在 20 世纪向全世界扩展,政党在非西方国家纷纷兴起。也就是说,如果在 19 世纪政党只是部分西方国家的特殊政治产物,到了 20 世纪,政党则变成了整个国际社会中普遍性的政治主体。在这种情况下,对政党概念开展系统性的研究就成了美国学界的当务之急。在政治学的经典著作《民主的经济理论》一书中,美国著名学者安东尼·唐斯(Anthony Downs)写道:"从最广泛的意义上来讲,一个政党就是一群人组成一个联盟,以此来通过法律手段控制管理机构。"② 这里的管理机构毫无疑问是指代国家机关的各个部门,而他强调的法律手段是指具有合法性的手段。

现在对政党概念形成巨大冲击的是利基政党(niche party)概念的兴起。这个政党概念是美国学者提出来的。"利基"的原意是墙面中出现的一些缝隙,可以用来放一些小东西。现在利基已经是生物学、管理学和市场营销学等领域中一个比较成熟的概念。③ 利基作为一个概念最早进入政治学领域是在 20 世纪 90 年代。在利益集团的研究文献中,部分学者开始引入利基概念来分析部分利益集团的行为。④ 之后,利基概念在非政府组织和社

---

① M. Wattenberg, *The Rise of Candidate-Centered Politics*, Cambridge: Harvard University Press, 1991, p.100.
② Anthony Downs, *An Economic Theory of Democracy*, New York: Harper, 1957, pp.24-25.
③ 在管理学领域,参见 Johan Schot and Frank W. Geels, "Strategic Niche Management and Sustainable Innovation Journeys: Theory, Findings, Research Agenda, and Policy", *Technology Analysis & Strategic Management*, 2008, 20(5)。在生物学领域,参见 Stjepko Golubic, Imre Friedmann and Juergen Schneider, "The Lithobiontic Ecological Niche, with Special Reference to Microorganisms", *Journal of Sedimentary Research*, 1981, 51(2)。在市场营销学领域,参见 T. Dalgic, *Handbook of Niche Marketing: Principles and Practice*, Hove: Psychology Press, 2006。
④ Dennis J. Downey, "The Role of Leadership and Strategy in Navigating Political Incorporation: Defining a Niche for Human Relations in Orange County, California, 1971-2000", *The Sociological Quarterly*, 2006, 47(4); Michael T. Heaney, "Outside the Issue Niche: The Multidimensionality of Interest Group Identity", *American Politics Research*, 2004, 32(6); Virginia Gray and David Lowery, "A Niche Theory of Interest Representation", *The Journal of Politics*, 1996, 58(1).

会运动研究中都得到了关注。① 值得注意的是，利基概念的出现帮助学者更好地连接起一些既有的研究，从而为形成一种广义的或者整体性的理论作出了贡献。例如，弗吉尼亚·格雷（Virginia Gray）和大卫·洛厄（David Lowery）借助组织利基理论尝试构建一个利益集团的一体化理论，为我们更好地理解利益代表提供了一个新的分析路径。② 在这些研究的基础之上，政党政治学者把利基理论引入西方政党的分析视野之中。

利基政党这个概念进入政党政治领域的开端始于2005年美国学者的一篇论文。美国学者邦妮·马基德（Bonnie Meguid）在研究传统政党对单一议题的小党的影响时首次提出了利基政党的概念。这篇论文截至2023年5月已经被引用了1 654次，成为政党政治研究领域高被引用的一篇论文。这篇论文的发表刺激了更多政党政治学者开展利基政党研究。马基德认为，利基政党有三个关键特征。第一，利基政党拒绝了传统的以阶级为导向的政治；第二，利基政党提出的议题不仅新颖，而且与现在已存的政治分割线并不重合；第三，利基政党很注意对自己的议题倡议进行限制。③ 马基德对利基政党的研究作出了开拓性的贡献，但是她的这个定义不够简略。从意识形态的角度出发，詹姆斯·亚当斯（James Adams）和他的合作者为利基政党下的定义是：利基政党是指那些或者代表一种极端意识形态的政党，或者是一种非中心的意识形态的政党。④ 马库斯·魏格纳（Markus Wagner）认为，马基德的定义太过复杂，而亚当斯的定义又过于简单。他提出，利基政党是那些用一些非经济议题开展竞争的政党。⑤ 在这些定义的基础上，丹尼尔·比朔夫（Daniel Bischof）结合了利基营销的概念，提出利基政党是那些在一个狭窄的市场部分中占据市场份额优势的政党。⑥

---

① Peter Frumkin and Alice Andre-Clark, "When Missions, Markets, and Politics Collide: Values and Strategy in the Nonprofit Human Services", *Nonprofit and Voluntary Sector Quarterly*, 2000, 29(1); Sandra Levitsky, "Niche Activism: Constructing a Unified Movement Identity in a Heterogeneous Organizational Field", *Mobilization: An International Quarterly*, 2007, 12(3).
② Virginia Gray and David Lowery, "A Niche Theory of Interest Representation", *The Journal of Politics*, 1996, 58(1).
③ Bonnie Meguid, "Competition between Unequals: The Role of Mainstream Party Strategy in Niche Party Success", *American Political Science Review*, 2005, 99(3).
④ James Adams, et al., "Are Niche Parties Fundamentally Different from Mainstream Parties? The Causes and the Electoral Consequences of Western European Parties' Policy Shifts, 1976-1998", *American Journal of Political Science*, 2006, 50(3).
⑤ Markus Wagner, "Defining and Measuring Niche Parties", *Party Politics*, 2012, 18(6).
⑥ Daniel Bischof, "Towards a Renewal of the Niche Party Concept: Parties, Market Shares and Condensed Offers", *Party Politics*, 2017, 23(3).

美国学者对于政党与选举捆绑在一起的学术理解与欧洲比较政治学者的认识存在非常大的差异。欧洲学者对于政党的理解承袭了伯克的认知思路。而且,欧洲的学者倾向于不为政党提供一个简单化的理解概念。例如,在德国学者罗伯特·米歇尔斯、意大利学者安格鲁·帕尼比昂科(Angelo Panebianco)等人的研究中,我们找不到一个简洁清晰的政党定义,但是他们会有针对性地提出一些观点。例如,在米歇尔斯的著作《寡头统治铁律》中,他提到政党必须向民主保持倾向性,政党必须建立在多数人的基础之上,而且必须是与群众在一起。① 谈到对政党的研究,我们绝对不能忽视的就是意大利学者乔万尼·萨托利(Giovanni Sartori)对政党的认识。在《政党和政党体制》这本经典著作中,萨托利没有给政党提供一个简洁的定义,但是他着重强调了政党的三个方面。第一,政党不是派系。政党虽然发源于派系,但是政党必须是超越派系的。萨托利此举是为了给政党正名,指出政党并不是像派系那么狭隘地固执地关注自己的小集团利益。第二,政党是整体的部分。这就是说,政党是代表整体的部分,它试图通过服务整体的一部分进而服务整体。这与仅仅代表社会中一部分的利益是完全不同的。第三,政党是表达的渠道。政党在现代政治中有多重功能(如代表功能和动员功能),但是萨托利最为看重的是政党作为表达渠道的功能。②

因为美国学者对于政党的理解与其他国家存在很大的区别,所以美国学者发展出的政党功能理论也是独树一帜。在欧洲学者(如萨托利)的眼中,政党承担着动员、代表和表达的多重功能。但是按照美国比较政治学者的研究,政党的功能主要是服务选举工作。美国政治学家维尔德马·基把政党定义为"三位一体互动体制"(tripartite systems of interaction)。他提出了"选民中的政党、作为组织的政党和政府中的政党"三个视野。③ 选民中的政党是指政党的存在依赖于选民认为自己是某个党派的党员。作为组织的政党是指政党的存在依赖于使它保持运行的领导、官员、职员和预算。政府中的政党是指政党的存在依赖于政府中的官员认为自己是某个党派的党

---

① Robert Michels, *Political Parties: A Sociological Study of the Oligarchical Tendencies of Modern Democracy*, Eden Paul and Cedar Paul translated, Kitchener: Batoche Books, 2001, p.8.
② Giovanni. Sartori, *Parties and Party Systems: A Framework for Analysis*, London: ECPR Press, 2005, pp.22-24.
③ V. Key, *Politics, Parties, and Pressure Groups*, Springfield: Crowell, 1964, p.164. 事实上,最早提出三位一体概念的是拉夫·古德曼(Ralph M. Goldman)。他在芝加哥大学完成的博士论文中最早提出了这个概念,后来被基发扬光大。

员。基的这个概念鲜明地指出了政党的活动内容和功能属性是以选举为中心的,这一点还被弗兰克·索拉夫(Frank Sorauf)写进了他的美国政党教科书。①

总体来说,美国的学者往往倾向于把政党与赢得选举紧密地联系在一起。例如,约瑟夫·史莱辛格(Joseph Schlesinger)认为,一个政党就是组织起来的一个团体,他们以团体的形式赢得公共职位的选举从而控制了政府。② 同理,列昂·爱泼斯坦(Leon Epstein)也认为,理解政党必须从选举开始。他认为,任何一个团体,不管它的组织是多么松散,只要它在一个给定的名称下试图选出政府的掌管者,它就是政党。③ 这种功能主义导向的政党概念在美国始终居于主流地位,因为在美国的政治生活中,政党的作用主要是服务于美国的选举。有很多人甚至认为,政党在美国的存在就是发挥选举机器的作用。在欧洲,我们还能看到利基政党的兴起,这些政党不以选举获胜作为自己的终极追求,而是以传播某种价值、代表某些势力和提倡某种政策作为核心要义。这样的政党功能在美国基本上是看不到的。

第四节　选举理论的贡献与局限

在本章的五个代表性理论中,选举理论有其特殊性。与政党理论、国家理论、制度理论和政治发展理论不同的是,选举理论在美国的发展是由美国政治学家和比较政治学家共同推动的。很多选举理论是由只关心美国政治的学者发展出来的,但是这些理论又引起了比较政治学者的关注。选举理论在这五个典型理论中是唯一一个带有较强普遍性的理论,也就是说,从美国发展出的选举理论对于西方国家都有很强的借鉴意义,因为西方的选民、选举制度、选举行为呈现出很多相似性。还有一点,美国发展出的选举理论比较繁杂,很难面面俱到地进行系统的梳理,在这里仅从选民研究、低投票率、选举制度和选举活动四个方面来梳理。

美国实行选举的历史在世界各国中属于比较久的,因而积攒了非常多

---

① F. Sorauf, *Political Parties in the American System*, Boston: Little & Brown, 1964.这本教科书在美国政治学界的知名度非常高,几代美国学生用这本书来学习美国的政党制度。
② See J. Schlesinger, *Political Parties and the Winning of Office*, Ann Arbor: University of Michigan Press, 1991.
③ L. Epstein, *Political Parties in Western Democracies*, Piscataway: Transaction Publishers, 1979, p.9.

的研究经验。美国人非常重视选举,理解美国人的政治观离不开对选举的了解,美国人对其他国家政治的观察往往也离不开选举这个领域。20世纪,美国选举研究中对选民研究的突破主要以经济学和统计学的理论作为基础。美国数理统计学家和经济理论家哈罗德·霍特林(Harold Hotelling)在1929年提出了空间经济学的理论。① 这个理论后来启发了邓肯·布雷克(Duncan Black)和安东尼·唐斯。布雷克是苏格兰经济学家,他于1948年在《论群体决策的理性》中最早提出了中间选民定理(median voter theorem)②,但是很多人误以为是美国学者安东尼·唐斯率先提出了中间选民定理。1957年,唐斯的著作《民主的经济理论》出版,他用经济学的理论和模型来分析在单一维度谱系中政党的意识形态取向。③ 唐斯是肯尼斯·阿罗(Kenneth Arrow)的得意门生。他的《民主的经济理论》之所以能够被引用3万多次,形成如此之大的学术影响,最主要的原因是他较早地将经济学的理性人假设比较系统地应用到政治生活的分析中。在比较政治学领域,这成为一个非常重要的研究路径。从此之后,对于选民的研究都是围绕着选民是理性的假设来开展的。

我们来简要介绍一下唐斯的模型。一个标准的唐斯模型需要具备如下基本假设:第一,只有两个政党,而不是多个政党;第二,只开展一轮选举;第三,只能选一个人上台;第四,选举在一个单一选民区进行;第五,选举采用多数决的方法;第六,政策立场可以用一个维度来描述;第七,候选人的政策立场非常清晰;第八,选民能够准确地预测候选人的政策立场;第九,选民只关注当前的选举;第十,选民去投票站投票的收益大于投票的成本;第十一,选民只投票支持那些与自己的政策立场最接近的候选人;第十二,候选人只在乎赢得选举;第十三,候选人并不关注下一场选举;第十四,候选人能够基本准确地预测到选民的偏好,从而锁定中间选民的位置;第十五,候选人是一个政党团队的一部分。④ 这是一个非常理想化的简单模型,而且不一定适用于所有国家,但是唐斯模型的研究思路是极具启发性的。

唐斯的理论在很长一段时间被当作近乎规律的理论未被挑战,直到21世纪才开始有政治学者严肃认真地审视唐斯理论的问题。达特茅斯学院的

---

① Hotelling, Harold, "Stability in Competition", *Economic Journal*, 1929, 39 (153).
② Black, Duncan, "On the Rationale of Group Decision-Making", *Journal of Political Economy*, 1948, 56(1).
③ See Downs, Anthony, *An Economic Theory of Democracy*, New York: Harper, 1957.
④ Bernard Grofman, "Downs and Two-Party Convergence", *Annual Review of Political Science*, 2004, 7(1).

约瑟夫·巴福米(Joseph Bafumi)和哥伦比亚大学的罗伯特·夏皮罗(Robert Y. Shapiro)提出了新党派选民理论。新党派选民理论认为,今天美国的选民已经不完全是理性的行为体,他们更容易受到意识形态和其他理念性因素的影响。① 巴福米和夏皮罗用数据证明,现在美国的选民在经济福利、道德、堕胎、种族和家庭等问题上主要根据意识形态形成党派性的认识。意识形态和党派性的回归已经超越了美国,成为西方一个普遍性的政治现象。传统的理性人假设对于选民的描述已经不完全准确。西方的选民已经变得越来越激进,这也是部分极端政党能够兴起的社会基础。而且随着媒体的发达、竞选活动的激烈和各种突发事件的发生,选民的偏好波动变得越来越大。

在选民研究的过程中,越来越多的学者开始注意到一种对于西方民主来说很不幸的现象,那就是低投票率的问题。美国的选举理论研究最基本的前提是选民要去投票,只有产生了投票行为,才能继续研究接下来的一系列问题。阿伦德·利普哈特一直关心民主的质量问题,低投票率导致的政治参与不足将直接影响西方民主的质量。在利普哈特于1996年发表就任美国政治学会主席的发言中,他从五个方面解释了为何低投票率会是一个严重的民主问题:第一,低投票率是对那些各方面条件较差的公民的歧视,因为更多的时候是社会经济条件较差的人不去投票。一旦他们不去投票,他们的政治参与就无法发挥作用。第二,低投票率代表着不平等的政治影响。美国等西方国家的政治影响就是依靠选票的多寡来决定的。没有选票就没有政治声音。第三,低投票率问题在美国尤其严重,对于美国民主的质量是一个警示。第四,美国的低投票率问题在中期选举以及地方、市的选举中表现得更为严重。第五,低投票率正在成为民主国家的普遍性问题。② 既然低投票率是一个普遍性的问题,那么是什么原因造成的呢?

一些学者从制度的角度进行了考察。选举制度的形式有很多种,比较流行的有多数决制度和比例代表制。多数决是赢者通吃的制度,在美国的选举制度中是主导性的制度安排,而比例代表制在欧洲国家中多有实行。也就是说,美国的选举制度与欧洲大部分国家的选举制度相比,具有很大的差异性。美国学者在开展比较政治学研究的过程中对此也有清晰的认识。

---

① Bafumi, Joseph and Robert Y. Shapiro, "A New Partisan Voter", *The Journal of Politics*, 2009, 71(1).
② Arend Lijphart, "Unequal Participation: Democracy's Unsolved Dilemma", *American Political Science Review*, 1997, 91(1).

一些学者的研究发现,多数决制比比例代表制更能压抑选民的投票热情。①按照迪韦尔热定律,多数决体制容易产生两党制,而比例代表制容易产生多党制。在两党制的框架下,选民会发现他们的选择是非常有限的,而且投票并不能给现实政治带来很多改变,因此,投票热情持续降低。根据唐斯模型,因为两党的政策主张会逐渐趋向意识形态谱系的中间,即寻求中间选民的支持,所以,一些学者从选举竞争的角度提出了新的解释。

在《1945年以来民主国家的选民投票率与选举竞争的动态性》一书中,美国比较政治学者马克·富兰克林(Mark Franklin)认为,投票率下降最主要的原因是选举竞争性在下降,这促使选民认为投票的政治意义已经降低。②富兰克林的研究是根据对22个国家的长时间数据分析得出的结论。这个结论在微观层面也能够得到支持。按照理性选择理论,民众不去投票最基础的理由一定是投票的成本高于投票的收益。投票是需要成本的,包括时间、精力甚至一些金钱的投入。如果通过投票能够获得高于成本的收益,何乐而不为呢?如果投票之后并不能为自己带来新的改变,为何要投入成本去投票呢?在2020年美国大选中,竞争模型和理性选择模型的理论都得到了支持。2020年大选,美国的投票率是创了新高的,主要原因就是两党的竞争程度加剧,很多选民认为这次投票对他们的利益影响很大。

关于选举活动的研究就更加令人目不暇接了。美国的选举活动是世界上所有国家中最丰富的。美国学术界从竞选广告、政治咨询、民意调查、选民动员、投票、筹款、选拔候选人等角度进行了大量的研究。有些研究主要是从美国国情出发,但是有些研究具有普遍性。例如,关于竞选广告、选民动员和投票的研究就带有较强的普遍性。美国学术界区分了正面竞选广告和负面广告攻击对于选举的影响。在早期,关于正面竞选广告的研究更多一些。一些学者认为,接触竞选广告使公民对选举更感兴趣,对候选人有更多的看法,更熟悉谁在竞选,最终更有可能投票。可以肯定的是,这些影响是相对温和的,特别是与教育、党派性和动员等因素的影响相比而言。近些年的研究主要聚焦在负面广告攻击上。关于负面广告攻击的影响,学术界的研究存在一定的分歧。哈佛大学教授斯蒂芬·安索拉贝尔(Stephen Ansolabehere)和他的合作者发现,负面广告攻击会影响选民的投票率,促

---

① Selb, Peter, "A Deeper Look at the Proportionality—Turnout Nexus", *Comparative Political Studies*, 2000, 42(4).
② See Franklin, Mark N., *Voter Turnout and the Dynamics of Electoral Competition in Established Democracies Since 1945*, Cambridge: Cambridge University Press, 2004.

使更多的人远离投票。① 但是在其他学者的研究中，负面广告攻击并没有对投票行为产生统计学上显著的影响。② 那么，到底什么会对选民动员产生影响呢？更多的学者把目光投向了种族、年龄、党派、性别、宗教、阶层。尽管产生了大量的研究成果，但是学术界也存在较大的争论。尤其是一些因素曾经发挥比较重要的作用，但是近些年来的影响力逐渐式微。例如，宗教信仰曾经对选民的行为产生非常重要的影响。无论是美国还是其他西方国家，宗教对于国家政治生活曾经产生了非常大的影响，一些政党的名字至今都包含着宗教的字眼。根据英格尔哈特的研究，宗教势力在逐渐衰落，宗教对于西方民众的影响仍然存在，但是处于不断降低的趋势。③ 在这种情况下，很多关于选举活动的研究往往经历一个时期就要迎来新的方向调整。

选举制度方面的研究则呈现出比较稳定的特征。美国比较政治学界对于选举制度的研究主要包含三个方面：选举制度与政党体系的研究；新兴民主国家的选举制度研究；选举制度变迁研究。选举制度与政党体系的关系从迪韦尔热的研究开始兴起，卡茨等人的研究则从更加中观和微观的层面进行了发展。新兴民主国家的选举制度研究主要是从第三波民主浪潮之后开始兴起，目前已经产生了较多的研究成果。关于选举制度变迁，美国学者主要是从政党的理性计算角度进行分析。与此同时，也有一些学者借鉴欧洲学者的研究思路，从历史因素、非政治因素、能动性、社会因素、经济因素等角度来扩展（见表 6-1）。

表 6-1　选举制度变化的维度和重要的英文参考文献④

变化的主体		参　考　文　献
政　党	一般性的政党导向性解释	Colomer（2005），Benoit（2004），Boix（1999）
非政党因素	举例：波兰和俄罗斯的总统	Benoit & Hayden（2004），Remington & Smith（1996）

---

① Ansolabehere, Stephen, Shanto Iyengar, Adam Simon and Nicholas Valentino, "Does Attack Advertising Demobilize the Electorate?" *American Political Science Review*, 1994, 88(4).
② Wattenberg, Martin P. and Craig Leonard Brians, "Negative Campaign Advertising: Demobilizer or Mobilizer?" *American Political Science Review*, 1999, 93(2610).
③ See Inglehart, Ronald F., *Religion's Sudden Decline: What's Causing It, and What Comes Next?* Oxford: Oxford University Press, 2021.
④ 第三栏参考文献所涉及的英文作者名字没有被翻译成中文，这样更有利于读者直接找到英文原版论文。

续 表

变化的主体		参 考 文 献
外部因素	殖民历史的影响	Blais & Massicote (1997) Golder & Wantchekon (2004)
非政治专家	举例：匈牙利选举法的部分内容；爱尔兰的可转移单票制	Benoit & Schiemann (2001) Gallagher (2005)
历 史	之前选择的方案作为基准 保加利亚作为案例 历史模式影响未来的制度	Ashley (1990) Kitschelt et al. (1999) Jowitt (1992)
社 会	在大多数异质性社会中比例代表制最先出现 社会规模 社会结构	Rokkan (1970) Dahl & Tufte (1973) Golder & Wantchekon (2004) Mozaffar (1998)
经 济	依赖外部贸易 经济利益的本质和分散	Rogowski (1987) Cusack et al. (2004)
机 会	历史特性：爱尔兰的可转移单票制 新西兰的选举改革	Carstairs (1980) Nagel (2004) Sait (1938)

目标和偏好		参 考 文 献
普遍目标	直接和间接偏好	Tsebelis (1990)
赢得公职	一般性解释	Colomer (2004) Benoit (2004) Boix (1999)
寻求政策	一般性解释	Katz(2005)
代表和治理性	一般性解释	Dunleavy & Margetts (1995)
社会和政治工程学	对民族现代化产生的影响	Horowitz (1985)
合法性和公平性	东欧的选择	Birch et al. (2002)
其他一般性动机	让选举变得更容易参与和有意义	Reynolds & Reilly (1997)

一些特别考虑		参 考 文 献
建立制度的选择	不确定性 社会考虑和非正式协议 转型规则	Andrews & Jackman (2006) Birch (2003) Shvetsova (2003) Birch et al. (2002) Benoit & Shiemann (2001)

续 表

一些特别考虑	参 考 文 献
稳定性和均衡	稳定和变化的规范 宪法硬性条款 利益固化 交易成本的角色	Lijphart（1994） Katz（2005） Colomer（2005） Boix（1999） Birch（2003） Klima（2000） Shepsle（1979） Shepsle（1986） Benoit（2004） Colomer（2005） Mitchell（2005） Shepsle（1989）

文献来源：Benoit, Kenneth, "Electoral Laws as Politicals Consequences: Explaining the Origins and Change of Electoral Institutions", *Annual Review of Political Science*, 2007, 10(1).

美国的选举研究产生了丰富的研究成果。一部分是从美国研究案例出发对其他国家形成启示意义，另一部分是从比较政治视野出发开展的跨国分析。从研究方法的角度来讲，定量研究是最为主要的研究方式。整体上来讲，美国选举研究贡献出的理论成果比较分散琐碎，其产生的方法论示范效应则更强一些。实验研究、大数据研究等新兴的研究方法在选举研究中被美国学者广泛应用，为比较政治学扩展方法论的边界作出了积极的贡献。与此同时，我们也应该看到，美国的选举研究理论存在一定的弊端。首先，美国的选举研究学者与欧洲的选举研究学者尽管有很多合作，但是美国例外论的色彩依然比较明显。也就是说，美国学者开展的选举研究从整体上依然存在较强的美国国内政治色彩，比较政治研究意味不够浓厚。部分原因可能在于其他国家在选举领域的研究数据不如美国的数据更加丰富和全面。美国比较政治学者充分地从本国选举研究中汲取了养分，但是在开展对其他国家选举研究的过程中又与美国的问题意识存在较大的差异。

其次，美国的选举研究理论过分强调理性人的理论假设，对其他非理性因素的重视程度较弱。在发展中国家，文化、历史、宗教、种族因素会对选举产生很大的影响，而且这些国家的政党制度安排与美国的政党制度安排也存在较大的差异，因此，唐斯的理论模型并不完全适用于其他国家的情境。这也是造成美国比较政治学界与美国国内政治学界在开展选举研究问题上产生差异的一个重要原因。

最后，美国的选举理论存在一种选举至上的学术倾向。从技术的角度来讲,美国学术界已经穷尽各种手段和方法开展了大量的选举研究,而且现在的研究视角越来越微观,这也是导致现在美国选举理论比较支离破碎的一个原因。从事选举研究的主要方法是民意调查,需要借助各种通讯手段采集民意信息。在民意调查方法出现重大偏误之后,很多学者又开发出很多基于个体的模型来预测选举结果。这种对"术"的追求纵然很有必要,但是对"道"的思索也不可或缺。研究选举本身也需要一些宏观的理论分析,其中就包括选举与治理的关系等问题。美国学界过分强调选举、轻视治理的学术传统由来已久,这不利于美国选举理论的长远发展。

第五节　制度理论的贡献与局限

美国比较政治学发展的早期以学习欧洲的研究路径为主,制度研究是最主要的分析内容。《美国政治科学评论》在1910年代发表了多篇关于其他国家政治制度的论文。从这一点可以看出制度理论是美国比较政治学发展早期非常主流的理论。这种制度研究以静态的制度描述为主,因此被学界称为旧制度主义。在20世纪70年代之后,新制度主义研究兴起。本节主要介绍美国新制度主义理论的贡献与局限。

美国比较政治学的新制度理论直接受到制度经济学的影响。美国经济史学家道格拉斯·诺斯等人将制度分析的方法引入经济史的研究中,创造了"制度—选择—经济结果"的分析路径,解释了长期以来经济增长与停滞的制度秘诀,获得了学界的广泛关注。直到今天,麻省理工学院的达龙·阿西莫格鲁(Daron Acemoglu)依然在延续这种制度分析的路径。在比较政治经济学领域,制度分析的成果也非常受关注。[1] 与此同时,自20世纪50年代以来开展的行为主义政治学革命却陷入困境。受经济学成就的鼓舞和现实困境的影响,政治学家们又将目光重新聚焦于制度之上,把制度研究纳入比较政治学的主流视野之中,他们试图改变以往制度研究对政治机构、法律和程序规则过于静态化的叙述方式,结合行为主义研究强调动态过程、量化研究的特点,最终形成了新制度主义理论。

政治学领域新制度主义的开篇是美国学者詹姆斯·马奇(James March)和约翰·奥尔森(Johan Olsen)的奠基作品《新制度主义:政治生活

---

[1] See Ben Clift, *Comparative Political Economy: States, Markets and Global Capitalism*, London: Bloomsbury Publishing, 2021.

中的组织因素》一文。两位作者在文中表示新制度主义向当代的政治理论思维范式提出挑战,其主要观点如下:第一,政治机构扮演着更为重要的角色,它们具备自主性和复杂性,影响着历史的进程;第二,政治结构理论下,个人的行为充满了责任和义务的规定性,政治行动绝非仅仅按照个人的期望、价值而进行,政治行动者也会通过适宜的规则将某类行动同某种情势联系起来;第三,制度主义者否认行动就是个人根据预期评判而作出选择,而是像古希腊政治学者一样强调政治参与过程的意义。① 简言之,制度主义者在过程与结果中更偏向研究过程。这与旧制度主义研究存在显著差异。美国学术界在20世纪初的制度研究关注的是他国制度的结果,从静态的角度进行制度结果的描述,尤其注重比较不同制度结果的表现形式。新制度主义者则用动态的视角来研究制度,这种思路能够"让制度运转起来",产生丰富的研究成果。而且这种动态的制度主义研究也可以跟历史研究、社会研究等领域相结合,从而产生更多跨学科的理论发现。

需要指出的是,新制度主义学派并非单纯排斥行为主义及其影响下的结构主义、功能主义学派,而是试图将制度主义和行为主义融合起来,但更强调制度和政治机构的现实意义。这一时期,经济学、社会学界纷纷向制度研究转向,新制度主义理论明显吸收了这些学科的学术成果。因此,新制度主义理论的发展并非"单向度"的,在新制度主义理论的发展过程中,衍生出诸多不同流派的制度主义理论。这是政治学吸收了其他学科同时代的理论成就的体现。例如,美国经济学家道格拉斯·诺斯所提出的制度变迁和非正式制度的概念就被比较政治学所借鉴。学术界对新制度主义的分支流派有不同的讨论,目前比较主流的一个分类是将新制度主义划分为三种路径。他们分别是理性选择制度主义、历史制度主义和社会制度主义。彼得·豪尔和罗斯玛丽·泰勒是这个分类的最早倡导者,二人也撰写了很多文章来阐述三种路径的区别和联系。

(一) 历史制度主义

历史制度主义认为是历史进程中形成的制度差异导致了国家间政治的差异性后果,最终又导致形成了不同的历史走向。在解释个体的行为选择的时候,历史制度主义认为是制度为人提供了选择的信息集,人们会通过对社会中较为固定的制度的分析,来判断以何种途径实现目的更具效率。同时,制度也在形塑着个体的偏好,个人无法独立于制度之外而存在,只能以

---

① James G. March and Johan P. Olsen, "The New Institutionalism: Organizational Factors in Political Life", *American Political Science Review*, 1983, 78(3).

被制度包裹或者嵌入的形式存在。虽然在一定的条件下,可能个体作出决策并不完全是基于得失后果的计算,但制度为人所提供的既有符号、理念与图景其实已经潜移默化地塑造了个人的价值世界。因此,制度对个人和群体的选择产生的影响是广泛而深入的。在历史发展的走向问题上,历史制度主义者强调关键节点(critical juncture)、周期性(periodization)、历史偶然性(historical contingency)、路径依赖(path dependence)的重要作用。

我们举一些例子进行说明。美国比较政治学者斯文·斯坦莫(Sven Steinmo)在其著作《现代国家的演变:瑞典、日本和美国》中,曾以历史制度主义的视角去考察为何不同的发达资本主义民主国家会在面临21世纪的新挑战时选择作出不同的反应。斯坦莫借助历史制度主义的视角提供了一套完整的进化论的分析。[1] 历史制度主义吸收了结构-功能主义和集团冲突理论的观念,着重于对政治结构的分析,体现在历史制度主义学者对政体、机构、国家的研究上。例如,在斯蒂芬·克拉斯纳(Stephen Krasner)的《国际机制》一书中,克拉斯纳试图探讨国际机制作为一种含蓄或明确的原则、规范、规则和程序对国际行为体会产生何种影响,并以此分析国际政治中的具体问题,包括关税与贸易总协定和战后仍然存在的货币和安全制度等。[2] 另一位著名的历史制度主义学者西达·斯考切波在其著作《国家与社会革命:对法国、俄国和中国的比较分析》中,启示读者带着"国家具备能动性"的眼光去分析不同国家发生的革命事件,以结构主义的视角看待国家在革命中的作用。[3] 历史制度主义研究的很多成果因为兼顾历史的厚重感和政治分析的精妙之道,所以在比较政治学界处于非常主流的地位。

(二)理性选择制度主义

从理论渊源来讲,理性选择制度主义受经济学理论的影响非常大。一些比较政治学者借鉴了寻租、交易成本、产权等经济学概念,将政治问题与经济问题画等号。他们认为,政治行动者们时常面临着集体困境,制度使其降低交易成本,达到集体的最优结果。这方面的奠基性成果是一些学者对美国国会立法的研究,他们试图解释为何国会投票结果总是在一定程度上保持着相当的稳定性。肯尼斯·谢普斯勒(Kenneth Shepsle)等人发现,立法过程中的稳定现象是因为国会的议程与规则通过一系列复杂的机制降低

---

[1] See Stenimo, Sven, *The Evolution of Modern States: Sweden, Japan, and the United State*, Londn: Cambridge University Press, 2010.

[2] See Stephen D. Krasner, *International Regimes*, New York: Cornell University Press, 1983.

[3] See Skocpol T., *States and Social Revolutions: A Comparative Analysis of France, Russia, and China*, New York and Cambridge: Cambridge University Press, 1979.

了事务交易成本,使得议员之间相互妥协成为可能。① 因此,是制度的结构带来了均衡,而非个人的偏好带来了均衡,个人偏好的分布变化尽管对立法结果有影响,但是不足以产生颠覆此类均衡的效果。

值得注意的是,理性选择制度主义最大的特点,仍在于强调个人行动的积极意义。理性选择制度主义者并不认为非个人的制度力量潜在地规定了人的选择,而是从规则、程序上降低了交易成本,即特定的偏好集合在制度的作用下产生了均衡,表现出明显的计算策略的特点。理性制度主义的发展演进,主要有以下三种路径:一是博弈理论的路径。这种路径重视制度性博弈结构在引导均衡结果方面的作用,并深化了对代理人问题的研究。按照博弈论的路径开展研究需要借助大量形式模型(formal modeling)的分析。二是组织理论的路径。理性选择制度主义学者们吸收了经济学意义上的组织理论的观点,侧重对政治机构和次级组织的分析。这方面的研究成果也比较多。三是政治经济学的路径。这种路径关注非合作博弈的制度条件下政治与经济双重因素如何选择政策后果,并考察特定情境下不存在于关键行动者的理性博弈活动中的影响要素。②

(三) 社会学制度主义

社会学制度主义在比较政治学中的影响力比较小。社会学制度主义者所要解决的就是为什么特定的组织会采用这些特定的程序和形式的问题。社会学制度主义主要通过文化路径解释人的行为选择,制度包括为社会生活提供稳定性和意义的规制性、规范性和文化-认知性要素③,而人们依据这些背景式的认知图景来作出行为选择(类似历史制度主义影响人的选择的第二个方面),个体在社会化的过程中内化了特定的制度规范,制度与个体之间具有高度的互动性和同构性。在这里,我们需要提及非正式制度的概念,这是社会学制度主义十分重视的一个概念。非正式制度是人们在长期的实践活动中自发形成的、具有持久的生命力并且代代相传的习俗规则,可简单地视为社会文化。诺斯十分看重非正式制度(社会文化背景)的意义,认为非正式制度是制度变迁过程中的重要因素。关于非正式制度的研究成果在过去十多年不断涌现,构成了一个新的理解制度主义的视角。

---

① Kenneth Shepsle, "Institutional Arrangements and Equilibrium in Multidimensional Voting Models", *American Journal of Political Science*, 1979, 23(1).
② 马雪松:《理性选择制度主义的发生路径、内在逻辑及意义评析》,《社会科学战线》2020 年第 6 期。
③ 参见[美]理查德·斯科特:《制度与组织——思想观念与物质利益》,姚伟、王黎芳译,中国人民大学出版社 2010 年版。

(四) 新制度主义的最新发展

建构制度主义是新制度主义中的一个新兴理论,建构制度主义的研究主旨在于使制度分析重视观念、话语、理念的作用。政治学者一般在三个层面上运用观念:一是决策制定者制定的具体方案与政策;二是使政策性观念得以巩固的一般化程式;三是"以知识和社会生活中的系统化观念、价值与原则作为基石,承载并巩固政策性观念和程式化观念的各种世界观"。[①] 我们可以把建构制度主义与话语制度主义进行对比。同样是十分严肃地对待非物质性的变量因素,话语制度主义沿用了概念更为复杂和广泛的"话语"概念。[②] "观念"必须在互动的过程中被传递给目标对象,话语不仅包含人们说了什么,而且包含在公共领域的政策建构和政治交往过程中你对谁说出你的观念,包括政策行动者间的协作对话和政治行动者和公众的对话。[③] 话语制度主义在公共领域的沟通和交往属性更为强烈。

建构主义者认为"观念"在行动者的动力机制要素中十分重要,行动主体的偏好从本质上来说由"观念"承载,制度性的社会背景固然重要,但不可忽略的是"在规范化和制度嵌入的过程中,既定观念多大程度上被编码为认知滤镜"。[④] 换句话说,我们无法从制度环境中推断行动者的偏好,因为政治行动者不会仅仅聚焦物质利益的索求,他们需要对利益进行识别加工,并把这些"观念"转化成可供实施的行动方案。建构制度主义承认结构化背景下的制度变迁是错综复杂的,变迁方式既有利于某些因素介入变迁过程,也妨碍着另一些因素发挥影响。此外,行动者的策略资源以及对制度环境拥有的知识不是均衡分布的,这也影响到他们改造自身制度背景的能力。[⑤] 建构制度主义不仅仅强调制度的路径依赖,也强调观念的路径依赖,那些识别制度抑或是对制度设计产生影响的观念,同样能够对未来的政治道路的选择起到重要作用。新制度主义的三个传统流派都将制度视为一种给定的、静置的、外在的

[①] [美]维维恩·施密特:《话语制度主义:观念与话语的解释力》,马雪松、田玉麒译,《国外理论动态》2015 年第 7 期。

[②] 有学者认为话语制度主义更应该被称为建构制度主义,因为他们都认为制度在互动过程中被建构起来,但话语制度主义更注重沿用"话语"的概念,两者之间的差别并不大,笔者此处只是为了区分两个概念才将话语制度主义单独区分出来。

[③] [美]维维恩·施密特:《话语制度主义:观念与话语的解释力》,马雪松、田玉麒译,《国外理论动态》2015 年第 7 期。

[④] [英]科林·海伊:《建构制度主义:起源、特点及应用》,马雪松译,《上海行政学院学报》2017 年第 1 期。科林·海伊(Colin Hay)是英国伯明翰大学的学者,但因建构制度主义的研究成果相对较少,且该文具备基础性的理论意义,故加以引用。

[⑤] [英]科林·海伊:《建构制度主义:起源、特点及应用》,马雪松译,《上海行政学院学报》2017 年第 1 期。

存在，对于制度的动态变化的解释力较弱。建构制度主义者的观点是，制度既是给定的，又是可变的，制度是行动主体的行为、话语与思想，是行动者话语性互动的结果，即一种内生的结构。行动者的思想和行为是永不停歇地运动着的，其沟通互动也永不停歇地进行着，而制度在行动者的互动之中被建构起来。

建构和话语制度主义的兴起是否能够再次掀起理论研究的范式转变？对于这个问题，我们持否定的态度。如上文所论述，话语制度主义的兴起已经在西方学界产生了广泛的影响，但是它并没有促使学界放弃其他三种新制度主义路径。一方面，越来越多的学者循着施密特的本体话语制度主义路径在推进理论创新，这些理论工作挑战了其他三种新制度主义的解释力；另一方面，也有部分学者沿着布莱斯的实用话语制度主义进行理论探讨，这些理论工作融合与丰富了其他三种新制度主义。在这两种思潮的影响下，话语制度主义同时表现出超越和回归的趋势。此外，从根本理论框架出发，话语制度主义还是制度导向的，这一点与其他三种新制度主义路径是完全一致的，因此，话语制度主义很难从根本上进行范式革新。还需注意的是，美国学术界重新对 100 多年前的实用主义哲学产生浓厚兴趣。约翰斯·霍普金斯大学曾经是实用主义哲学的诞生地，如今以政治学系尼古拉斯·雅贝克（Nicolas Jabko）教授为主的比较政治学者试图再次从实用主义哲学中汲取营养，推进制度主义研究和比较政治学研究。这一系列因素都促使不同理论学派之间进行折中和交流，而不是取代和替换对方。

新制度主义研究的流派甚多，可在一些基本问题上却没有形成统一的看法。新制度主义的三个传统流派各有优势和缺陷，解释世界的方式各有不同，而三者之间的交流和融汇的壁垒却迟迟没有被打破，三种流派在相互借鉴中融合发展的任务道阻且长。同时，新制度主义对制度变迁的解释力尚弱，建构制度主义尚处于起步阶段，一些基本的概念还没有被清晰地阐明，这些都有待于未来的继续研究予以解决。而且新制度主义把制度和能动者区别开来，很少重视能动者的作用，这是新制度主义理论发展至今都存在的问题。我们在强调制度作用的同时，不能忽视人在关键时期的能动作用。例如，美国的制度按照很多人的理解是非常完备的，但是在特朗普上台之后，美国内政外交还是出现了很多问题。美国国内曾经有一些人预计，如果特朗普再执政四年，美国出现的这些系统性问题将永远不可能被纠正。从这个案例来分析，起到关键作用的到底是美国的制度还是特朗普的领导？可能更多的还是特朗普个人的因素，当然，美国的制度因素也在发生作用。而新制度主义的解释框架还没有重视个人因素，即制度与能动者的关系。

第七章　美国比较政治学代表性学者的贡献与局限

本章将对美国比较政治学的六位代表性学者进行比较细致的研究评述，以此来展示美国比较政治学百年发展的细节和痕迹。这六位学者分别是加布里埃尔·阿尔蒙德、理查德·卡茨、阿伦德·利普哈特、塞缪尔·亨廷顿、罗纳德·英格尔哈特、西摩·李普塞特。他们长期的工作单位分别是斯坦福大学、约翰斯·霍普金斯大学、加州大学圣地亚哥分校、哈佛大学、密歇根大学、加州大学伯克利分校。这六位学者不仅是极富影响力的比较政治学者，更是重要的学术组织者和创新者。美国的比较政治学界如果缺失了这六位学者，美国比较政治学的发展可能就会失色很多，甚至无法达到今天的水平。换句话说，这些人曾经对美国比较政治学的百年发展历程产生过重要影响。本章的目的是通过评述这些代表性学者的贡献与局限，为理解美国比较政治学的百年发展历程提供更多生动的细节。

第一节　加布里埃尔·阿尔蒙德的理论贡献与局限

加布里埃尔·阿尔蒙德1911年出生于美国伊利诺伊州，是俄罗斯犹太人和乌克兰犹太人移民的后代。他是美国著名的比较政治学家，行为主义学派的代表人物之一，政治文化研究的主要奠基人之一。阿尔蒙德本科和研究生均就读于芝加哥大学，1938年获得政治学博士学位。他先后执教于布鲁克林学院、耶鲁大学、普林斯顿大学和斯坦福大学，代表作有《公民文化：五个国家的政治态度和民主》《发展中地区的政治》《比较政治学：发展研究的途径》《比较政治学：体系、过程和政策》《学科分化：政治科学中的学派和教派》《危机、选择与变革》。这些成果被翻译成多种文字，产生了巨大的学术影响力。尤其是《公民文化：五个国家的政治态度和民主》这本著作,已经成为比较政治学研究领域经典中的经典。这本书也被翻译成中文出版。因为他的广泛学术影响力,他先后入选美国艺术与科学院院士并担任美国政治科学学会主席,曾获美国政治科学协会詹姆斯·麦迪逊奖和国际政治科学协会卡尔·多伊奇奖。下文从结构-功能主义、政治文化、政治发展三个领域来评述阿尔蒙德的理论贡献与局限。

在研究方法论上,阿尔蒙德在研究中发展了结构-功能主义理论。这一理论并不是由他首创,也不是由其他政治学或者比较政治学家首创。但是阿尔蒙德对在政治学和比较政治学领域应用和发展结构-功能主义作出了巨大的贡献。结构-功能主义理论本质上是一种系统论的观点。它是借鉴生物学相关学科知识而形成的一种社会科学研究范式。结构-功能主义认为,社会是具有特定结构的整体性系统,随着结构的分化,每个子系统和部分所承担的功能也逐渐专业化,而这些功能的发挥又直接影响着系统的存续和发展。塔尔科特·帕森斯是结构功能主义理论的大家。他认为,在社会系统中,行动者之间的角色关系形塑着系统的结构,不同结构的功能发挥则关系到社会系统的有效运转。① 在此基础上,阿尔蒙德将这种研究范式引入政治学研究中,从体系、过程和政策三个维度对政治系统的结构和功能进行理论分析。阿尔蒙德指出,结构分化是政治发展的主要表现,由结构分化产生的角色替代及关系演变则会影响结构及其功能。

首先,从宏观的价值层面来看,结构分化能够促使政治体系越来越专门化,形成特定的政治组织,并赋予其相应的功能。这主要体现为政治社会化、政治录用和政治沟通功能的组织专业化三个方面。第一,政治社会化的过程是政治文化形成、发展和巩固的过程,每个政治体系内都具有承担政治社会化功能的特定结构。② 一般而言,家庭、朋辈群体、学校、社区和大众媒体都具有政治社会化的功能。但是,随着结构分化的发展和专业化程度的提高,学校、社区、大众媒体和政治组织承担着越来越多的政治规训任务,在促进人的政治社会化方面发挥着更大的作用。第二,政治录用是产生政治角色分化的关键。它包括公民角色、顺从者角色和精英人物三个方面的录用。③

---

① [美]塔尔科特·帕森斯:《社会行动的结构》,张明德、夏遇南、彭刚译,译林出版社2012年版,第48—56页。
② [美]加布里埃尔·阿尔蒙德、小G·宾厄姆·鲍威尔:《比较政治学——体系、过程和政策》,曹沛霖译,东方出版社2007年版,第83页。
③ 张钦朋:《阿尔蒙德的结构功能主义评析》,《内蒙古大学学报》(社会科学版)2012年第2期。

政治体系通过特定的结构如政府行政部门、政党和利益集团等,对不同的群体进行角色分化,实现公民角色、顺从者角色和精英角色的政治录用。第三,每个政治体系都有专业化的信息交流结构,以促进政治沟通的功能发挥。① 从理论上来看,个人之间、家庭之间的非正式沟通也是政治沟通的渠道。但是,随着现代民主政治的专业化水平不断提升,个体与政治系统之间的政治沟通越来越依赖于政治组织(主要是政党)和大众传媒。

其次,从中观的政治系统的输入过程来看,公民个体利益诉求的输入主要依赖于政党和利益集团。一方面,公民个体或群体的利益表达越来越依靠专门化程度更高的社会性组织(如工会、职业协会、行业协会等)和政治性组织(如政党、利益集团、院外集团、议会等)。另一方面,利益整合是政治系统输入过程中提高回应效率、避免信息爆炸的关键性功能。一般而言,所有承担利益表达功能的结构都能进行利益整合。但是,就利益整合的效果而言,政治性组织(尤其是政党组织)往往具备更专业的利益整合机制。正因如此,政党成为西方世界具有最广泛协调能力的组织。任何其他组织都无法达到政党所具备的整合和协调能力。除此之外,随着政治系统内部组织科层化水平的不断提高,专业化的决策机制和精细化的执行结构,以其专门化程度更高的结构形态提高了政治系统政策制定、执行、反馈、调整的科学化水平。

最后,从微观的政策功能及其结构来看,阿尔蒙德主要从政策输出、政策结果和政策反馈三个方面进行解释。阿尔蒙德认为,政策输出主要有四种类型:资源获取性政策、资源分配性政策、行政管制性政策和政治象征性政策。这四种类型的政策又分别由不同的政治结构承担,从而实现功能与结构的适配。在政策结果方面,阿尔蒙德认为,政策执行的过程中会受到政治系统内部和外部因素的影响,产生执行偏差,从而影响政策目标的实现。因此,需要对政策结果进行评估,并通过政策反馈实现政策调整。对政策结果的评估和政策反馈功能的发挥,也是依靠相应的政治结构来实现的。

政治文化研究是比较政治学研究领域的一个重要方面。与发展结构-功能主义类似,阿尔蒙德也不是政治文化的首要倡导者,但是他却极大地发展了政治文化理论。阿尔蒙德及其合作者开展的实证导向的政治文化研究至今依然有很强的学术价值,并对英格尔哈特等人的研究带来启示。阿尔蒙德指出,政治文化是一个民族在特定时期流行的一套政治

---

① [美]加布里埃尔·阿尔蒙德、小 G·宾厄姆·鲍威尔:《比较政治学——体系、过程和政策》,曹沛霖译,东方出版社 2007 年版,第 149 页。

态度、信仰和感情。① 因此,一个民族或国家的政治文化主要表现为在特定的历史阶段,民众对这个政治系统或政治体系的感知、认识和态度。它既包含对政治系统及其组成部分的态度,也包括民众对系统中自我角色及其功能的态度。② 具体而言,政治态度又可以分为政治认知、政治情感和政治评价三个部分。首先,政治认知是形成政治态度的基础。民众通过信息获取、分析判断、专业知识等方式,对政治系统及其输出进行感知和认识,形成自身对政治系统的基本理解。其次,政治情感是在政治认知的基础上,对政治系统及其输出作出的好恶、喜怒等感性判断,具有一定的情感倾向性。最后,政治评价是超出感性范畴,基于自身的价值观念,对政治系统及其输出作出的价值判断,是政治情感的理性化表达。可见,政治认知、政治情感和政治评价是相互联系的,政治态度则是在三者的交互作用下形成的。正如阿尔蒙德所言,"公民的政治态度直接体现为对政治系统的评价。而要形成这种评价,公民就必须对政治系统有所认识,这种认识既受到个体政治认知能力差异的影响,也会受其政治情感的影响。同样,它也影响着公民的政治情感以及政治评价"。③ 在这里,我们也能再次体会出阿尔蒙德的系统思维。这是阿尔蒙德开展学术研究的一个显著特征。

基于上述分析框架,阿尔蒙德在对美国、英国、联邦德国、意大利和墨西哥五个国家公民的政治态度进行考察的基础上,提出了公民文化这一创新的学术概念,并依据公民对政治系统的认知和态度将其分为狭隘地域型政治文化(the Parochial Political Culture)、依附臣服型政治文化(the Subject Political Culture)和参与者型政治文化(the Participant Political Culture)三种理想类型。阿尔蒙德的政治文化是长时间跨度下的理想类型,并不是单纯针对 20 世纪的政治文化进行考察。

在中文学术交流范畴,狭隘地域型政治文化也被翻译成村民文化。无论如何翻译 parochial 这个英文单词,这种文化是指民众对政治系统、政治输入、政治输出以及自身在政治系统中的角色和功能都缺乏应有认知的政治文化类型。依附臣服型政治文化也被翻译成臣民文化,两者语义非常接近。臣民文化是指民众对政治系统有一定的认知,但依赖于政治

---

① [美]加布里埃尔·阿尔蒙德、小 G·宾厄姆·鲍威尔:《比较政治学——体系、过程和政策》,曹沛霖译,东方出版社 2007 年版,第 26 页。
② [美]加布里埃尔·阿尔蒙德、西德尼·维巴:《公民文化——五个国家的政治态度和民主制》,徐湘林、戴龙基、唐亮等译,东方出版社 2008 年版,第 12—13 页。
③ [美]加布里埃尔·阿尔蒙德、小 G·宾厄姆·鲍威尔:《比较政治学——体系、过程和政策》,曹沛霖译,东方出版社 2007 年版,第 27—29 页。

输出,而忽视自身在政治输入方面的作用,是一种依赖型的政治文化。两者都是一种比较消极的政治文化。与狭隘地域型政治文化和依附臣服型政治文化不同,参与者型政治文化是民众认为自身能够通过影响政治输入的过程影响政治系统及其输出,可以依据正式制度和规则影响公共权力,是一种积极参与政治过程的政治文化。但是,在现实世界中纯粹理想类型的政治文化并不多见,它们往往是三种文化之间的某种混合形态。因此,公民文化的本质是一种混合型文化。① 它体现的是传统性与现代性的一种混合状态。传统性通过历史遗产和路径依赖与现代民主社会存在文化融合的可能。在夹杂着传统性的现代民主社会中,需要实现村民、臣民和参与者三种角色的平衡,以及政治文化与政治结构的平衡。因此,公民文化的本质应当是一种政治文化与政治结构相协调的参与者文化。② 由此可见,参与是公民文化的核心特质。这种强调政治参与的政治文化与民主的政治结构具有天然的契合性。只有在公民文化的影响下,现代民主政治的过程才是稳定且有效的。③ 因此,政府应当重视公民教育,通过家庭、学校、大众媒体等政治社会化工具,增强公民意识,提升公民的政治参与认知和能力。

政治发展是第二次世界大战结束之后发展中国家普遍面对的现实问题。阿尔蒙德认为,政治发展是政治系统不断适应政治环境的变化,调适系统结构并完善系统功能的过程。简言之,政治发展就是政治功能的发展。④ 正如《布莱克维尔政治学百科全书》所说的那样,阿尔蒙德的政治发展理论建立在结构-功能主义的基础之上,以功能性分权的政治结构,通过政治系统的政治社会化功能、政治录用功能和政治沟通功能,实现系统性自我调适。⑤ 因此,政治发展就是经济和社会现代化进程中,政治系统在体系、过程和政策三个层面不断实现结构分化与功能适配的过程。因此,所有的政治体系尽管在专门化方面存在差异,但是都有实现自身系统功能的政治结构。⑥ 具体而言,

---

① [美]加布里埃尔·阿尔蒙德、西德尼·维巴:《公民文化——五个国家的政治态度和民主制》,徐湘林、戴龙基、唐亮等译,东方出版社 2008 年版,第 422 页。
② 同上书,第 29 页。
③ 同上书,第 439 页。
④ 钟冬生:《阿尔蒙德论政治发展——从文化世俗化视角》,《北京理工大学学报》(社会科学版),2008 年第 4 期。
⑤ [英]戴维·米勒、韦农·波格丹诺:《布莱克维尔政治学百科全书》,邓正来译,中国政法大学出版社 2002 年版,第 299 页。
⑥ Gabriel A. Almonld, James S. Coleman, *The Politics of the Developing Areas*, Princeton: Princeton University Press, 1960, p.11.

一个政治系统的发展主要体现在结构分化和文化世俗化两方面。① 而结构分化和文化世俗化又具有互构关系。

第一,结构分化是指为了适应政治社会经济环境的变化,系统必须不断分化出新的结构单元,并赋予其特定的政治功能,其目的是以专门化的结构适应政治输入的新要求、新变化,最终实现政治系统的发展、更新和完善。这种结构分化又体现为角色的分化和次体系的自主化。首先,角色分化是随着经济和社会的现代化而产生的。当现代化进程在促进社会分工的精细化和社会结构的复杂化的同时,也催生了新兴职业群体、行业精英以及边缘性群体。这进一步扩大了社会角色的分化。与此同时,新兴群体对政治参与的强烈需求也增添了政治沟通的压力。对此,政治系统往往通过自身的结构分化,以专门化的参与渠道将新兴群体组织起来。可见,在应对现代化引起的政治参与压力方面,阿尔蒙德主张通过结构分化凸显政治系统的代表性,以政治系统容纳群体的广泛性体现其民主性。其次,次体系的自主化是随着角色和结构的分化而产生的。当政治系统结构的专门化程度不断提高时,其角色和结构的自主性也不断增强,这也更加意味着政治发展。正如阿尔蒙德所言,没有角色和结构的分化,次体系的自主性便无从谈起,而一旦一套新的角色和结构建立起来,就存在着种种压力推动它走向自主。② 最后,结构分化的目的是提高政府能力和扩大公民的政治参与。在结构分化的过程中,政治系统分化出专业化程度更高的政府行政机构以提升政府能力;发展出专门化程度更高的利益整合和表达结构,如政党、利益集团、大众媒体等,以拓展公民的政治参与渠道。可见,政治系统通过结构分化,增强了系统的回应性和代表性,其民主化程度得以提高,而国家的现代化和民主化就是政治发展。③

第二,文化世俗化是指规范、习惯、风俗、惯例等传统因素对个人及政治系统的影响逐渐降低,公民越来越关注个人能力对政治系统和环境的影响。因此,文化世俗化是公民价值观念转变的过程,其结果是公民意识的觉醒和政治参与的不断增加,政府的合法性也越来越依赖于自身的行动,而非魅力和传统因素。④ 因此,文化世俗化主要体现在公民个人价值观念的世俗化和

---

① 陈剩勇、钟冬生:《论阿尔蒙德的政治发展理论》,《浙江大学学报》(人文社会科学版)2007年第5期。
② Gabriel A. Almonld, G. Bingham Powell, *Comparative Politics: A Developmental Approach*, Boston: Little, Brown and Company, 1966, p.307.
③ 罗荣渠:《现代化:理论与历史经验的再探讨》,上海译文出版社1993年版,第362页。
④ [美]加布里埃尔·阿尔蒙德、小G·宾厄姆·鲍威尔:《比较政治学——体系、过程和政策》,曹沛霖译,东方出版社2007年版,第120—122页。

政治合法性的世俗化两个方面。首先，世俗化意味着对公民个体的解放。公民由尊重甚至依附于传统转变为尊重自身，并相信自己具有改变环境、影响政治系统的能力。这种转变意味着公民自我意识和政治主体意识的觉醒，推动公民政治参与由消极参与、政治冷漠转向积极参与。其次，政治合法性的世俗化意味着传统型权威和魅力型权威已经不足以支撑政治系统的存续和发展。政府及其统治者只有通过增强系统的回应能力和治理能力，以绩效合法性补充不断消弭的传统和魅力合法性。由此可见，文化世俗化是政治系统民主化和现代化的文化支撑。它通过价值观念转换为动员公民政治参与提供政治文化保障，以合法性来源方式的转变助推政府能力的提高，从而增强公民的政治认同。

阿尔蒙德在比较政治学研究方面的理论贡献是毋庸置疑的。他不仅通过倡导行为主义政治学促进了政治科学的发展，而且通过借鉴其他学科的研究范式发展了政治学研究的结构-功能主义理论。与此同时，建立在结构-功能主义理论基础上的政治文化和政治发展理论也丰富了政治学基础理论和比较政治学理论的内容。此外，可能不被人所知的是，阿尔蒙德还是重要和关键的学术组织者，他得到美国社会科学研究理事会的支持，创立了比较政治学分委会，组织了一大批学者开展比较政治学研究。从这个意义上来讲，他对于推动美国比较政治学在第二次世界大战之后的迅猛发展作出了不可替代的贡献。从今天的视角来看，阿尔蒙德的主要理论观点并非尽善尽美，也存在适用范围及理论限度的问题。

首先，结构-功能主义理论自身存在一定的理论张力。阿尔蒙德将政治系统视为一个整体系统，他认为可以通过角色和结构的分化，以政治功能的精细化为重点，调适体系、过程和政策三者与政治系统的协调性。然而，这里却存在一个悖论。随着系统结构分化程度的不断加深，更多的子系统、部分和单元内嵌于整体性系统内部。同时，这些分化的结构又有着自身特定的政治功能，这意味着每一个结构都有其固定的运转逻辑。在多重相异的组织逻辑影响下，作为整体的系统将面临加载过重的危险。可见，分化的结构及其功能并不必然带来系统的协调一致，反而会产生系统解构和集体行动困境。再者，结构-功能主义理论本质上是一种简化主义。它将复杂的政治系统简化为结构与功能的互动关系。这种简化论证的方式与系统与生俱来的复杂性特征之间存在一定的理论张力，从而减弱了结构-功能主义理论的解释效力。除此之外，政治系统的调适能力应当体现为系统的权变能力，即系统为适应环境变化而不断变革的能力。但是，结构-功能主义只注重维持政治平衡或政治秩序，因而倾向于保守主义，不适于对变化进行分析。① 最后,阿尔蒙德的结构-功能主义理论主要是从宏观和中观的维度对政治体系和政治结构进行功能分析,对系统中的角色缺乏必要的重视。就能动性而言,政治精英往往是形塑政治系统和政治环境的关键变量,其主观能动性的发挥通常影响着政治体系、结构及其功能。

其次,政治文化理论的核心是参与型公民文化的构建,其理论指向性是以强化公民的政治参与保证政治体系的有效运转。但是,对于不同的政治体系和同一政治体系的不同阶段而言,政治参与并不必然有利于政治体系的良好运转和民主化程度的提高。对于很多后发国家的政治体系而言,首要问题恐怕是稳定和秩序。当一个处于转型阶段的政治体系因结构分化引起"参与爆炸"问题时,政治体系有可能陷入混乱和失序状态。亨廷顿在《变化社会中的政治秩序》一书中专门对参与过度与体系容纳能力不足的问题进行过讨论,并提出了相当严重的警告。因此,民主政治的本质在于政治参与的有序化和有效化,而非参与者数量的简单增长。政治系统应当注重提高政治输入的时效性、整合性、代表性,而非刻意强调其广泛性。再者,政治文化是一种群体文化现象,仅靠对个体政治态度的测量难以准确地把握政治文化的全貌。换句话说,把一个个个体的研究加总起来并不必然地能形成总体的认识。最后,对公民政治态度测量的可靠性存疑。菲利普·匡威(Philip Converse)认为,公民的政治态度具有不稳定、不连贯和无组织化的特征,因而对公民政治态度的测量并不具有说服力。② 由此可见,政治文化理论在一定程度上存在研究方法层面的缺陷。

再次,以结构分化为基础的政治发展理论也存在一些理论缺陷。首先,将政治发展简化为政治功能的发展,在逻辑上犯了以偏概全的错误。政治功能的发展只是政治发展的一个具体方面,而非其全部。就理想情况而言,政治发展意味着体系、结构、过程和政策等多方面的发展。其次,结构分化并不具有普遍适用性。以结构分化为基础的政治发展理论是从西方发达国家的政治实践中总结出来的,而西方国家的政治系统强调政治输入层面的利益表达和利益整合。这迥然于广大发展中国家的政治实践。发展中国家的政治系统大都只强调政治输出,而且由于基本物质基础的缺乏,人民的注意力可能并不在政治领域,缺乏必要的参与意识和政治技能。

最后,阿尔蒙德的主要理论观点具有强烈的西方中心主义色彩。首先,

---

① [英]戴维·米勒、韦农·波格丹诺:《布莱克维尔政治学百科全书》,邓正来译,中国政法大学出版社2002年版,第280—282页。
② Philip E. Converse, "The Nature of Belief Systems in Mass Publics", in David Apter ed., *Ideology and Discontent*, New York: Free Press, 1964, pp.206-261.

结构-功能主义理论主要以美国的三权分立政体为经验样本,认为只有像美国那样的分权化政治体系才能适应政治环境的变化。他曾旗帜鲜明地指出,资本主义与民主应当成为美国大学开展治理研究的基本议程,要通过研究资本主义与民主之间的关系,建构出具有普遍性的民主政治理论。① 因此,政治发展的过程主要体现为结构分化,政治发展的目标则是建立西式民主制度。尽管民主是一种所谓的"普世价值",但是民主的具体表现形式并非只有西式民主这一种。因此,政治发展不应当被理解为政治体系的西方化。其次,公民文化不应当仅仅表现为政治参与规模的扩大,而应当体现为公民政治参与效能感的增强。因此,政治参与不能只体现为结构分化背景下的碎片化、割裂化的参与,而要体现为全过程的整体化、有效化的参与。因此,政治参与既可以是美国式的立法民主,也可以是中国式的全过程人民民主。

尽管阿尔蒙德的主要理论观点存在一定的局限性,但是对于他的理论贡献和历史评价不能脱离他所处的历史情境。首先,阿尔蒙德将政治参与和公民文化作为现代民主政治的标准配置具有重大的进步意义。在阿尔蒙德所处的时代,大多数发展中国家处于现代化转型之中,普通民众既没有参与意识,更不具备参与能力。公民的基本权利或未被明确承认,或难以得到有效保障。阿尔蒙德以西方发达国家的民主政治为样本,倡导尊重公民主体意识,培育公民文化的理论尝试,在一定程度上是为发展中国家的民众进行知识赋权,即以学术知识助推政治赋权。其次,依附论批评阿尔蒙德的结构-功能主义理论忽视了国际因素对政治系统的影响。但是,这种批评实际上是很难成立的。阿尔蒙德并没有完全忽视这方面的因素。这主要与阿尔蒙德的个人工作经历有关。第二次世界大战期间,阿尔蒙德曾在美国政府机构工作,主要负责信息和情报的收集和分析工作。这段工作经历和战争的特殊背景,使得美国优先和美国外交的孤立主义思想对阿尔蒙德产生了影响。因此,在学术研究上,他或多或少地将美国的国内政治置于分析的中心,更侧重于关注和分析美国国内政治对国际政治的影响。最后,我们应当看到并理解阿尔蒙德的自我反思。他在《危机、选择和变革》一书中进行自我反思时指出,在发展中国家和西方国家的比较政治研究中,采取简单的传统-现代二分的分析框架存在简化问题研究的嫌疑。但是,在当时的历史情境下,西方发达国家确实属于现代国家,大部分非西方国家则是正在谋求现代化的非现代国家。因此,分析和提炼欧美发达国家的现代化经验在一定

---

① Gabriel A. Almond,"Capitalism and Democracy",*PS: Political Science and Politics*,1991,24(3).

程度上可能有助于发展中国家的现代化转型。毕竟，如何实现现代化是一个问题，实现何种形式的现代化则是另一个问题。

第二节 理查德·卡茨的理论贡献与局限

政党是美国政治生活中最活跃的政治组织，因为美国的共和党和民主党都是具有百年历史的大党。政党政治在美国的发展催生了美国学术界的政党研究热，产生了一大批具有影响力的政党政治研究学者。在这些美国的政党政治学者中，大部分是从研究美国政党的角度出发，而理查德·卡茨是从比较的视野研究政党非常具有代表性和旗帜性的美国比较政治学者。本节将聚焦理查德·卡茨的理论贡献与局限。

理查德·卡茨1947年出生在美国，本科就读于密西根大学，1974年博士毕业于耶鲁大学。他的博士论文题目是《政党和选举制度：一种理论和基于英国、爱尔兰和意大利的案例研究》。在耶鲁大学学习期间，他的博士论文指导老师是约瑟夫·拉帕隆巴拉（Joseph Lapalombara）。拉帕隆巴拉是意大利移民的儿子，他开展的比较政治学研究主要以意大利政治为主。这也影响了卡茨的研究，在卡茨的博士论文中，意大利是一个重要的研究案例。而且卡茨后来长期与欧洲学者开展合作也是受他导师的影响。卡茨从1976年开始任教于约翰斯·霍普金斯大学，直到今天一直是政治学系的教授（目前已经退休）。卡茨是非常高产的学者，他完成的著作包括《民主和政党的卡特尔化》《政党和选举制度理论》《美国的政治制度》《民主和选举》。除了这些专著，他还与一些著名学者合作编著了《政党政治研究指南》《党内民主的挑战》《政党纪律和议会政府》《意大利政治：大亨的时代》《政党如何组织：西方民主国家政党组织的适应和变化》《政党组织：西方民主国家政党组织的数据手册，1960—1990》《政党政府：欧洲和美国的经验》《美国投票：你应该了解的今天的选举》。在他的整个学术生涯中，他还发表了130多篇论文。

卡茨是重要的学术组织者和诸多学术期刊的编委会成员，在西方政党政治研究领域享有盛誉。他曾经担任或者仍然担任欧洲政治研究联合会执行委员会成员、《加拿大政治学研究杂志》顾问委员会成员、《欧洲政治研究杂志》编辑、《选举、民意和政党杂志》编委会成员、《爱尔兰政治研究》编委会成员、《代表制》编委会顾问成员、美国政治学会代表制与选举制度分委会主席（2001～2005）、《欧盟政治》编委会成员、《选举国际百科全书》编委会成员、《政党政治学》编委会成员、《政治学杂志》编委会成员等职务。卡茨利用自己担任欧洲政治研究联合会执行委员的机会，积极与欧洲政党政治研究者（代表性人物是欧洲政党政治著名学者彼得·梅尔）合作，开展了一系列大规模的研究。其中，最为著名的一个合作项目是关于政党组织变迁和适应性的研究项目。这一项目产生了一系列重大的研究成果。

卡茨早期的研究是以探索政党体制和选举制度的关系为出发点，从学术脉络来讲承袭了莫里斯·迪韦尔热（Maurice Duverger）的研究路径。法国政党研究学者迪韦尔热在《政党：在现代国家中的组织与行为》中提出一个很重要的研究发现：多数决选举制会导致两党制的出现。[①] 这就是被很多学者所认同的迪韦尔热定律。在《政党和选举制度理论》这部书中，卡茨利用欧洲的案例检验和发展了一种新的选举制度影响政党的理论。根据他的理论，不同的选举制度会对政党发挥的作用和政党内部的关系产生重要的影响。[②] 具体来看，这包括对于议会政党内部的团结、意识形态行为和议题导向产生重要的影响。迪韦尔热的研究聚焦选举制度对政党间关系的影响，而卡茨的贡献是讨论选举制度对政党内部关系的影响。在这本书中，卡茨提供了非常丰富的实证分析内容，属于非常典型的后行为主义研究范式影响下的研究成果。卡茨非常注重对实证材料的搜集、整理和分析，这是他治学的重要特点，即以占有丰富的政党发展资料为基础，以观察和整理西方政党的动态为切入点，最终实现政党研究的理论创新。

卡茨早期的研究路径以聚焦政党和选举制度为主，随后转向了对于政党组织的研究。也就是说，卡茨的研究逐渐从制度走向了组织，这一转型对他后来的学术之路产生了重要影响。促成这种转变的很重要的一个因素就是与彼得·梅尔等人的合作。1995年，卡茨和梅尔合作发表了一篇重磅研究论文——《政党组织的变动模型和政党民主：卡特尔政党的兴起》。在这篇论文中，两位著名的政党政治研究学者提出了卡特尔政党（Cartel Party）的概念。[③] 在卡特尔政党模式被两位作者提出之前，学界所认同的政党组织模式从政党肇始到20世纪后期分别是精英型政党、群众型政党和全方位政党。卡特尔政党的出现是政党尤其是西方政党发展史上的重大转折。它标

[①] See Duverger, Maurice, *Political Parties*, *Their Organization and Activity in the Modern State*, London: Methuen, 1954.
[②] See Richard S. Katz, *A Theory of Parties and Electoral Systems*, Baltimore: Johns Hopkins University Press, 2007.
[③] Richard S. Katz and Peter Mair, "Changing Models of Party Organization and Party Democracy: The Emergence of The Cartel Party", *Party Politics*, 1995, 1(1).

志着西方政党社会基础的崩塌和政党与国家的融合,是对西方民主体制的重大调整力量。卡茨和梅尔的卡特尔政党模型提出之后,对卡特尔政党这一新型政党组织模式的研究方兴未艾。文献统计显示,直接在标题中把卡特尔政党作为重点主题研究的论文就有 20 多篇,其他涉及对卡特尔政党进行讨论的文章不胜枚举。

之所以卡特尔政党能够发展成为一个重要的政党理论研究议题,首先得益于卡茨和梅尔那篇开山之作的学界影响力。截至 2023 年 4 月(下面类同),这篇 1995 年发表的论文已经被引用 5 595 次,是西方政治学界尤其是政党研究领域最高引的论文之一。得益于议题的高热度,以卡特尔政党作为研究主题的论文往往能够引起学界的关注。例如,德国哥廷根大学的克劳斯·戴特贝克(Klaus Detterbeck)2005 年发表的论文对丹麦、德国、瑞士和英国政党的卡特尔化进行了比较研究[①],这篇论文获得 255 次的引用。值得注意的是,学者们在逐渐认可卡特尔政党这一概念和其理论基础的过程中,对其进行理论质疑和讨论的声音一直没有停止。比如,瑞典林奈大学政治学者亨里克·恩罗斯(Henrik Enroth)2017 年发表论文,试图挑战卡特尔政党模型代表性不足的理论观点。[②] 近些年来,政党卡特尔化的研究还逐渐扩展到西欧国家之外,学者们还关注了卡特尔化对党内民主的影响、对选民的影响和对社会的影响等议题。我国学术界对卡特尔政党这个概念并不陌生,对卡茨的理论成果进行学术评介的中文论文也不在少数。卡茨主编的《政党政治研究指南》自从被翻译成中文出版以来,也获得了国内学界的广泛好评。

2018 年,牛津大学出版社出版了卡茨和梅尔合作编撰的《民主和政党的卡特尔化》一书。尽管梅尔已经在 2011 年突然辞世,但是这本书的研究基础和一些初期工作是梅尔和卡茨共同启动的,因此,卡茨选择完成这份未竟的工作。在这本书中,两位作者进一步发展了他们提出的卡特尔政党理论。首先,面对卡特尔政党模型提出之后学术界的各种回应甚至批评,这本书集中进行了一些理论回应和澄清,从而使得政党卡特尔化的研究更加完善。其次,这本书结合当今民粹主义运动的兴起讨论了政党卡特尔化与民粹主义的关系。这部著作的最后一章的标题就是"卡特尔政党与民粹主义反对者"。民粹主义的一个代表性势力就是反政党体制政党。这些政党往

---

① Klaus Detterbeck, "Cartel Parties in Western Europe", *Party Politics*, 2005, 11(2).
② Henrik Enroth, "Cartelization versus Representation? On a Misconception in Contemporary Party Theory", *Party Politics*, 2017, 23(2).

往也是极右翼政党,目前已经成为欧洲政坛上不容忽视的政治力量。在1995年发表论文的时候,卡茨和梅尔尽管注意到民粹势力的兴起,但是这并不是他们关注的重点。他们并没有意识到西方民主和政党民主即将在20年后面临民粹主义和极右翼势力的巨大挑战。

通过探索卡茨整个学术生涯的研究轨迹,尤其是理解他与梅尔在过去近30年时间发展的卡特尔政党理论,我们应该能够理解美国学术界进行学术积累的一个基本方式。那就是通过领军学者的推动,形成一个新的研究领域和新的理论框架,继而接受学界同行较长时间的讨论、验证和批评,最终在回应这些学界意见的过程中形成更加完善的理论成果。一旦这样的研究成果取得了学界的共识,新的研究基础就打下了。学术界不会在这些问题上再去争论和"炒冷饭",他们会向下一个研究问题前进,从而像树的年轮一样形成知识的积累。学术界在讨论的过程中,理论的提出者并不具有天然的权威地位,学界同行既可以证实也可以证伪新理论。

理查德·卡茨是美国学术界在比较政党研究领域的旗帜型学者。他为政党理论作出的贡献已经获得了广泛的认可。他和威廉·克罗蒂(William Crotty)合作编撰的《政党政治研究指南》是21世纪第一部帮助理解当代政党政治的全景式图书,在政党研究领域产生了广泛的影响。这本书也被翻译成中文在国内出版,获得了较好的评价。在客观承认卡茨教授的理论贡献的同时,我们也应该清楚地看到他的理论局限性。卡茨的政党研究无论是概念还是分析的理论框架,都是根植于西欧和美国的历史、文化和政治实践,是典型的欧洲中心论的研究视角。在欧洲中心论的政党研究中,西方政党政治的实践和案例最受关注,而其他国家政党政治的丰富实践很难进入西方学界的视野。卡茨的研究看到了政党与选举有着千丝万缕的联系,但是政党的功能和使命绝不仅仅是参与选举。政党上台执政要解决国家治理的难题,要不断改善和提高人民的生活水平。卡茨的政党研究很少深入分析马克思主义政党,他很难理解马克思主义政党的使命、价值和贡献。

卡茨对于中国共产党、中国的民主党派和中国的政党制度缺乏了解。中国是世界上举足轻重的大国,中国的政党制度是多党合作的制度,西方的中国问题研究专家非常关注中国和中国共产党。但是卡茨作为政党政治研究的著名学者,他对于以中国为代表的合作型政党制度缺乏关注和研究兴趣,这不得不说是一大遗憾。可喜的是,复旦大学国际关系与公共事务学院曾经在2019年邀请卡茨教授来上海访问,笔者曾经带他参观中共一大会址,向他介绍和解释中国共产党的伟大发展历程。这次来华访问给卡茨教授留下了较深的印象,也让他对于与西方国家截然不同的中国政党制度有了更新的认识。如果在未来,卡茨教授能够对非西方尤其是中国的政党和政党制度开展分析,他就更加成为一个具有全球视野的比较政党政治学者。

第三节　阿伦德·利普哈特的理论贡献与局限

阿伦德·利普哈特 1936 年出生于荷兰的东部城市阿珀尔多伦(Apeldoorn),他从小在荷兰长大,经历了纳粹德国的入侵,后来移民美国。他本科就读于普林西庇亚学院(Principia College),这是一所位于伊利诺伊州的文理学院,博士就读于耶鲁大学,获得政治学博士学位。他曾先后执教于爱玛拉学院(Elmira College)、加州大学伯克利分校、荷兰莱顿大学和加州大学圣地亚哥分校。他在爱玛拉学院执教期间更主要的工作是撰写博士论文,他在耶鲁大学学习的时间其实仅有 3 年而已。其中,耶鲁大学的阿尔蒙德和卡尔·多伊奇对他的影响比较大,他的博士论文指导老师是阿尔蒙德。在他漫长的学术生涯中,他留在加州大学圣地亚哥分校的时间最长。与此同时,他一直没有割断自己与荷兰的联系,包括在荷兰莱顿大学任教的 10 年。他的博士论文是关于荷兰的殖民地问题,之后的研究也往往从荷兰政治中寻找灵感。

阿伦德·利普哈特发表过多部有影响力的著作和论文,其中包括《调和的政治:荷兰的多元主义和民主》《多元社会中的民主:一个比较的探索》《思考民主:理论和实践中的权力分享和多数决》《民主的模式:36 个国家的政府形式和政府绩效》《选举法的政治影响》《民主政体:21 个国家的多数政府和共识政府模式》《南非的权力分享》《选举制度和政党体制》。其中,《民主的模式》一书可能是利普哈特最为知名的成果。截至 2023 年 4 月,这本书已经被学术界引用 13 732 次,成为研究民主和比较政治的经典。这本研究著作也被翻译成中文并被国内学者所熟知。因为卓越的学术贡献,他被选为美国政治学会主席和遴选为美国艺术和科学学院院士。学界曾经编著了两本书来向利普哈特致敬,这两部书分别是《民主和制度:阿伦德·利普哈特一生的工作》和《欧洲的协合主义和权力分享:阿伦德·利普哈特的政治融合理论》。[①] 一般而言,

---

① See Markus M. L. Crepaz, Thomas A. Koeble and David Wilsford eds., *Democracy and Institutions: The Life Work of Arnd Lijphart*, Ann Arbor: The University of Michigan University Press, 2000; Michaelina Jakala, Durukan Kuzu and Matt Qvortrup eds., *Consociationalism and Power-Sharing In Europe: Arend Lijphart's Theory of Political Accommodation*, London: Palgrave Macmillan, 2018.

获得学界尊重的学者可能会被学界同行编著一本书进行致敬,利普哈特却获得了两本书的致敬。这从侧面反映了他的巨大学术影响力。

利普哈特对于民主的研究实现了在理论和经验上的双重突破。利普哈特在博士阶段求学于耶鲁大学,而耶鲁大学是民主研究的重镇,我们熟知的罗伯特·达尔就长期在耶鲁大学开展对于民主理论的研究。达尔被很多人誉为第二次世界大战之后最为杰出的民主理论家。虽然达尔没有直接指导过利普哈特,但是对于利普哈特的学术发展也有影响。利普哈特对于民主的研究动力一部分来自早年经历的德国入侵和战争经历。据他回忆,曾经有一伙德国士兵入住他的家,虽然没有伤害他,但是令他当时感到害怕并记忆犹新。利普哈特最关心的问题是如何在多元的社会中实现和平与民主。因为在文化、种族、宗教、语言多元的社会中,冲突和矛盾时有发生。在这样的国度,即使建立起民主的政体,恐怕也很难真正持久地运作。利普哈特的问题意识非常敏锐和尖锐。在很多发展中国家,他们在政治发展的过程中恰恰面临着这样的现实问题。利普哈特在民主研究的理论突破在于提出了权力分享作为民主运作的关键因素。与罗伯特·达尔等民主理论家不同,利普哈特不关心如何从概念和规范的角度来理解民主。这些工作已经被达尔等人出色地完成了。他感兴趣的是如何在政治实践中实现和完善民主,为此他能够作出哪些理论上的贡献。在他早期的研究中,根据荷兰的案例研究,他认为权力分享是保持民主运转的关键因素,这一点对于多元社会尤其重要。这样的学术观点与阿尔蒙德的政治文化理论和李普塞特提出的民主的社会基础理论具有显著的差异。而且与西摩·李普塞特等学者把重点主要放在民主的稳定方面不同的是,利普哈特非常看重民主的质量。

从权力分享的视角出发,他在之后的研究中提出了一个更为普遍化的概念——协合民主(consociational Democracy)。与达尔的多元主义民主不同,协合民主不是从精英与非精英对立的角度来提出巩固和发展民主之道。协合民主是从处于分裂社会之中的不同团体之间寻求协商与合作,以此来充实和维持民主的体制。在利普哈特的眼中,协合民主的概念与共识民主(consensus democracy)几乎是相同的。两种共同传达出的一个信息就是民主不只是英美式的多数决民主(majoritarian democracy)。多数决民主的表现形式就是政党竞争和选举政治。通过激烈的政党斗争和政党轮替,来实现国家治理权在不同利益集团之间或者社会群体之间的流转。按照萨托利、卡茨等人的研究,政党必须代表社会部分团体的利益,不同的政党上台之后会回应相应社会群体的需求,从而实现决策的民主。例如,如果美国的民主党上台,民主党就会推行有利于民主党选民的政策;如果共和党上台,共和党就会推行照顾共和党选民的政策。从一定的意义上来讲,利普哈特关于民主的理解是对西方中心论下的选举民主的一种突破,尤其是对美式选举民主的一种突破。当然,这样的理解必然会遭到很多美国学者的批评。据说,亨廷顿曾经批评他的协合民主是一种协合式的寡头政治。亨廷顿是一位在学术研究上持保守主义立场的学者,他给出这样的评价不足为奇。但是还有一些美国学者也对利普哈特的民主理论持否定意见,这也从一个侧面反映了美国比较政治学在理论发展上的固执和保守。利普哈特之所以能够提出与美国主流学者不同的民主理论,很大一部分原因来自他的荷兰背景。他始终拥有这样一个便利,那就是跳出美国了解美国,跳出荷兰了解荷兰,从美国来研究荷兰,从荷兰来研究美国。

在利普哈特的民主理论中,还特别值得一提的是他对于制度的重视。美国比较政治学发展的早期以旧制度主义作为主要研究范式,对于制度的研究充斥着主流的学术期刊。但是随着行为主义研究方式的兴起,越来越多的学者开始放弃对于政治制度的研究,转而研究便于测量的政治行为和政治组织。因此,在新制度主义研究从 20 世纪 80 年代兴起之前,关于制度的研究一时陷入低谷。利普哈特在《民主政体》和《民主的模式》两本书中,为了比较不同民主体制的优劣,重点借助了对于政治制度组合的研究。尤其是在《民主的模式》这本书中,作者为了更好地区分和检验多数决民主和共识民主的差异和优劣,主要借助 10 个变量,其中的大部分是制度变量。这些制度变量包括选举制度、政党体制、联邦制、议会制度、利益集团、央行独立性等。通过利普哈特的研究,我们更加清楚地看到西方国家内部并不是整齐划一的制度安排。换句话说,尽管我们通常把西方国家作为一个整体来看待,但是西方国家内部的差异是非常大的。西方学界后来曾经兴起一波研究西方资本主义体制内部差异的学术研究浪潮,尤其是以《资本主义的多样性:比较优势的制度基础》的发表为重要标志。① 而且对于资本主义差异性的研究也是以制度研究作为抓手,但是《资本主义的多样性:比较优势的制度基础》的出版晚于利普哈特的《民主体制》和《民主的模式》。在这一点上,利普哈特再次成为引领学术潮流的人。利普哈特从制度的角度来比较民主获得了学界的肯定,在向他致敬的著作《民主和制度:阿伦德·利

---

① See Peter Hall and David Soskice eds., *Varieties of Capitalism: The Institutional Foundations of Comparative Advantage*, Cambridge: Cambridge University Press, 1999.

普哈特一生的工作》一书中，多位作者表达了对他制度研究的敬意。①

利普哈特在耶鲁大学学习期间受过比较系统的统计学的训练，这对于他后来的方法论意识产生了重要的影响。在他研究的早期，利普哈特关于荷兰的研究都是用案例分析的方法。从与西方主流国家的对比来看，荷兰的案例属于特殊案例或者异常案例（deviant case）。因为他从荷兰的研究中提炼出的民主形式与英国或者美国等国的民主模式是不同的。异常案例或者案例研究的优势在于提出一些新的理论假说，但是这种研究方法的理论效用较差，也就是说不一定具有很强的理论适用性。利普哈特之所以成为一个有影响力的比较政治学者，关键的一步就是从案例研究走向大范围的比较研究，尤其是借助统计分析工具提炼出具有普遍性的广义理论。假如说他对于共识民主或者协合民主的研究只停留在案例分析的层面，无论是美国保守派学者还是其他民主理论家，都会有很好的借口来批评甚至否定利普哈特理论研究的价值和意义。因为从统计的角度来，个别的异常值是可以忽略的，真正关键的是主流分布区间内部的案例情况。统计学研究的好处在于为提出和验证具有普遍性的一般理论提供了基础。行为主义政治学也倡导对于研究现象的可测量，因此，利普哈特从20多个国家比较和30多个国家比较的角度，完成了他的两部重要民主理论研究作品。《民主政体》和《民主的模式》不仅在理论发展上是成功的，在实证验证层面也是成功的，丰富了我们对于比较政治学研究路径的认识。

因为利普哈特对于案例研究和统计分析有自己切实的研究体会，所以他有能力在方法论研究上形成突破。其中，他在方法论研究上最著名的一篇论文就是1971年发表在《美国政治科学评论》上的《比较政治学和比较方法》。② 利普哈特追求科学的研究方法，他对于民主理论的创新也遵循了科学的研究方法。只有科学的研究方法才能产生普遍性的理论。在这篇方法论论文中，利普哈特讨论了四种研究方法：实验方法、统计方法、比较方法和案例方法。他认为，实验方法、统计方法和比较方法都致力于开展科学探索。因为这三种方法具备两个基本要素：在两个或者多个变量中建立普遍性的实证关系，其他变量是被控制住的。③ 与其他方法相比，比较方法面临

---

① See Markus M. L. Crepaz, Thomas A. Koeble and David Wilsford eds., *Democracy and Institutions: The Life Work of Arnd Lijphart*, Ann Arbor: The University of Michigan University Press, 2000.

② Arend Lijphart, "Comparative Politics and The Comparative Method", *Americann Political Science Review*, 1971, 65(3).

③ Ibid.

两个难题：一个是变量太多；一个是案例太少。变量多是普遍性的问题，但是案例少是比较方法和案例研究法面临的问题。为此，利普哈特给出三个重要的建议：增加案例的数量；减少分析的属性空间（合并变量、因子分析等）；把比较分析聚焦在可比较的案例上。这三个建议在利普哈特自己的研究中都是反复出现过的。例如，利普哈特从荷兰的单案例研究发展到对20多个国家和30多个国家的分析，案例的数量得到了极大的扩展。这些案例都是可供比较的，对于案例的选择也是实施比较方法的重要环节。

利普哈特对于现实政治的关怀程度远超一般学者。我们不能完全确定他这种对于现实的关怀感和介入感来自哪里。但是从研究问题的选择和向多个国家政府提供决策建议两个方面，我们能够发现利普哈特展现出与美国主流政治学者不一样的学术情怀。像本书提到的其他具有代表性的比较政治学者亨廷顿、阿尔蒙德等人，他们与美国政府的关系往往更为密切，他们的比较政治学研究是关注美国关心的发展中国家，进而通过自己的研究为美国政府的决策提供理论参考。利普哈特对共识民主的研究本身对于美国政府长期对外推行的选举民主是一种冲击，自然不会令他得到美国官方的赏识。尤其是他提出共识民主在民主质量上是比多数决（选举）民主更高的一种民主形式，这必然会令向外推销选举民主的美国政府的部分官员不悦。利普哈特曾经为多个国家的政府提出过政策建议，尤其是对于20世纪80年代的南非政府，他介入的程度比较深。南非当时处于比较激烈的国内斗争阶段，利普哈特多次前往南非，与南非的学者和政府官员进行交流，他向南非积极传播权力共享的理念和制度，后来他还写过一本著作《南非的权力分享》。当然，左翼和右翼的学者对于他在南非的这段经历褒贬不一。尽管如此，利普哈特对于自己能够从学术出发对一个国家的治理产生一定的影响颇为自豪。

利普哈特在美国的比较政治学界属于经历比较特殊的一位。他比美国主流的比较政治学者思想更加开放开明，而且并不像一些美国学者那样在比较政治研究中为美国制度辩护。他的共识民主和权力分享观念是对西方选举民主的有力补充，虽然至今无法撼动选举民主的优势地位，但是他深刻揭示了西方国家内部制度的差异。他在研究方法上取得了突破，形成了自己独特的比较政治研究路径。他还积极地把自己的学术观点通过各种形式输入现实政治生活中，希望能够为改变社会作出一点贡献。当然，利普哈特的理论研究也有局限性。虽然他竭力希望能够挑战选举民主理论，但是他的民主理论还是西方的民主理论，依然没有完全认识到民主的广泛性。他的民主比较研究还是局限在西方国家内部，不能帮助我们认识到西方国家和非西方国家在民主形式和民主质量上的差异。换句话说,利普哈特是在用欧洲的民主实践来反驳美国的民主实践,他的潜在理论假设是民主依然局限在西方发达国家。

对于多元社会和分化社会的民主问题,利普哈特推行权力共享的方案也值得商榷。在社会分化差异比较大的国家,权力共享可能是一把双刃剑。从好的方面来讲,权力共享有助于各个社会团体都能参与政权内部和决策过程。通过避免把特定社会群体排斥在外,有利于保持社会的稳定和政治的和谐。如果实行选举民主,人数上处于劣势的群体则有可能因为长期被政治压制而采取铤而走险的举措。从这一点来看,共识民主和权力共享对于多元社会是有益的。从坏的方面来讲,国家治理需要一定的集权和快速决策,尤其对于发展任务比较繁重的国家更是如此。权力共享在一定程度上就是权力分散,这将削弱政府的决策权威和决策效率。而且,这种政治安排会导致出现更多的否决者,一旦否决者轻易动用权力否定政府的决策,经济发展势必受到影响。尤其是当涉及大规模的经济建设计划时,分散的权力机制和否决者的增多会使得长远发展缺乏韧劲。因此,我们不应该对于利普哈特的共识民主在发展中国家的实践抱有过多期待。他的共识民主理论真正的用武之地恰恰是实行选举民主的国家。选举民主造成了选民的分裂,致使共识基础摇摇欲坠,打造共识是真正的出路。例如,今天美国等西方国家面临着非常严重的国内危机,社会对抗和政治冲突不断,这都是选举民主产生的弊端。利普哈特的共识民主是缓解西方社会内部危机的一剂良药,对于西方社会的启示应该会更多。

第四节　塞缪尔·亨廷顿的理论贡献与局限

塞缪尔·亨廷顿是美国比较政治学研究领域的巨擘。他 1927 年生于纽约,18 岁就从耶鲁大学毕业,之后参军入伍。退伍后他继续求学于芝加哥大学和哈佛大学,分别获得政治学硕士和政治学博士学位。他仅用不到 3 年的时间就完成了博士学位论文,博士论文的研究内容是苏联政治。有趣的是,他后期的很多研究与苏联政治没有太多关系。亨廷顿学术生涯的大部分时间是在哈佛大学担任政治学教授,被认为是"过去 50 年最具有影响力的政治学家之一"。事实上,他在哈佛大学的早期工作并不顺利,尽管他 23 岁就在哈佛大学执教创下了一个纪录,但是曾经在 1959 年因为没有被哈佛大学授予终身教职而转至哥伦比亚大学,1962 年才重新回到哈佛大学,并获得终身教授的职位。从攻读博士学位到在哈佛大学工作直到2007年退休,亨廷顿在哈佛大学共度过了58年的学术生涯。因为在博士学习期间过分用功,导致亨廷顿早年就出现了糖尿病,但是他依然保持非常旺盛的工作热情。亨廷顿是重要的学术组织者,他推动哈佛大学和麻省理工学院共同成立一个政治发展研究工作坊。1970年,亨廷顿还创办了《外交政策》(Foreign Policy)杂志,并担任共同主编至1977年,这本杂志一直到今天仍然具有很强的影响力。1986年至1987年,他还曾出任美国政治学会主席。

亨廷顿的学术生涯非常精彩,他著作颇丰,独立或参与编著17本著作和发表超过90篇学术论文。他的主要研究和教学领域包括美国政治、比较政治、文武关系和政治发展等。亨廷顿的代表性著作主要有《军人与国家:军政关系的理论与政治》(The Soldier and the State: The Theory and Politics of Civil-Military Relations,1957)、《变化社会中的政治秩序》(Political Order in Changing Societies,1969)、《美国政治:激荡于理想与现实之间》(American Politics: The Promise of Disharmony,1981)、《第三波:20世纪后期的民主化浪潮》(The Third Wave: Democratization in the Late Twentieth Century,1991)、《文明的冲突与世界秩序的重建》(The Clash of Civilizations and the Remaking of World Order,1996)、《我们是谁:美国国家特性面临的挑战》(Who Are We? The Challenges to America's National Identity,2004)。这些著作都是学术界响当当的成果。《军人与国家:军政关系的理论与政治》是研究文武关系的经典成果,虽然后来亨廷顿没有继续开展这方面的研究,但这本书是对于理解西方的军事政治非常有帮助。《变化社会中的政治秩序》是理解发展中国家政治的经典。《第三波》和《文明的冲突与世界秩序的重建》是比较政治和国际关系的重磅作品。《我们是谁》是亨廷顿晚年的重要成果,他从研究美国的军政关系起家,兜兜转转之后又回到了美国内部的研究议题。这些作品大部分都被翻译引进了国内,成就了亨廷顿在中国的大名。

《变化社会中的政治秩序》是比较政治研究的经典作品,也是亨廷顿非常看重的一部作品。这本书的问题意识非常突出,随着殖民体系在第二次世界大战之后的解体,新生国家如雨后春笋般地出现。亨廷顿敏锐地注意到了第三世界内部的这个新现象,因此,这本书主要关注第三世界国家的政治发展问题,也可以理解为这些国家所面临的现代化发展问题。《变化社会中的政治秩序》之所以成为经典,就在于亨廷顿严厉反驳了当时美国学界流行的现代化理论范式。例如,西摩·李普塞特等人的现代化理论认为,经济发展最终会带来稳定的民主。亨廷顿则指出，经济基础与上层建筑之间的关系并非简单的线性关系。政治发展并非同社会经济现代化亦步亦趋。现代性会带来稳定性，但是追求现代化的过程是非常不稳定的，也蕴含着各类政治风险。这里面的基本逻辑在于，在旧的权威和政治秩序崩溃之后，新的政治秩序不会自发产生。政治秩序与市场经济不一样，不是一种自发的存在逻辑。因此，亨廷顿提出政治衰败的概念，使得对于政治秩序的研究变得更加丰富立体。亨廷顿以经验研究的成果表明，比较政治学中所预言的政治发展远没有政治衰败、政治动乱和政治不稳定那样处处可见。政治稳定取决于政治参与和政治制度化之间的比例关系，一个缺乏制度化权威，政治参与和政治制度化失衡的共同体被亨廷顿称为"普力夺社会"（Praetorianism）。新兴国家从传统到现代的过渡就是一个实现政治稳定和克服政治衰败的历史过程。在这个过程中，政治参与的途径和程度要与新的政治秩序的承受能力相匹配。说到政治参与，亨廷顿非常重视政党所发挥的作用。他还认为，所谓的政体差异并不重要，重要的是政府的能力和制度化程度。这本书被翻译到国内之后，引发了广泛的讨论。这本书也是亨廷顿关于秩序研究的起点。

亨廷顿虽然认为政府的形式（政体）不如政府的程度（治理）重要，但是并不意味着他轻视民主体制或者认为民主不重要。从非常客观冷峻的视角审视历史进程中的民主，亨廷顿认为，民主政体的数量扩张往往采取"波浪式前进"的方式，并且具有"进两步、退一步"的特征。也就是说，有民主向前发展的浪潮就必然伴随着民主倒退的回潮。他在《第三波》一书中，首次总结了三波民主化浪潮：第一波起始于 1828 年美国的"杰克逊革命"，终于 20 世纪 20 年代法西斯主义的崛起；第二波起始于第二次世界大战的结束，终于 20 世纪 60 年代初威权政体的复兴；第三波民主化则始于 20 世纪 70 年代中期，波及南欧、拉美、东亚、苏东以及阿拉伯地区，至今仍未结束。[①] 亨廷顿虽然认为民主是现代政治发展的方向，但是他也指出自由民主制有其生长发展的文化土壤，这也就从文化层面解释了主要发生在非西方国家的第三波民主化的不彻底性。

虽然实现民主转型需要经济、宗教、外部干预等多种因素的共同作用，但培育一种民主政治文化，则是实现民主巩固最核心的条件。在这个方面，亨廷顿同时在与李普塞特和阿尔蒙德开展学术对话。亨廷顿对政治发展问

---

① 刘瑜：《民主稳固还是民主衰退：第三波民主化浪潮的进展与困境》，《探索与争鸣》2020 年第 10 期。

题的研究持续了较长的一段时间,在《变化社会中的秩序》一书中,亨廷顿从权威和秩序方面切入政治发展问题,在《第三波》一书中,亨廷顿转向民主化转型的问题,完成了一个从"静"到"动"的思维转换。关于秩序的研究偏向静态,关于转型的研究则偏向动态。亨廷顿的政治发展理论中稍微有一些矛盾的地方在于,他在《变化社会中的秩序》中对民主价值的定位是低于秩序,但是后来在《第三波》中又抬升了民主的价值位阶,呈现出前后不一致的价值定位。《第三波》的出版让国际政治学界对于民主转型的研究成为一个重要的理论生长点。[①] 也进一步提升了亨廷顿的学术影响力。

亨廷顿最具有影响力也是最具有争议的著作首推《文明的冲突》。这本书起源于亨廷顿1993年发表的论文——《文明的冲突?》。这篇论文因为获得了较大的关注,所以亨廷顿顺势而为将其扩展成书后于1996年正式出版。《文明的冲突》从标题上来看就比亨廷顿的其他著作更加夺人眼球。在这本书中,亨廷顿敏锐犀利的现实观察能力和问题意识再次体现出来。20世纪的冷战让世界形成了两大对抗阵营,因此,冷战期间的国际政治就是围绕着阵营对抗和意识形态斗争展开的。这个时期的国际政治主题非常鲜明和聚焦。那么冷战结束之后的国际主题是什么呢?冷战结束之后的国际政治又会被什么因素所左右呢?亨廷顿并不是一般意义上的国际关系研究专家,没有按照现实主义、新现实主义、自由主义、建构主义的路径分析国际政治的影响因素。亨廷顿认为,国家实力、意识形态、国际制度、非国家行为体在冷战结束之后都不是国际政治的核心变量,真正关键的变量是文明。不同文明之间的差别会造成严重的国家政治后果。

他将世界划分为以基督教文明、东正教文明、儒家文明、伊斯兰教文明、日本文明、印度文明、拉丁美洲文明以及可能存在的非洲文明为代表的八个文明,并认为随着冷战的结束,人们对国家的认同和忠诚正在转向对文明的认同和忠诚,并且这种转换正在产生一种多极和多文明的世界秩序。由于认同方面的这种变换,文明间的冲突将成为世界和平的最大威胁。具体而言,是现代化导致的不平等刺激了文化身份的认同,导致怨恨心理,而民主化又加剧了怨恨,从而形成了"文明的冲突"。[②] 他认为,未来的危险冲突最可能会在西方的傲慢、伊斯兰国家的不宽容和中国的武断的相互作用下发生。因为亨廷顿不仅对文明的冲突给出了学理的分析,更直接在国际政治

---

① 高全喜:《民主何以会失败?——一个转型国家的忧思》,《读书》2014年第11期。
② 杨光斌:《作为世界政治思维框架的文明范式——历史政治学视野的〈文明的冲突与世界秩序的重建〉》,《学海》2020年第4期。

现实层面给出了自己的理论预测。这就让争议开始不断涌现。尤其是伴随着"9·11"事件的发生,世界各界对亨廷顿的文明冲突论讨论得更多了。支持文明冲突论和反对文明冲突论的阵营彼此争吵的局面屡见不鲜。有人说文明冲突论是一种非常危险的理论,因为它可能成为一种"自我实现的预言"。也就是说,如果大家都不谈文明之间的冲突,文明之间反而会相安无事。而一旦文明冲突论甚嚣尘上,就会让人们变得更加敏感,更加倾向于把国际政治的变化与文明冲突联系在一起。不管这些争议会为亨廷顿带来什么,毋庸置疑的是,文明冲突论对美国和西方的影响尤其是政策的影响是巨大的,为西方政治精英理解冷战后的世界秩序提供了一个认识基础。

亨廷顿与美国政界和学术界的关系一直很矛盾。他与美国高层一直走得很近,他曾多次步入政坛担任公职或顾问。例如,1968年,亨廷顿曾辅佐时任美国副总统胡伯特·汉弗莱(Hubert Humphrey)竞选总统;在70年代中期,他担任民主党外交政策咨询委员会主席;在卡特政府时期,他担任国家安全委员会安全规划协调人。他虽然支持民主党的政策,但是他的研究更加关注秩序,这一点似乎与共和党更加契合。而且亨廷顿屡屡冲击着美国社会和美国学术界的自由主义和多元主义的政治正确性。虽然亨廷顿在哈佛大学工作早期已经吃过这方面的亏,但是他并没有改变自己的意识形态偏好。在1957年撰写的《作为一种意识形态的保守主义》(Conservatism as an Ideology)一文中,亨廷顿将自己视为一个保守的现实主义者。① 他认为与其他意识形态不同,保守主义缺乏实质性的理想和具体的政治组织形式,它仅仅与特定的情境联系在一起,它唯一的、真正的敌人是激进主义。② 这种哲学基础的特点是情景化,具体而言,每当美国固有的制度和秩序受到外在的冲击和挑战时,这种思想就会应运而生。在冷战时期,面对共产主义意识形态的威胁,亨廷顿呼吁加强对苏联的遏制,相应地,他这一时期的政治发展观是权威和秩序下的制度化与民主政治。冷战结束以后,亨廷顿基于民主化的"第三波"所提出的"文明的冲突",将保守主义由反对共产主义适时地转变为反对各种形式的威权主义。③ 虽然流行的观念将美国视为洛克式自由主义的信徒,但是亨廷顿却一针见血地指出现实运作中的美国实际上

---

① Samuel Huntington, "Conservatism as an Ideology", *American Political Science Review*, 1957, 51(2).
② 刘训练:《保守什么?为何保守?保守主义的四次浪潮与三个命题》,《学海》2011年第4期。
③ 杨光斌、郭伟:《亨廷顿的新保守主义思想研究》,《国际政治研究》2004年第4期。

处处透露着保守主义和现实主义。

　　亨廷顿作出的理论贡献是多方面的,现在学术界讨论比较多的则集中于两个方面,分别是政治发展理论和文明冲突理论。这两个方面也与比较政治学紧密相关。美国早期的现代化理论认为经济的现代化会带来政治的现代化,即建立起巩固的民主制度。但亨廷顿指出,政治发展也包含着与政治现代化反方向的政治衰败。① 换句话说,政治秩序发生变动可能会选择两个方向,而不是必然走向发展。在 1965 年发表的《政治发展与政治衰败》(Political Development and Political Decay)一文中,亨廷顿首次提出了政治衰败的概念。② 这个概念后来也被亨廷顿的学生弗朗西斯·福山所重视和使用。之后在《变化社会中的政治秩序》一书中,亨廷顿进一步指出了第二次世界大战之后许多新兴国家出现了政治衰败的现象。亨廷顿认为,政治衰败是后发国家将面临的现代化挑战之一。这些国家作为后发国家,完全不具备现代化先发国家所拥有的国际环境。往往是被动地卷入世界体系且经历着剧烈的社会转型,大量新兴的社会群体迅速崛起,与此同时,现有的政治体制无法有效吸纳新的政治诉求,从而引发政治失序和制度衰败。③ 亨廷顿对于政治发展的理解与阿尔蒙德对政治发展的理解差异很大。前者认为政治发展应该包括四方面的内容:(1)政治制度化,即政治组织与政治程序受到尊重,趋于稳定;(2)政治参与,现代化过程中的挫折感和流动性带动政治参与,政治参与是影响政治体系运行的重要指标;(3)政治民主化,民众参与竞争性选举;(4)政治一体化,权威的合理化和集中化。亨廷顿对政治制度的理解以共同体的政治秩序为核心。认为只有在政治制度化和政治参与之间实现平衡,国家才能避免政治衰退。而建立政治秩序的必要条件就是建立起有效的组织政治,这就需要政党和国家发挥特殊而独特的作用。

　　文明冲突理论则是亨廷顿除了政治发展理论以外的又一大理论贡献。据一些传闻,亨廷顿的文明冲突理论是受到家庭内部不同文化背景的家人的沟通冲突而产生的。在亨廷顿的认知中,冷战中三个世界的划分逐渐被全球 8 个主要文明所取代,每个文明内都有若干个国家和一个核心,文明内

---

① 张春满:《转型中国的政治发展与美国的政治衰败:基于政党中心主义的比较分析》,《学习与探索》2020 年第 10 期。
② Huntington, S. P., "Political Development and Political Decay", *World Politics*, 1965, 17(3).
③ 周凯:《从亨廷顿到福山:西方政治衰败理论的发展及评价》,《上海交通大学学报》(哲学社会科学版)2017 年第 2 期。

部分享着相同的叙事，拥有更多利益交汇点。冷战后国际政治中的主要冲突，本质上是文明和文明之间的冲突。而这种冲突是单个文明的自我认同和西方普世主义之间的张力的投射。亨廷顿从不讳言西方普世主义的傲慢，反而非常警惕这种傲慢带来的国际政治后果。由于失去了苏联这个冷战期间的最主要对手，西方世界在冷战结束之后变得更加肆无忌惮。由于现代化的激励和全球化的发展，全球政治正沿着文化的界限重构，形成很多文化和文明的断层线。文化相似的国家或民族更容易走到一起，文化不同的民族和国家则大概率地选择分道扬镳。以意识形态和国际关系为标准的结盟、会让位于以文化和文明为标准的结盟，重新划分的政治界限越来越与文化的界限趋于一致，文化共同体正在取代冷战阵营，文明间的断层线正在成为全球政治冲突的中心界限。亨廷顿更指出，文明的冲突不仅会存在于国际关系中，也存在于国内政治之中。在《我们是谁》一书中，亨廷顿对美国的发展前景表达了担忧。众所周知，美国是一个由移民组成的国家，但是移民的主体是欧洲的盎格鲁萨克逊人。现在随着非西方移民的增加，人口结构的变动不断冲击着美国赖以立国的价值，而不同群体之间迥异的文化所导致的文明冲突也不断加剧着社会冲突的风险。今日的美国已经处于严重的社会对立状态，这多少都与不同族群之间文明的差异存在关联。

亨廷顿方式是一种独特的学术方式。亨廷顿的学术生涯是一种独特的学术生涯。亨廷顿的理论每每经过出版发表，都会对当时的政治观念和政治实践造成巨大影响。游走在学术与政治之间的亨廷顿，让我们总是感觉他从理论的角度离现实是如此的近，从现实的角度离他的理论是如此的深远。对于持不同立场和不同方法的人而言，亨廷顿的理论具有很多局限。自由多元主义者会认为他的理论保守主义色彩浓厚，事实上，亨廷顿本人也并不忌讳这一点。马克思主义者会认为他的著作充满美国精英意识，是西方话语下的理论实验；从事量化研究的人会认为他的很多概念模糊，难以操作化，研究存在很多的选择性偏误，结论也缺乏经验证据的支持[1]；例如，在《变化社会中的政治秩序》一书中，亨廷顿并没有展现出严格的方法论意识，他使用的材料大部分是来自报纸和情报界的一些信息。对于这些信息的使用，他也具有选择性。不管怎么说，亨廷顿留给比较政治学的理论遗产值得我们细细体会，他的理论与现实政治之间的张力更值得深思。

---

[1] 王正绪：《亨廷顿：主要著作和缺陷》，《开放时代》2019年第2期。

第五节　罗纳德·英格尔哈特的理论贡献与局限

罗纳德·英格尔哈特是世界闻名的比较政治学家。他在现代化、后现代化、政治文化、价值观念等研究领域作出了持久而重要的贡献。英格尔哈特 1934 年出生在美国威斯康星州的密尔沃基市。他本科就读于美国西北大学，博士毕业于美国芝加哥大学，深受芝加哥学派的影响。从 1966 年开始，他就在密西根大学执教，一直到 2021 年辞世，总共在密歇根大学工作了 55 年。作为一名学者，英格尔哈特在学术生涯中取得了令人望尘莫及的成就。他发表（包括合作发表）了超过 400 篇经过匿名评审的论文，出版与合作出版了 14 本书，就在离世之前，他仍然在工作。从学科的角度来讲，他的研究成果的影响力早已突破了政治学的限制，成为整个社会科学领域的耀眼明珠。从区域的角度来讲，他的成果被翻译成多国语言，受到很多国家和地区的重视和讨论。从历史的角度来讲，他在密歇根大学和世界上推行的价值观调查研究是能够载入史册的学术事业，他将阿尔蒙德等人的早期政治文化研究重新复兴和扩展，并且引领了几十年的学术发展潮流。

英格尔哈特出版了一系列重磅研究成果，大部分都是政治文化和后现代化研究领域的经典成果。英格尔哈特的成名作是 1977 年出版的《静悄悄的革命：变化中的西方公众的价值与政治行为方式》，这本书由美国普林斯顿大学出版社出版，它的出版让英格尔哈特的研究引起了广泛的关注。在《静悄悄的革命：变化中的西方公众的价值与政治行为方式》出版之后，1990 年，普林斯顿大学出版社又出版了英格尔哈特的《发达工业社会的文化转型》一书，同样引起了学术界的广泛关注。1997 年，普林斯顿大学出版社出版了英格尔哈特第三本有着深远影响的专著——《现代化与后现代化：43 个国家的文化、经济与政治变迁》。普林斯顿大学出版社与英格尔哈特的合作是成就彼此的佳话。这些著作的出版连同其他著作为英格尔哈特教授带来了巨大的学术声誉。他当选为美国艺术与科学院院士和美国政治和社会科学院院士，从 1988 年开始担任世界价值观念调查（World Values Survey）项目的联合会主席，2011 年获得了有政治学诺奖之称的约翰·斯凯特政治科学奖（The Johan Skytte Prize in Political Science）。

根据谷歌学术的统计，罗纳德·英格尔哈特发表的论文和著作的学术引用量已经超过 14 万次（截至 2022 年年底）。这是非常惊人的学术引用量,足以证明英格尔哈特教授广泛的学术影响力。在他出版的十几本著作中,光是引用量超过万次的著作就有三本,分别是《现代化与后现代化:43个国家的文化、经济与政治变迁》《静悄悄的革命:变化中的西方公众的价值与政治行为方式》《发达工业社会的文化转型》。① 这三本专著也是上文刚刚提到的普林斯顿大学出版社出版的三本著作。英格尔哈特在《美国政治科学评论》期刊也发表了多篇成果,分别是《欧洲一体化的结束?》②、《欧洲静悄悄的革命:后工业时候的代际变化》③、《不安全环境中的后物质主义》④、《大众信仰体系中的总体稳定和个体变动:分析层次方面的困境》⑤、《工业社会的价值观变迁》⑥、《政治文化的复兴》⑦、《经济安全和价值观变迁》⑧、《测量后物质主义》。⑨ 这些论文从多个方面呼应了英格尔哈特的著作。能够在西方政治学顶级的期刊《美国政治科学评论》发表 7 篇论文,也再次证明了英格尔哈特教授研究成果的超高水平。尤其是他发表的《欧洲静悄悄的革命:后工业时候的代际变化》被评为《美国政治科学评论》从 1945 年到 2005 年最高被引的 20 篇论文之一。⑩ 在下文中,我们主要根据他的著作和论文来评价他的理论贡献和局限。

政治文化研究并不是由英格尔哈特教授开创的。学术界普遍认为,阿

---

① See Inglehart, Ronald, *Modernization and Postmodernization in 43 Societies*, Princeton: Princeton University Press, 1997; Inglehart, Ronald, *The Silent Revolution: Changing Values and Political Styles among Western Publics*, Princeton: Princeton University Press, 2015; Inglehart, Ronald, *Culture Shift in Advanced Industrial Society*, Princeton: Princeton University Press, 2018.

② Inglehart, Ronald, "An End to European Integration?" *American Political Science Review*, 1967, 61(1).

③ Inglehart, Ronald, "The Silent Revolution in Europe: Intergenerational Change in Post-Industrial Societies", *American Political Science Review*, 1971, 65(4).

④ Inglehart, Ronald, "Post-Materialism in an Environment of Insecurity", *American Political Science Review*, 1981, 75(4).

⑤ Inglehart, Ronald, "Aggregate Stability and Individual-Level Flux in Mass Belief Systems: The Level of Analysis Paradox", *American Political Science Review*, 1985, 79(1).

⑥ Inglehart, Ronald and Scott C. Flanagan, "Value Change in Industrial Societies", *American Political Science Review*, 1987, 81(4).

⑦ Inglehart, Ronald, "The Renaissance of Political Culture", *American Political Science Review*, 1988, 82(4).

⑧ Inglehart, Ronald and Paul R. Abramson, "Economic Security and Value Change", *American Political Science Review*, 1994, 88(4).

⑨ Inglehart, Ronald and Paul R. Abramson, "Measuring Postmaterialism", *American Political Science Review*, 1999, 93(3).

⑩ Sigelman, Lee, "Top Twenty Commentaries", *American Political Science Review*, 2006, 100(4).

尔蒙德是最早系统地开展政治文化比较研究的学者。阿尔蒙德提出的政治文化不仅是基于实证的可以测量的概念，也可以开展比较研究。在阿尔蒙德之后，政治文化研究开始陷入低谷，政治行为研究迅速发展。英格尔哈特教授早年毕业于芝加哥大学，阿尔蒙德教授同样毕业于芝加哥大学，只是阿尔蒙德要比英格尔哈特早20年。阿尔蒙德没有在出版《公民文化：5个国家的政治态度和民主制度》之后继续深入开展政治文化研究，而是转向其他领域的研究。这种转变丝毫不损害阿尔蒙德作为比较政治学著名学者的地位和权威，但是政治文化研究就此陷入低潮。与阿尔蒙德的研究路径相比，英格尔哈特关于政治文化的研究更加微观。在《静悄悄的革命：变化中的西方公众的价值与政治行为方式》一书中，英格尔哈特基本上形成了独特的政治文化的研究风格。在后续的两本书中，因为更多数据的出现和更多国家的覆盖度，它们的研究精细度和研究水平肯定有了进一步提升。但是整个政治文化的研究基础是在英格尔哈特的这部《静悄悄的革命：变化中的西方公众的价值与政治行为方式》中奠定的。

这本专著包括四个部分和13个章节。第一部分是介绍，第二部分是价值观变迁，第三部分是政治裂痕，第四部分是认知动员。这部专著有很多地方都值得我们认真研究。碍于篇幅，我们主要谈三点。首先，这本书的创新性很强。我们不得不钦佩英格尔哈特敏锐的时代感。这本书写于20世纪70年代，距离第二次世界大战结束已经30年，新的一代人在西方的经济繁荣中已经成长起来。这一代人与他们的父母辈在观念、认知、理想、态度、情感等方面都表现出巨大的差异。这种巨大的差异虽然出现了，但是却很难被系统地识别出来，因为这一切都是"静悄悄地发生"。因此，如何把这个新的变化用学术的方式展现出来是一个难题。英格尔哈特创新地引入价值观变迁和技能变化等新的维度，用实证的方式阐述了这种变化的发生根源、过程和政治后果。其次，这本书的论证简洁有力。《静悄悄的革命：变化中的西方公众的价值与政治行为方式》这本书的出版恰逢美国的行为主义革命开始向后行为主义范式转变。通览全书，我们能够发现作者的论证体现了一种"大道至简"的感觉。书中提出的假设和观点，都是可以用实证问卷数据支撑的。基于这些实证分析结果得出的结论也用了非常简单朴实的政治词汇来表达，如价值观、政治参与、动员、政治裂痕等。无论是政治学研究者还是其他社会科学研究者，没有人会因为这些术语而影响他们阅读此书。甚至连普通人都可以没有专业障碍地阅读。这符合后行为主义所倡导的研究风格，也是社会科学学术研究的高水平体现。最后，这本书提出了重要的概念。英格尔哈特在这本书中提出的重要概念既不是价值观变迁也不是政治参与，真正重要的原创性的概念是后物质主义（post-materialism）。在第10章，他专门讨论了后物质主义现象。按照英格尔哈特的研究，这种后物质主义现象就是西方国家在20世纪六七十年代出现的一种新政治现象。它具有三个特点：对社会变迁的倡导主要是依靠中产阶级基础而不是工人阶级基础；年龄分野与社会阶层分野同样重要；非经济议题变得更加意义凸显。①

在《发达工业社会的文化转型》一书中，借助欧洲晴雨表的调查数据，英格尔哈特得以扩展自己基于6个西方国家所完成的《静悄悄的革命：变化中的西方公众的价值与政治行为方式》。《发达工业社会的文化转型》以西方20多个发达国家的调查数据作为基础，研究范围得到了扩展，研究内容也得到了深化。英格尔哈特对后物质主义和后物质价值观的研究在这本书中得到了集中体现。这本书与《静悄悄的革命：变化中的西方公众的价值与政治行为方式》在关于经济基础与大众观念之间的关系上有了新的发现。如果《静悄悄的革命：变化中的西方公众的价值与政治行为方式》所展现出的代际变迁是由经济基础造成的，那么在1990年这本书出版之际，经济决定论的效应已经明显削弱。第二次世界大战之后出生的人因为享受到了经济繁荣和经济安全而没有把物质因素考虑过重，这与他们出生和成长于两次世界大战期间的父辈形成了鲜明的对比。因此，这些年轻人更加愿意把一些主观的感受和判断因素放到物质因素的前面，这就是后物质主义兴起的基础。但是到了1990年代，经济状态变化已经明显减弱，第二次世界大战结束之后的两代人对于经济安全和物质利益的考量已经区别不大，从而使得经济因素对于个人价值观的影响迅速降低。这在客观上进一步巩固了后物质主义兴起和发展的社会基础。

更加震撼的研究出现在英格尔哈特的《现代化与后现代化：43个国家的文化、经济与政治变迁》一书中。在本章第三节介绍阿伦德·利普哈特的时候，我们重点提到了他的代表作——《民主的模式：36个国家的政府形式和政府绩效》。这本著作对36个国家的政府形式和政治绩效进行了比较研究，在研究国家的数量上远超主流的比较政治著作。例如，巴林顿·摩尔（Barrington Moore）和西达·斯考切波等人的研究只涉及3个国家。我们不是说国家数量多比国家数量少的研究更优秀，这不是我们的本意。但是开展数十个国家的比较研究在研究设计上和研究实践过程中是非常有挑战

---

① Inglehart, Ronald, *The Silent Revolution: Changing Values and Political Styles among Western Publics*, Princeton: Princeton University Press, 2015, p.285.

性的。《现代化与后现代化》涉及的国家数量超过了《民主的模式》涉及的国家数量,达到43个,覆盖的世界人口达到70%的全球人口。从这个意义上来讲,《现代化与后现代化》的研究走出了西方的场域,实现了真正的世界视角,这也是世界价值观研究项目所期望实现的目标。因为43个国家包括了发达国家、发展中国家、富国、穷国、大国、小国,所以《现代化与后现代化》一书能够更为全面地论述经济发展、文化转型以及政治变化这三者在时间上的复杂关系。如果只是像在《发达工业社会的文化转型》中那样研究西方发达国家,我们对于经济、文化和政治三者之间的关系就很难挖掘出更多的时间性和复杂性。发展中国家的加入让这一切变成了可能。而且国家的多样性也让我们理解从物质主义价值观向后物质主义价值观的文化变迁是如何发生的,又会给政治生活带来什么影响。哈佛大学罗伯特·普特南曾经对这本书的贡献有一句很准确而精辟的评价。他认为,这本书娴熟地将历史转变的广博视野与细致入微的调查分析结合在一起,描绘出发生在我们身边的、有内在联系的世界变迁。

从诸多角度来讲,英格尔哈特的比较政治学研究代表了美国比较政治学界最优秀、最高水平和最具广阔视野的一面。他的研究路径值得我国学界学习和借鉴。作为一个比较政治学的领军学者,他做出了开创性的研究成果,而且与很多美国比较政治学者不同的是,他一直试图让自己的研究领域突破西方场域的限制。他最终做到了,并且做得非常成功。如果说他的研究有什么局限,可能比较吹毛求疵的一点就是,尽管他的理论为我们理解日后西方社会的变化提供了非常好的预测价值,但是他没有对于中国社会这个经历巨大转型的样本给出很好的研究。除了将自己的研究范围扩展到非西方国家,英格尔哈特的另外一个扩展思路是加强对宗教、性别等因素的分析。[①] 这些因素与文化变迁密切相关,但也是非常不同的研究领域。如果他能将中国纳入自己的研究视野,系统地用中国的数据检验和发展他的后物质主义和后现代化理论,我们相信他的研究所产生的时空穿透力和学术生命力就会更强。据一些人传闻,英格尔哈特在晚年开始对中国产生了浓厚的兴趣。他在20世纪80年代到过中国香港,后来在80岁高龄之际,第一次到中国内地来。从此,中国学者与他产生了更多的交流和联系。但是很遗憾,作为具有超强敏锐性的美国比较政治学者,他没有出版一部关于中

---

① See Inglehart Ronald, Norris Pippa, *Rising Tide: Gender Equality and Cultural Change Around the World*, Cambridge: Cambridge University Press, 2003; Pippa Norris, Ronald Inglehart, *Sacred and Secular: Religion and Politics Worldwide*, Cambridge: Cambridge University Press, 2004.

国社会变迁的专著。这使得我们对于西方社会的文化转型走向产生了一丝担忧。西方社会的文化转型是否代表了一种普遍性的趋势,是否是普世的文化和价值观进化路径?我们该如何看待今天西方的极右翼势力和民粹主义的兴起?中国的实践最有可能为这些问题提供一种学理上的超越性探讨和探索性检验。但是很可惜,在最有机会开展这种研究的时候,在《现代化与后现代化》一书出版之后,我们没有等到一部关于中国与后现代主义的理论著作。这不仅是罗纳德·英格尔哈特教授本人的遗憾,也是美国比较政治学界关于政治文化研究最大的缺憾。

第六节 西摩·李普塞特的理论贡献与局限

相较于上文提到的亨廷顿、阿尔蒙德、英格尔哈特等人,西摩·李普塞特在中国的知名度要稍逊一筹,但是他的思想与其他代表性学者相比更加偏向意识形态谱系的左端。李普塞特1922年出生于美国纽约,他是俄罗斯犹太人移民的儿子,他的生长环境中有很强的左翼氛围。他回忆说,他在很小的时候就听到人们谈社会主义、共产主义、托洛茨基主义和无政府主义。他还曾经加入过青年人社会主义联盟(Young People's Socialist League)。这种左翼的成长经历在美国比较政治学的代表性学者中是比较少见的。但是到了他的中后期,他的思想偏好又从左翼转向右翼。他的父母希望他成为一名牙医,但是他对社会科学更加感兴趣。他本科毕业于纽约城市学院,1949年从哥伦比亚大学毕业,获得社会学博士学位。李普塞特的研究领域介于政治学和社会学之间,也可以说是政治社会学。他在比较民主、民意、社会阶层、知识分子等领域的研究引起了学界广泛的关注。他在2006年去世之前曾经在多伦多大学、哈佛大学、加州大学伯克利分校、哥伦比亚大学和斯坦福大学执教过。

与罗纳德·英格尔哈特一样,李普塞特也是一位罕见的高产学者。他出版了十几本著作,编辑出版了24本著作,成果被翻译成18种语言。他出版的著作中最为著名的就是1960年出版的《政治人:政治的社会基础》。[1] 此外,他与斯泰因·罗坎(Stein Rokkan)合作的《政党体制与选民结盟:跨国视野》是比较政党政治研究领域的经典文献。在这本书的介绍部分,两位

---

[1] See Semour Lipset, *Political Man: The Social Bases of Politics*, New York: Doubleday & Company, Inc, 1960.

作者提出了经典的李普塞特和罗坎假说。① 他出版与合作出版的其他著作包括《工会民主》《经济发展中的社会基础和动员》《经济发展和政治合法性》《学生政治》《革命与反革命》《共识和冲突》《美国例外论》《它没有在这里发生：为什么社会主义没有在美国出现》等。他发表的论文数量超过 400 篇，是美国学术界同时代学者中最高产、影响力最大的学者之一。他 1959 年发表在《美国政治科学评论》上的《民主的一些社会条件：经济发展和政治合法性》是政治学论文中被广泛引用的论文之一，被选为《美国政治科学评论》1945 年到 2005 年最高被引的 20 篇论文之一。因为他的学术成绩获得了广泛的承认，他被选为美国国家科学院、美国哲学学会、美国国家教育院、美国艺术和科学院的院士。而且更加不可思议的是，他成为史上第一位也是唯一一位同时担任过美国社会学学会主席（1992～1993）和美国政治学学会主席（1978～1980）的人。此外，他还担任过多个学术研究组织和协会的主席。

  李普塞特的思想体系比较复杂，他不是固守在一个研究领域的人，这一点与英格尔哈特形成了鲜明的对比。如果说李普塞特的研究存在一个中心领域的话，最可能的领域就是对民主的研究。他在加州大学伯克利分校工作时出版了自己的学术代表作——《政治人：政治的社会基础》。从题目中的"政治人"就可以看出来，他是在借用亚里士多德的观点——人天生就是政治动物。在政治动物组成的社会，它的政治会如何运行呢？李普塞特对于比较政治学作出的主要贡献就是从社会的角度来理解政治，而不是从政治的角度来理解政治。从社会的角度来理解政治就是发展政治社会学的研究视角。其实，政治社会学的研究视角并不是李普塞特发明的，马克思、韦伯等学术大家都拥有这样的研究思路。但是在美国的政治学和比较政治学领域，第一个系统性地将政治社会学的研究视野引入对于政治现实的分析之中，李普塞特作出了开拓性的贡献。在美国比较政治学发展的早期，学者的研究主题是国家制度，这包括对宪法、政府形式、央地关系的研究等。这些研究内容都是从政治出发研究政治，我们看不到社会的影子。在行为主义革命兴起之后，关于政治行为和政治组织的研究开始大行其道。学者借助各种数据研究政党、投票、选举、竞选等政治活动和政治行为体。这样的研究路径依然是从政治出发研究政治。李普塞特没有这样做，在《政治人：政治的社会基础》这本书中，我们看到的更多是经济、社会、知识分子、工会等非政治性的词汇。在后期，他分别就这些问题单独撰写了著作。那么，我

---

① See Semour Lipset and Stein Rokkan ed., *Party Systems and Voter Alignments: Cross-National Perspectives*, New York: The Free Press, 1967.

们该如何理解李普塞特所扩展的这种政治社会学的研究路径？

1959年，李普塞特发表了那篇被广泛引用的经典论文——《民主的一些社会基础：经济发展和政治合法性》。这篇论文从学理的沿袭角度来讲，既有托克维尔的味道，也有马克思主义的味道，还有行为主义政治学的味道。这篇论文之所以奠定了李普塞特民主理论家的地位，很大程度上得益于他吸收了很多不同思想理论的精华。20世纪上半叶，民主体制并没有在世界政治谱系中占据绝对的优势地位。与西方民主制度并列的其他政治制度很多，民主制度并没有显示出它独占鳌头的势头。只有到了亨廷顿所说的"第三波民主化"浪潮之后，西方民主体制才终于成为比较主流的政治制度。回到李普塞特的时代，虽然一些人希望能够传播西方的民主体制，但是对于这些民主体制能不能在其他地方生存下来，这方面的研究是比较薄弱的。1966年，巴林顿·摩尔在《民主与专制的社会起源》这部名著中提出了"没有资产阶级就没有民主"的结论。他从社会结构的角度来分析民主的产生，在当时给学术界带来了巨大的触动。而李普塞特在学术观点上早于摩尔提出了社会条件的重要性。从这一点来讲，李普塞特的政治社会学视角是非常具有开创性的。

为什么有些民主体制比较稳定而有些民主体制不太稳定？李普塞特借助比较翔实的数据资料从比较的视野出发，检验了很多非政治因素的影响。这些因素包括教育、城市化、经济发展程度、媒体等。每一个因素都在日后成为引发民主研究的重要线索。其中，后来学术界钻研最多、探索最久的就是经济发展与民主的关系。根据李普塞特的研究，经济发展与民主之间存在正相关的关系，也就是说，经济发展水平越高，越有利于民主的发展。学术界将这个理论假说称为"李普塞特假说"，用于表彰他对于民主理论研究的贡献。这个结论与后来摩尔提出的"没有资产阶级就没有民主"如出一辙，都是从物质基础决定上层建筑的角度构建的理论解释。如果李普塞特的结论是正确的，民主体制的存在和发展就是具有很高的门槛。这也就意味着非西方国家移植复制西方民主不一定能够成功。后续的很多研究一直在验证"李普塞特假说"，因为对于学术界而言，经济发展如何促进了民主一直没有非常清晰的因果机制。相比于摩尔的"没有资产阶级就没有民主"，学界普遍接受了李普塞特的理论，而对摩尔的民主理论往往持批判态度。例如，一些学者研究认为，不是资产阶级造就了民主，而是工人阶级造就了民主。也有一些学者认为，是保守主义政党造就了民主。也就是说，到底是哪个社会阶级或者政治组织造就了民主，还是一个有争议的话题，而且在不同的地区得到的理论验证的结果也不一样。学者普遍认为，没有一定的经济发展水平,民主体制很难生存和发展。

尽管李普塞特本人没有参与美国政府的具体工作,但是他的民主理论对美国政府对待发展中国家的政策产生了影响。美国从 20 世纪后半叶加强了对发展中国家的经济援助和经济支持,目的是希望为这些移植了西方政治制度的发展中国家民主提供比较坚实的经济基础。但是为何有些具备了一定经济基础的非西方民主国家还是出现了各种各样的问题呢?李普塞特在论文中给出了回答,那就是诸如城市化、教育、合法性等因素也会对民主产生影响。这也就意味着,民主制度的存在依赖一套完备的支撑系统。构成这个支撑系统的基础是经济条件、社会条件和教育条件等。只有具备这些条件,才能有助于打造适应民主生活的政治人的发展。按照李普塞特的理论,像印度这样的国家虽然号称是民主国家,但其实并不是真正的民主国家。印度的城市化率、识字率和经济发展程度并没有表现突出,印度政府的效率也是出了名的低下。从政治合法性和政府效率的角度来讲,印度的民主是虚弱无力的。

李普塞特的这套政治社会学分析框架也贯穿在他的政党研究之中。上文曾提到,他与斯泰因·罗坎合作编辑的《政党体制与选民结盟:跨国视野》是比较政党政治研究领域的经典著作。两位学者认为政党体制的起源和发展与一国的社会分野(social cleavage)结构有关。这样的政治社会学观点与迪韦尔热等人的纯粹政治学观点是截然不同的研究路径。李普塞特和罗坎社会分野模型的主要观点是,西欧的主要政党是围绕着四个社会分野维度进行选民动员而形成的,这四个社会分野维度决定了工业革命之后大部分西欧政党的出现。第一个维度是围绕生产关系而言的,即工人阶级对资产阶级雇主,这是一个非常马克思主义的观点;第二个维度是围绕传统的教会权威与现代的民族国家政府权威展开的,这是一个围绕着政教分离的视角展开的观点;第三个维度是关于中央层面的主导文化与地方的主体文化之间的关系,这是一个围绕着央地关系展开的观点;最后一个维度是关于生产领域的工业部门与农业部门的关系,这是一个围绕着经济结构展开的观点。透过这个分析框架,我们可以很清晰地辨识基督教民主党、工党、北爱尔兰统一党等西欧政党的社会基础。需要说明的是,李普塞特和罗坎的这个理论并没有穷尽欧洲的所有社会缝隙要素。但是他们的分析框架是非常有解释力的,一直到今天还受到政党研究者的谈论。

李普塞特对于比较政治学理论的发展给我们很多启示。与此同时,我们也要理解李普塞特发展出来的政治社会学的局限性。首先,他对于民主的研究仅限于西方民主,对于民主本身的丰富性还缺乏认识的广度和深度。

其次，西方的民主只是民主形式的一种，而且也不是最优的民主实践，发展中国家可以根据本国的国情走出一条适合自己的民主政治发展之路。再次，他对于民主与经济发展关系的研究并没有持续展开，而是停留在简单的相关性层面。从今天的角度来看，我们提出这样的批评是有些苛刻的，但是李普塞特是完全有资源和能力进一步扩展和检验他的假设的。就像英格尔哈特所做的那样，对于一个研究领域可以开展长期的持续研究。不过，从另一个角度来讲，李普塞特扩展了民主与非政治因素的联系，他对于教育、工会、学生政治等要素的分析也充满了启发。最后，我们应该看到李普塞特对民主的比较研究有一种为美国辩护的倾向。李普塞特本人所开展的比较政治研究一直有对于美国例外论的理论关怀，这在他后期出版的很多著作中都有体现。在一定程度上，这可能会损害他学术研究的客观中立立场，尽管这并不一定是他本人的主观意愿。

第八章　美国比较政治学中的中国政治研究

改革开放以来,本土的中国政治研究蓬勃发展,成就斐然,这一点是有目共睹的。我国坚持走中国特色的社会主义道路,在中国政治研究上也是坚持马克思主义的立场、观点和方法。与此同时,海外的中国政治研究也在开展。海外的中国政治研究属于比较政治学的研究范畴。举例来讲,美国也好英国也罢,这两个国家的学者开展中国政治研究属于开展比较政治学研究。在众多开展关于中国政治的比较政治学研究之中,美国学术界对中国政治的关注几乎伴随着美国比较政治学发展的百年历程。因此,在海外的中国政治研究领域,美国学者的规模最大、领军学者最多、学术期刊的影响力最大。本章聚焦美国比较政治学百年发展历程中的中国政治研究。重点介绍中国政治研究在美国比较政治学界的地位、角色、发展演变和未来的发展前景。因为中美两国政治经济体制和文化历史的差异,必然促使美国比较政治学界对中国政治的研究与我国本土的中国政治研究存在明显的不同。我国学界不能神化美国学者对中国的研究,也不能不假思索地完全接受他们的研究,但是这种"他者视角"值得我们重视和思考。

第一节　中国政治研究在美国比较政治学中的发展过程与角色

我们把美国比较政治学的中国政治研究发展脉络分为三个阶段:1949年以前、1949年到1979年和1979以后。1949年以前,《美国政治科学评论》共发表了11篇关于中国政治的论文。通过查阅1906年创刊的《美国政治科学评论》过去一百多年的发表记录,关于中国政治的论文第一次出现是在1910年。这篇论文的作者是王景春,因为清王朝在1910年还没有覆灭,所以,王景春的论文发表创立了多个前所未有的学界纪录。他是我国第一位在这本美国政治学界的权威期刊上发表论文的清朝人(也是最后一位),也是第一位实现零的突破的中国人。资料显示,作为清朝人的王景春在美国拿到了硕士学位,他以荣誉研究员(honorary fellow)的身份发表此文时的署名单位是伊利诺伊大学(University of Illinois)。这篇论文的题目是《为什么中国人反对外国铁路贷款》。① 在清王朝的最后十几年,外国列强与本土士绅阶层围绕修筑铁路发生了激烈的对抗,清王朝的立场也变幻不定,引起了很多矛盾和纠纷。王景春的这篇论文旨在向国际学术界和西方舆论界揭示这些纠纷的根源和中国各方的立场。在论文中,王景春通过自己在美国多年学习所获得的国际视野,用外国人可以理解的方式清晰地阐述了外国铁路贷款在中国的实践与在美国的实践的区别,重点表明外国铁路贷款在中国是一个复杂的国内政治和国际政治交织的问题。中国人反对外国铁路贷款并不是因为中国人盲目排外或者没有认识到贷款修筑铁路的好处,而是这背后反映了中国人的民族意识在不断增强,中国的发展要由中国人自己自主掌控。

因为在《美国政治科学评论》上发表的中国政治论文大部分是关于中国的国内政治问题,而且作者往往是国外学者。因此,王景春的论文尽管是第一篇,但是从美国比较政治学发展的角度来看不算是具有很强代表性的论文。第一位在期刊上发表中国政治研究论文的外国学者是鼎鼎大名的弗兰克·古德诺(Frank Goodnow)。作为美国学术界的权威学者,古德诺在政治学、行政学、法学等多个领域做出了开创性的工作,他也因此成为美国政治科学协会的首任会长,后来还担任过约翰斯·霍普金斯大学的校长。古德诺为国人所熟知是因为他曾经担任过袁世凯的法律顾问,帮助起草过中华民国新宪法。他于1914年、1915年在《美国政治科学评论》上接连发表了两篇中国政治论文。第一篇的题目是《中华民国的宪法》,第二篇的题目是《中国的改革》。② 古德诺因为亲身参与了中华民国宪法的起草,恰逢早期的比较政治学研究主要是以比较宪法研究为主,而且这篇论文直到今天还被学者引用,所以这篇论文可以被视为真正开启了美国主流政治学期刊的中国政治研究。

除了王景春的论文,剩下的唯一一位中国作者是我国著名的政治学家

---

① Ching-Chun Wang, "Why The Chinese Oppose Foreign Railway Loans", *American Political Science Review*, 1910, 4(3).
② Frank Goodnow, "The Parliament of the Republic of China", *American Political Science Review*, 1914, 8(4); Frank Goodnow, "Reform in China", *American Political Science Review*, 1915, 9(2).

和法学家钱端升教授。钱端升教授早年留学哈佛大学,获得政治学博士学位后回国任教。1942年,钱端升教授以国立北京大学(National University of Peking,今天的北京大学前身)为署名单位发表了《中国的战时政府》一文①,这篇论文对当时国民党政府的组织、功能和演变进行了细致的分析。1949年以前发表的其他论文主要也是以中国的宪法、政府和政治体制作为研究内容。这一阶段的中国政治研究有三个特点。

第一,作者的研究以宏观议题为主。无论是中国学者钱端升的论文还是古德诺等人的论文,无一例外地讨论了比较宏观而重大的问题。随着清王朝的倒台和民国的兴起,中国政治在20世纪的早期正在经历前所未有的巨变。研究政府创设、制定宪法等宏观问题不仅具有重要的学术价值,而且具有深刻的现实政治价值。

第二,作者普遍具有比较深入和广泛的在华学习、工作和考察经历。王景春和钱端升作为中国人,自然对中国内部的情况非常了解。那些美国学者之所以能够发表关于中国政治的论文,往往是因为他们掌握着很多一手资料和拥有对中国的深度观察。古德诺作为袁世凯的法律顾问,在中国考察的深度和广度自不必说,其他作者也不落下风。例如,前后共发表了3篇论文的明尼苏达大学哈罗德·奎格雷(Harold Scott Quigley)教授曾经作为访问教授在清华大学工作了2年。他在中国交友广泛,曾经与很多高层人士(包括孙中山)有过接触。这些经历帮助外国学者能够更好地把握中国政治的实际状况。

第三,论文发表者大部分都是资深教授。11位作者中除了王景春是荣誉研究员,其他10位均在美国和中国的大学中担任教授。② 这些学者因为占据了学术界的顶端,不仅培养了大量的年轻一代的学者,部分学者也为美国政府部门提供了很多政策咨询建议,对政策界产生了比较大的影响。

中华人民共和国成立之后,因为中国在外交政策上倒向了苏联和社会主义阵营,而以美国为首的资本主义国家对社会主义国家采取了敌视政策,中美关系的性质变化开始影响美国学术界对中国政治的研究。第一,这一阶段关于中国政治研究的论文发表数量开始下降。从1949年到1979年,《美国政治科学评论》共发表8篇中国政治论文,《比较政治学》和《比较政治研究》因为创刊时间相对较晚只分别发表了3篇和1篇。这一时期应该说

---

① Tuan-Sheng Chien, "War-Time Government in China", *American Political Science Review*, 1942, 36(5).
② 其中,迈阿密大学的 Harold M. Vinacké 的职称情况不是非常确定。

是美国的中国政治研究的低潮期。因为在这 30 年中,三大政治学期刊只发表了 12 篇关于中国政治的论文。而这一时期恰恰是比较政治学在美国蓬勃发展的时期。众多美国学者受到国家各种资金的支持开展对亚非拉国家的研究。例如,三大期刊中关于印度政治的研究论文达到 21 篇,几乎是中国政治研究论文的两倍。中国政治研究的论文减少并不是说美国学界不关心中国,不然,美国各界也不会开展"谁丢掉了中国"这样的大辩论,而是因为两个国家在 1949 年以后处于敌对状态而且中国不对外开放,所以外国学者无法进入中国开展调查研究。没有机会获得一手的研究资料,这一阶段的中国政治研究自然而然地陷入了低潮。

第二,这一阶段的中国政治研究以分析社会主义和共产主义制度和政策为主。这一时期的研究成果虽然数量不多,但是主题却相对比较集中,即向学术界介绍新中国社会主义政权的主要方面。美国出于打赢冷战的需要,亟须了解中国新生政权的主要政策和发展方向,因此,对我国社会主义制度充满了学术上和政策上的好奇。值得注意的是,这一时期的研究也开始出现了中国怀疑论的苗头。一些文章的观点在一定程度上充满了对中国的怀疑和疑惑。产生这种情况的原因除了美国对华比较敌视的态度,另外一个很重要的原因是有些论文的作者是前国民党人或者中国台湾地区培养出来的学者。比如,1957 年发表论文的候服五(Franklin W. Houn)曾经担任过蒋介石总统府的行政秘书,后来去了美国,并在威斯康星大学取得了博士学位。他对中国共产党做过非常细致的研究,出版的《中国共产主义简史》一书在美国的影响力很大。[①]

1979 年以后,美国的中国政治研究进入一个新阶段。这不仅是因为中国开始实行改革开放政策,中美两国在 1979 年正式建交,更得益于中国 40 年来的迅速发展和国际地位的提高。因为两国关系的恢复和全面交往的需要,美国学者能够在阔别中国几十年后再次来到中国开展调查研究。1979 年之后,美国期刊的中国政治研究与前两个阶段相比有三个鲜明的特点。第一,研究内容发生了巨大的改变。总体来看,1979 年之后的研究内容不仅多元而且向中观和微观层面转变。1949 年之前的研究主要以宏观问题为主,1949 年到 1979 年的研究选题也相对比较集中。而 1979 年之后发表的论文很难找到一个集中的主题来概括。此外,除了个别研究讨论了中国的现代化和政权特征等宏观层面的问题,更多的研究采取中观层面的视角来研

---

① See Fu-wu Hou, *A Short History of Chinese Communism*, Completely Updated, Upper Saddle River: Prentice Hall, 1973.这本书曾经作为美国西点军校学生了解中国的必读书。

究中国政治的某些具体议题,如腐败问题、农村选举、政治参与等。

第二,研究人员的结构发生了很大变化。首先,通过对这一阶段发表的 98 篇论文进行描述性统计分析,我们发现,第一作者的职称是教授的文章占比为 20%,职称是副教授的文章占比为 26%,职称是助理教授(包含博士生)的文章占比为 48%。[①] 这个数据表明 1979 年之后在美国主流政治学期刊上发表中国政治论文的作者是新生代的年轻学者。这一趋势在过去 10 年表现得更加明显。其次,我们发现合作发表的论文数量越来越多。在第一和第二阶段,合作发表论文的情况凤毛麟角,自 1979 年以来,有 30 篇论文是以多人合作的形式发表出来的。这个现象在《美国政治科学评论》和《比较政治研究》中表现得最为突出,在《比较政治学》中并不是特别明显。最后一点值得说明的是,论文作者来源地呈现多元化。美国大学仍然是最主要的作者来源地,但是欧洲高校、加拿大高校、中国香港高校和中国内地高校也开始贡献作者。中国和华裔学者的表现尤为亮眼。有 20 多篇是华裔华人学者作为第一作者完成的论文。这些人主要居住在美国和中国香港。截至 2020 年 2 月,中国内地只有清华大学的孟天广副教授在《比较政治研究》上以第一作者发表过论文。

第三,研究方法和研究路径发生了很大变化。以定量研究为代表的科学研究方法在 2000 年之后成为主流,以描述性分析为主的关于中国政治研究的论文已经几乎不可能在主流政治学期刊上发表。定量研究的兴起是政治学领域的整体趋势,并不是中国政治领域所独有的研究现象。对于这一研究方法的转变,学界的认识并不统一。从政治科学的角度来讲,应用复杂的数据处理技术和先进的研究方法能够确保研究发现的科学性、学术质量和可靠性。但是看重田野调查的学者认为,这样的趋势会"鼓励"更多的人坐在电脑前完成中国政治的研究。他们的成果虽然更加科学化,但是可能会离政治现实越来越远,得到的研究发现用一句话就能完全概括。[②]

从上文的分析我们能够发现,美国期刊的中国政治研究在过去一百多年的发展之路并不平坦。它曾经遭遇了瓶颈和陷入低谷,在改革开放之后才获得蓬勃发展。在 1979 年之前,中国政治研究在美国比较政治学中处于非常边缘的地位。在第二次世界大战结束之前,美国比较政治学的研究重

[①] 碍于本书的时间跨度较长,有些作者的信息无法得到准确识别和检验,有 6% 的文章的第一作者的职称无法确认。

[②] "一句话就能概括的研究发现"是著名中国政治研究专家欧博文(Kevin O'Brien)对当前美国的中国政治研究困境的一种认识。参见 Kevin O'Brien, "Speaking to Theory and Speaking to the China Field", *Issues & Studies: A Social Science Quarterly on China, Taiwan, and East Asian Affairs*, 2018, 54(4)。

心是西方大国,中国因为处于长期的革命和内战中,无法建立起稳定的国内政治制度,因此,从学术的角度上来讲研究难度很大。中华人民共和国成立之后,虽然我国国内的政治和经济制度趋于稳定,但是因为中国导向了苏联和社会主义阵营,导致西方国家与我国处于封锁对抗状态。这种状态使得中国政治研究在美国成为非常不具有操作性的边缘领域。因为这些因素,在1979年之前的数十年里,尽管中国是一个举足轻重的国家,具有非常重要的研究价值,但是美国比较政治学界没有把中国纳入它的研究核心议程。美国比较政治学的重要理论几乎没有一个是从中国的研究过程中发展起来的。非洲国家、东南亚国家、拉美国家和欧洲国家为美国比较政治学提供了最为直接和丰富的理论"试验田"。尽管在《国家与社会革命》等少数著作中出现了中国,但是这里的中国并不是这些著作中最为核心和出彩的内容,关于中国的一些观点和判断甚至是不准确的和错误的。

中国实施改革开放政策之后,这个东方大国的国门再一次向世界敞开。中国和美国在1979年正式确立外交关系,两国的政治、经济、社会和文化交流变得频繁和丰富起来。在这种背景下,中国政治研究开始在美国学术界蓬勃发展。越来越多的美国学者开展中国政治研究,同时也有很多中国留学生赴美留学,在美国攻读政治学博士学位,他们的研究论文和研究方向往往就是中国政治。20世纪80年代和90年代赴美留学攻读政治学博士学位的人往往毕业之后留在美国,他们构成了美国比较政治学界研究中国政治的一支不断增强的新生力量。

尽管在美国研究中国政治的学者数量越来越多,中国政治研究在不断取得亮眼成绩的同时,美国的中国政治研究始终没有完全进入美国比较政治学的核心范围。直到今天,我们也能够发现在美国顶尖大学的比较政治学研究生课程教学大纲中,基于中国案例的研究成果(著作和论文)并没有多少被纳入这些教学大纲的阅读材料中。中国政治研究产生的概念和理论并没有突破中国场域进入广泛的比较政治学界的视野之中。更多的时候,是研究中国政治的学者在借鉴和使用美国比较政治学的概念和理论来分析和解释中国。也就是说,美国的中国政治研究和美国比较政治学之间主要是一种单向的传播关系,或者是一种单向的依赖关系。美国比较政治学的概念、理论和范式在积极地传播到美国的中国政治研究领域,美国的中国政治研究依然极度依赖比较政治学,而不是美国的比较政治学依赖美国的中国政治研究。中国政治研究所取得的丰硕成果大部分时间只能反映在中国政治课程的教学大纲中,而不是美国比较政治学的教学大纲中。举例来讲,在哥伦比亚大学政治学系2011年的比较政治学研究生课程大纲中,"中国"这个单词只出现了一次,就是在西达·斯考切波的《国家与社会革命:对法国、俄国和中国的比较分析》的书名中。基于非洲的研究出现了7次,是出现次数最多的,基于拉美、欧洲和东南亚的研究也有几次,均比中国出现的次数多。不仅哥伦比亚大学政治学系的比较政治学是这样教学的,其他美国顶尖高校的政治学系也大多如此。美国的中国政治研究经过了这么多年的发展,虽然在美国学术界的重视程度不断提高,但是总体上依然处于一种"中国特殊论"的状态。

第二节 从单一到多元:美国的中国政治研究的议题演化

1979年以前,美国期刊的中国政治研究在研究主题上不够多元,研究议题主要以政府、宪法和国家制度等宏大主题为主。这个状况在改革开放之后发生了转变,随着越来越多的学者进入中国政治研究的领域,研究议题也变得丰富起来。不仅传统的高政治议题(共产党、人大、军队等)得到了持续的关注,一些曾经被认为不属于政治学研究范畴的低政治议题(环境保护、知识产权、媒体等)也得到了研究。而且从分析层次的角度出发,中观和微观视角是最为普遍的研究视角。

表8-1 出现频次3次以上的研究议题

议题	出现频次	出现期刊	时间(年)	层次
人大(立法机构)	5	APSR、CPS	1914、1994、2014、2017	高政治
军队	3	APSR、CP	1921、1976、1979	高政治
农村政治	12	APSR、CP、CPS	1981、1996、1997、1999、2002、2005、2006、2007、2009、2010、2015	高政治
宪法	3	APSR	1924、1931、1955	高政治
抗争	8	CP/CPS	1993、1994、2001、2008、2009、2012、2017	高政治
腐败/反腐败	8	CP/CPS	1989、1992、1999、2000、2009、2013、2017、2018	高政治
共产党	5	APSR、CPS	1957、2001、2000、2002、2018	高政治

续 表

议 题	出现频次	出现期刊	时 间（年）	层次
官僚	3	CPS、CP	1979、1995、2001	高政治
经济发展	5	APSR、CP	1985、1986、1995、2001、2014	低政治
媒体与互联网	6	APSR、CPS、CP	2011、2013、2014、2015、2017、2018	低政治
城市研究	5	APSR、CPS、CP	1950、1966、1972、1995、2006	低政治
教育、医疗、环境	4	APSR、CPS、CP	1979、2006、2014	低政治

从表8-1可以看出,美国主流政治学期刊的中国政治研究选题非常多元。高政治领域和低政治领域都有多个议题出现了3次以上。在这些研究议题中,出现频次最多的是农村政治研究(出现了12次)。在改革开放之前,农村政治研究从来没有被纳入主流美国政治学者的视野,但是为何在过去40年成为一个热门的研究领域呢?这里面的原因比较复杂。第一个主要原因是农村是中国改革的突破口。在经济上,家庭联产承包责任制搞活了农业,为后续的改革开放开了一个好头。在政治上,80年代开始试行到后来全面推行的农村基层选举极大地改变了农村的政治面貌,吸引了国内外的广泛关注。第二个主要原因是选举是西方政治学界研究的长期热点。当中国开始施行农村基层选举的时候,海外学界就发现了一个西方理论和中国案例的结合点。这种情况在美国学界的印度政治研究中也存在。在美国的主流政治学期刊中,选举研究是印度政治研究中的长期热点。因为中国的特殊性和1979年之前一段时间的对外封闭,海外学者在研究中国政治的很多方面都面临一些障碍。但是,当外国学者进入中国基层选举的研究场域开展选举研究时,不仅没有任何障碍,而且还具有理论和方法优势。

除了农村政治,其他出现频次较多的议题包括社会抗争、腐败(反腐败)、媒体与互联网和人大研究等。这些研究议题也是我国社会的热点议题,说明美国学界对中国政治现实中的热点问题一直保持高度的关注。有些议题只出现一次,这些议题包括知识产权、群团组织、监察制度、民营企业家、公民偏好、政府回应性、法治、灾后重建、福利政策等。需要注意的是,对中国政治宏观主题的研究在迅速减少,1979年之后出现的很多新议题采用的分析视角在向中观层面和微观层面转变。比如对于公民偏好、社会抗争和民营企业家等议题的研究,中观和微观的分析视角能够更加细致地剖析这些议题的内在价值和学术潜力。尤其是在中观层面,这些研究发现能够更好地兼顾中国政治的特殊性和政治学理论发现的普遍性。

到底什么研究议题在学术界的影响力比较大呢?为了分析这个问题,我们对三本期刊中的121篇中国政治研究论文进行了引用量统计。截至2023年2月,《美国政治科学评论》中的38篇论文一共被引用4 000多次,平均每篇被引用100多次①;《比较政治学》中的40篇论文一共被引用2 800次,平均每篇被引用70次;《比较政治研究》中的43篇论文一共被引用2 700次,平均每篇被引用60多次。其中,引用量最高的10篇论文中有一半出自《美国政治科学评论》(见表8-2),这也从侧面反映了这本期刊的学术影响力和在学术界的地位。在这10篇论文中,农村政治是出现次数最多的议题,腐败问题和媒体与互联网是出现次数第二多的议题。值得说明的是,这些高引用量的论文产生的影响力甚至延伸到学术界之外。一些研究发现甚至引起海内外媒体界的注意,引发了广泛的讨论。

表8-2 引用量最高的10篇论文

第一作者	发表时间(年)	引用量(次)	议题	期刊
加里·金	2013	1 160	媒体与互联网	《美国政治科学评论》
欧博文	1999	633	农村政治	《比较政治学》
蔡小莉	2007	464	农村政治	《美国政治科学评论》
史天健	2001	338	政治信任	《比较政治学》
施达妮	2011	284	媒体政治	《比较政治研究》
墨宁	1996	260	农村政治	《美国政治科学评论》
郑永年	2005	202	信息技术	《比较政治研究》
加里·金	2017	194	媒体与互联网	《美国政治科学评论》
吕晓波	2000	192	腐败	《比较政治学》
刘平邻	1983	149	腐败	《美国政治科学评论》

---

① 加里·金等人在2013年发表的论文获得了1 160次引用,极大地提高了《美国政治科学评论》上中国政治研究论文的平均引用量。如果没有这篇论文,该期刊的中国政治研究论文平均引用量为66次,与另外两本期刊持平。

需要注意的是，中国政治的研究议题尽管经过几十年的发展变得愈发多元，但是与美国政治学尤其是比较政治学的主流议题还没有完全契合。在第二次世界大战结束之后，美国比较政治学的第一个核心大主题是现代化，即广大的亚非拉国家如何步入现代化。西摩·李普塞特、巴林顿·摩尔、西达·斯考切波和塞缪尔·亨廷顿等人的研究就是围绕现代化展开的。① 而在这个时期，美国期刊的中国政治研究基本上没有回应现代化的问题。大部分的研究是着眼于理解新生的北京政权和中国的社会主义制度。到了 20 世纪 80 年代，比较政治学开始研究第二个核心主题：民主化和民主转型。这个主题的研究成果异常丰富，涌现出一批代表性成果和学者。② 有趣的是，中国政治研究再次与这一时期的比较政治研究趋势不相协调。正当第三波民主化推动着学界期待历史终结于西方的自由民主制度的时候，实行社会主义制度的中国不仅没有崩溃，反而在进入 21 世纪之后迎来了前所未有的发展。中国案例的"不合拍"直接催生了"中国特殊论"的学术状况。这一状况的存在导致中国政治研究在西方的比较政治学领域"存在感"不太强。中国案例研究或从中国案例研究中提炼出的概念似乎并不为主流的政治学界所认同，很难为主流的比较政治学一般性理论添砖加瓦，因为中国案例的研究发现很难在其他国家和地区被重复（replicated）而进行科学证实或者证伪。从中国案例出发得到的一些新概念也没有被比较政治学界广泛接纳。中国政治研究的著作和论文也很少被列入国外顶尖高校的比较政治学课程大纲。本章第四节会详细讨论这个问题。

---

① See Barrington Moore Jr, *The Social Origins of Dictatorship and Democracy*, Boston: Beacon Press, 1966; Seymour Martin Lipset, "Some Social Requisites of Democracy: Economic Development and Political Legitimacy", *American Political Science Review*, 1959, 53(1); Samuel Huntington, *Political Order in Changing Societies*, New Haven: Yale University Press, 1968; Theda Skocpol, *States and Social Revolutions: A Comparative Analysis of France, Russia and China*, Cambridge: Cambridge University Press, 1979. 虽然已经过去了几十年，但是这些成果至今仍然是美国高校比较政治学课程的必读材料。

② See Guillermo O'Donnell, Philippe C. Schmitter, Laurence Whitehead eds., *Transitions from Authoritarian Rule: Southern Europe*, Volume I-IV, Baltimore: The Johns Hopkins University Press, 1986; Terry Lynn Karl and Philippe C. Schmitter, "Modes of Transition in Latin America, Southern and Eastern Europe", *International Social Science Journal*, 1991, 43(2); Samuel Huntington, *The Third Wave: Democratization in the Late Twentieth Century*, Norman: University of Oklahoma Press, 1993; Juan Linz and Alfred Stepan, *Problems of Democratic Transition and Consolidation: Southern Europe, South America, and Post-Communist Europe*, Baltimore: Johns Hopkins University Press, 1996.

第三节　从质性到量化：美国的中国
政治研究的方法论转向

20世纪70年代以后，美国的比较政治学研究方法开始迎来大发展。阿伦德·利普哈特的《比较政治学和比较方法》(1971)是这方面的经典研究论文。20世纪90年代，加里·金、罗伯特·基欧汉和西德尼·维巴的《设计社会调查：质性研究中的科学推理》是比较政治学研究方法发展中的里程碑著作。① 这本书在客观上进一步推动了定量研究方法的兴盛。面对定量研究"咄咄逼人"的发展态势，美国学界一些比较政治学者也在积极推动质性研究方法的发展和进步。② 近些年，在对定性和定量研究方法的发展和反思基础之上③，学术界更加关注如何把质性研究方法和定量研究方法结合起来开展混合研究。④

---

① Gary King, Robert O. Keohane and Sidney Verba, *Designing Social Inquiry: Scientific Inference in Qualitative Research*, Princeton: Princeton University Press, 1994. 这本书是政治学方法论领域最为著名的书籍，截至目前，它在学术界的引用量高达10 709次。

② See Henry Brady and David Collier eds., *Rethinking Social Inquiry: Diverse Tools, Shared Standards*, Lanham: Rowman & Littlefield Publishers, 2010; James Mahoney, "Qualitative Methods and Comparative Politics", *Comparative Political Studies*, 2007, 40(2); Alexander L. George and Andrew Bennett, *Case Studies and Theory Development in the Social Sciences*, Cambridge: MIT Press, 2005; James Mahoney, "After KKV: The New Methodology of Qualitative Research", *World Politics*, 2010, 62(1). 在美国政治学会的研究委员会(research session)组成中，政治学方法论委员会主要以倡导定量研究为主，对此，奉行质性研究方法的学者推动成立了质性和多元方法委员会(Qualitative & Multi-Method Research Session)相抗衡。每年夏季，雪城大学还召开质性和多元方法培训班，鼓励和推动方法论研究和使用的多元化。

③ See Gary Goertz and James Mahoney, *A Tale of Two Cultures: Qualitative and Quantitative Research in the Social Sciences*, Princeton: Princeton University Press, 2012; James Mahoney, "Debating the State of Comparative Politics: Views from Qualitative Research", *Comparative Political Studies*, 2007, 40(1).

④ 推动混合研究是目前方法论发展的一个重要方向。Evan Lieberman, "Nested Analysis as a Mixed-Method Strategy for Comparative Research", *American Political Science Review*, 2005, 99(3); Dirk Berg-Schlosser, *Mixed Methods in Comparative Politics: Principles and Applications*, London: Palgrave Macmillan, 2012; Alberto Abadie, Alexis Diamond and Jens Hainmueller, "Comparative Politics and The Synthetic Control Method", *American Journal of Political Science*, 2015, 59(2); Macartan Humphrey, Alan M. Jacobs, "Mixing Methods: A Bayesian Approach", *American Political Science Review*, 2015, 109(4); Ingo Rohlfing, "What You See and What You Get: Pitfalls and Principles of Nested Analysis in Comparative Research", *Comparative Political Studies*, 2008, 41(11). 国内学者也在积极关注这一方法论的发展趋势。参见唐世平：《超越定性定量之争》，《公共行政评论》2015年第4期；张春满：《比较政治学中的混合研究方法》，《学术月刊》2017年第9期。

2007年,格拉多·蒙克(Gerardo L. Munck)和理查德·施耐德(Richard Snyder)发表文章,对1989年到2004年《比较政治学》《比较政治研究》和《世界政治》上的论文进行了方法论统计(如表8-3所示)。两位作者把方法论分为理论建构的方法和实证分析的方法。在理论构建的方法方面,使用频次最高的是归纳的、质性的研究方法,其次是演绎的、半形式(模型)的方法。在实证分析的方法方面,使用频次最高的是质性的研究方法,其次是定量的研究方法。近些年,部分文章采用了质性研究和定量研究相结合的混合方法。因为在美国期刊的中国政治研究中,理论构建的论文比较少,实证分析的论文是主体。因此,下文将侧重于从实证分析的角度介绍美国期刊的中国政治研究的方法。

表8-3 不同研究方法的应用情况

方法的目的	选项	% 文章	加总选项	% 文章
理论建构的方法	归纳的、质性的	80	归纳的	102.5
	归纳的、定量的	22.5		
	演绎的、半形式的	32.5	演绎的	36.9
	演绎的、形式的	4.4		
	总 共	139.4	文章样本	160
实证分析的方法	质性的	44.3	质性为主	63.3
	混合方法、主要是质性	19		
	混合方法、主要是定量	13.1	定量为主	36.7
	定量的	23.6		
	总 共	100	文章样本	305

来源:Gerardo Munck and Richard Snyder, "Debating The Direction of Comparative Politics: An Analysis of Leading Journals", *Comparative Political Studies*, 2007, 40(1).

总体上来讲,美国期刊的中国政治研究积极迎合了比较政治学的方法论发展趋势。通过对121篇样本论文的研究方法进行统计,我们发现,中国政治领域的研究方法是比较丰富多元的,方法使用偏好与蒙克和施耐德的研究结果也比较一致(见图8-1)。我们把研究方法进一步细分为描述性分析法、比较研究法、描述性统计法、统计分析法、大数据研究法、访谈/民族志研究法、案例研究法、实验研究法和混合研究。描述性分析在 1970 年代以前的中国政治研究中非常普遍。研究者重点是对中国政治的某一议题进行描述和介绍。在今天看来，这种研究似乎不够深入，研究发现也不够深刻。但是在当时的学科背景下，考虑到数据的缺失和研究资源和手段的缺乏，描述性分析是最为普遍的和实用的。描述性统计和统计研究方法最大的不同是，前者是以基本的数据描述为主（数据的分布、均值、年度变化等），后者是以高级统计研究方法做深度的数据分析为主（尤其是开展回归分析讨论自变量和因变量的关系）。

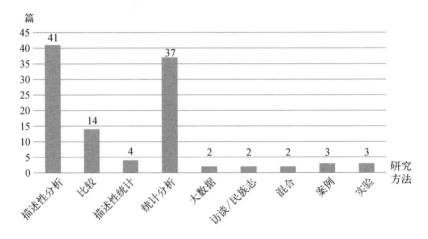

图 8-1　121 篇中国政治研究论文的研究方法

统计发现，美国期刊的中国政治研究采用质性研究方法的文章有 60 篇，占总数的一半。在这 60 篇论文中，1979 年以前的论文有 22 篇，1979 年到 2008 年的论文有 30 篇，过去 10 年的论文只有 8 篇。这一趋势说明在本书所统计的三大政治学期刊中，采用质性研究方法发表论文的难度在迅速变大。中国政治研究采用定量研究方法的文章有 43 篇，占发表论文总数的 36%。在这 43 篇论文中，1979 年以前发表的论文有 2 篇，1979 年到 2008 年发表的论文有 14 篇，而过去 10 年发表的论文则高达 27 篇。通过对质性研究方法和定量研究方法应用趋势进行对比，我们发现 1979 年以来，在经历了质性研究与定量研究彼此平衡发展的阶段之后，中国政治研究在美国顶尖政治学期刊发表论文越来越依赖定量的研究方法。虽然在过去的 10 年中，新兴的研究方法（如实验法和大数据研究法）开始兴起，但定量研究方法目前仍处于"一家独大"的发展状态。

当然，作为比较政治学的经典方法，比较研究法一直备受学者青睐。1979 年以来有 12 篇论文采用了比较研究法，在过去 10 年也有 5 篇论文把中国政治与其他国家和地区的政治进行了比较分析。在这些比较研究中，与中国进行比较最多的国家和地区是印度、中国台湾地区、俄罗斯和东欧国家。印度能够排在首位是因为两个国家在很多方面确实有太多相似之处。中印两国都是发展中国家中的大国，人口众多，国土辽阔，经济表现都获得了世界瞩目。同时，这两个国家也面临着很多相似的问题，如经济发展、腐败/反腐败、社会公平、环境污染等。俄罗斯和东欧国家之所以被用来与中国进行比较，主要原因是这些国家是前社会主义国家，与中国现在的政治体制比较类似。而台湾地区与大陆目前的政治体制是不同的，但是两者能够进行比较的基础在于都是华人社会，社会文化比较接近。在古德诺的文章中，他把中国的立法部门与欧洲的立法部门进行了一些比较。但是在之后数十年中，学界只有极少数学者尝试过把中国与西欧国家或者拉美国家进行过比较[①]，把中国与非洲国家进行比较的研究更是罕见。印度、中国台湾地区和前社会主义国家将会继续成为与中国进行比较的主要对象。这一趋势不仅存在于学术论文中，在学术专著中也是一样。

总体来说，美国期刊刊载的中国政治研究在过去很长一段时间以质性研究为主，进入21世纪以来，定量研究方法获得了普遍认可，成为目前最为流行的研究方法。与此同时，以大数据方法和实验方法为代表的新兴研究方法开始崭露头角，年轻一代的学者对于新兴研究方法的学习热情和使用倾向日渐高涨。有趣的是，博弈论作为政治学中非常主流的一种研究方法，没有在美国期刊的中国政治研究中得到关注和应用。

第四节 跨越两大鸿沟：美国的中国政治研究的前景

过去一百年来，美国期刊的中国政治研究取得了长足的进步。中国政治的研究议题从宏观走向了中层和微观，开展中国政治研究的方法也从单一的简单描述转变为今天的百花齐放。然而，在蓬勃发展的背后，一些学者在认真思考美国的中国政治研究的发展前景和未来。当前，美国期刊的中国政治研究面临着"向东"与"向西"两大鸿沟。能否跨越两大鸿沟，值得学界关注和努力。

---

① See Dorothy Solinger, *States' Gains, Labor's Losses: China, France, and Mexico Choose Global Liaisons, 1980-2000*, Ithaca: Cornell University Press, 2009; Victoria Tin-bor Hui, *War and State Formation in Ancient China and Early Modern Europe*, Cambridge: Cambridge University Press, 2005.

第一个鸿沟是"向东"鸿沟,即美国期刊的中国政治研究与中国本土的中国政治研究之间的鸿沟。从发展趋势来看,中国本土的政治学的发展趋势是走向政治科学、经验研究、定量分析等。① 这一趋势与美国期刊中所呈现出的中国政治研究的发展趋势是一致的、协调的、和谐的。但是,我们进一步研究就能够发现,两者在问题意识、观众意识和学术立场方面存在着鸿沟。

首先,学术研究都是从研究问题出发,美国期刊的中国政治研究与我国的中国政治研究的问题意识存在很大的不同。简言之,前者的问题意识是以"悖论、矛盾、差异"为其科学研究出发点,致力于探索和解释中国政治中出现的与西方政治情景矛盾的、差异的、新奇的问题。例如,一些学者研究中国的人民代表大会制度,他们不是以西方立法部门中的选举和议事作为问题意识的起点来研究中国的人民代表大会制度。他们更加感兴趣的是剖析我国人民代表大会制度的特殊性和差异性。本土的中国政治的问题意识是什么呢?这个问题见仁见智,但是基本上是围绕着解决我国具体现实问题和在实现"两个一百年"奋斗目标过程中与政治相关的议题而展开的。推动中国政治研究的发展,要找到我国政治领域和其他领域中存在的突出问题,并以政治学的视角和路径开展研究。正因为在问题意识上存在差异,一些国内学者对于美国的中国政治研究不以为然,觉得海外的研究"无关痛痒",没有研究到真正的重要问题。

其次,观众意识上的差别更加明显。美国期刊的中国政治研究的观众群体是西方的学术界、政界和公民。政治学在美国是显学,是大学里的强势和热门学科。因此,不仅学术界非常关注美国期刊中的最新研究成果,美国的政界和公民也把这些研究作为了解中国的重要学习资源。在美国,因为没有丰富的渠道来了解中国,学者和学生了解中国政治的主要方式就是通过阅读这些论文。在我国,政治学受重视的程度还没有达到显学的地步,因此,本土中国政治研究的观众主要是学术界。政界和社会人员并没有太强烈的意愿通过阅读学术论文来了解我国政治。他们每天都生活在中国政治的具体情境之中,对政治现实的理解有时候甚至比学者还要深入。

最后一个主要差别来自学术立场。美国期刊所呈现出的中国政治研究

---

① 在改革开放 40 周年之际,多位政治学者对本土中国政治研究进行了系统的回顾。参见俞可平:《中国政治学的主要趋势(1978—2018)》,《北京大学学报》2018 年第 5 期;王中原、郭苏建:《中国政治学学科发展 40 年:历程、挑战与前景》,《学术月刊》2018 年第 12 期;郭苏建:《中国政治学科向何处去——政治学与中国政治研究现状评析》,《探索与争鸣》2018 年第 5 期;俞可平:《当代中国政治学的成就、趋势与挑战》,《天津社会科学》2019 年第 1 期。

的基本学术立场与本土中国政治研究的学术立场是不同的。美国学者的培养是以批评和反思为主,他们对本国的批评尚且直言不讳,对其他国家的批评更是无所顾忌。政治学研究本身又是一个很难保持价值中立的学科,因此,美国期刊的中国政治研究存在强烈的意识形态偏好。在我国,从中国特色的哲学社会科学理论出发,中国政治研究自然也需要坚持正确的立场,坚持理论自信和道路自信,不能盲从西方的学术立场。这种学术立场的差别在未来可能会进一步凸显。

第二个鸿沟是"向西"鸿沟,即美国期刊的中国政治研究与美国主流比较政治学之间的鸿沟。美国麻省理工学院副教授蔡小莉(Lily Tsai)认为,美国期刊的中国政治与主流的比较政治学还有很大的鸿沟,因为她发现比较政治学者很少阅读中国政治的论文,他们即使阅读了也会认为没有引用的需要和必要。[①] 虽然在研究方法上,美国期刊中的中国政治研究与美国主流比较政治学的发展趋势是比较一致的,但是在研究议题和相互促进的问题上,中国政治研究还是显得有些"不合群"。

在研究议题上,美国期刊中的中国政治研究主题与主流比较政治学的研究主题没有"同频共振"。上文已经提到,美国比较政治学的发展有阶段性的大主题。第二次世界大战结束之后,美国出于维护自己霸权的需要,积极鼓励学者开展比较政治学研究,尤其关注后发国家的现代化问题。到了20世纪80年代初,比较政治学的大主题开始从现代化向民主化转变。中国政治的现实发展与这两个主题在时间上都是脱节的,加之中国政治本身具备的一些特质,导致比较政治学的很多研究议题都没有在美国期刊的中国政治研究中出现过。表8-4是格拉多·蒙克和理查德·施耐德在2007年对319篇比较政治学论文的主题进行的统计。两位作者把比较政治学的议题归纳为5个中心大主题和25个主题。在5个中心大主题中,出现文章最多的是民主制度和国家制度的主题,出现文章最少的是政治秩序的主题。在25个主题中,文章出现最多的是经济政策和改革,出现最少的是战争。通过把表8-1所总结的中国政治研究议题和表8-4所归纳的比较政治学的主题进行比照,我们发现,表8-4中只有48%的主题也出现在美国期刊的中国政治研究中。因为研究议题的缺失,美国的中国政治研究就天然地会在整个比较政治学中处于相对边缘的地位。

---

① Lily Tsai, "Bringing in China: Insights for Building Comparative Political Theory", *Comparative Political Studies*, 2017, 50(3).

表 8-4 比较政治学的研究主题

主　题	%文章	中心主题	%文章	主　题	%文章	中心主题	%文章
国家形成与崩溃	4.1	政治秩序	17.9	政权多样性	10.3	政体研究	26.6
战争	1.3			民主化和民主崩溃	16.3		
革命	1.6			社会运动和公民社会	7.2	社会行为体	32.6
民族主义	2.5			利益集团	11		
内战与暴力	3.8			公民态度和政治文化	11		
族群冲突	4.7			宗教	1.9		
选举与投票	10.3	民主制度和国家制度	51.4	庇护主义	1.6	经济和超国家过程	41.4
政党	12.9			经济政策和改革	27		
民主制度	6.6			经济发展	4.1		
联邦主义和分权	3.4			全球化	4.7		
司法	1.9			超国家一体化和过程	5.6		
官僚	5.6						
军警	2.5			文章样本		319(170.8%)	
政策	8.2						

来源：Gerardo Munck and Richard Snyder，"Debating The Direction of Comparative Politics：An Analysis of Leading Journals"，*Comparative Political Studies*，2007，40(1).

然而，在"向西"鸿沟中更加令人担忧的情况是，即使在议题重合的领域，美国期刊中的中国政治研究还没有产生能够影响比较政治学的新概念、新理论和新路径。两个领域的互动情况是比较政治学从理论上支撑中国政治学的研究，表现在学者发表在美国期刊上的论文是在利用既有的比较政治学的概念、理论、话语和范式。而中国政治研究中的新发现没有能够为比较政治学的理论大厦添砖加瓦。因此，在海外的中国政治研究圈，一直有学者在反思如何把中国政治更好地带入比较政治学中。① 当然,在过去的几十年中,美国期刊的中国政治研究中也产生了如全能主义和依法抗争之类的概念和理论。但是总体而言,从中国案例出发形成的比较政治学概念和理论能够被广泛接受的成功案例并不多。

对于美国主流政治学期刊中的中国政治研究,它的发展前景取决于如何跨越"向东"和"向西"的鸿沟和实现新的学科定位。如果无视"向西"鸿沟的存在,只追求在研究方法上与主流趋势保持一致,美国的中国政治研究将很难为比较政治学作出理论贡献。与此同时,不解决"向东"鸿沟的问题,美国期刊中的中国政治研究可能会与中国本土的中国政治研究渐行渐远,未来甚至有可能形成两套完全不同的话语体系。如果出现这种局面,中西学术界围绕中国政治研究的对话将会变得更加困难。对于如何解决这些问题,学界的意见并不一致。欧博文认为,跨越这两个鸿沟要注意中国政治研究的空心化问题,避免中国政治研究变成研究的孤岛。② 蔡小莉主张从政治发展和政治行为两个方面加强中国政治研究与比较政治学的理论互动。③ 未来,美国的中国政治学界如何回应这些挑战值得持续关注。

---

① Kellee Tsai, "China's Political Economy and Political Science", *Perspectives on Politics*, 2013, 11(3); Lily Tsai, "Bringing in China: Insights for Building Comparative Political Theory", *Comparative Political Studies*, 2017, 50(3); Kevin O'Brien, "Speaking to Theory and Speaking to the China Field", *Issues & Studies*, 2018, 54(4).
② Kevin O'Brien, "Studying Chinese Politics in An Age of Specialization", *Journal of Contemporary China*, 2011, 20(71).
③ Lily Tsai, "Bringing in China: Insights for Building Comparative Political Theory", *Comparative Political Studies*, 2016, 50(3).

第九章 美国比较政治学的发展困境与未来挑战

本章重点讨论美国的比较政治学发展困境和未来挑战。这里面涉及几个重要问题。美国的比较政治学经过百年的发展,取得了比较良好的学术效果,这一点获得了普遍承认。美国比较政治学为维护美国的国家利益,为扩展美国的国际话语权和国际霸权发挥了重要作用。但是过去的发展尽管取得了很不错的成果,并不意味着未来美国的比较政治学没有问题。事实上,当前的美国比较政治学已经陷入一些发展困境。在未来,新的挑战将会接踵而至。

第一节 欧洲中心论的视角还能走多远

美国比较政治学发展的困境与挑战在不断增多,第一个方面是从学术传统来讲,就是欧洲中心论的视角还能走多远?美国是西方国家的典型代表,美国的比较政治学的发展从整体上延续了欧洲中心论的视角。因为现在政治学研究起源于西方国家,美国是其中的领头羊,欧洲的历史、文化和国情对于美国的影响非常大。欧洲的理论传统和理论资源对美国比较政治学研究议题和研究领域的塑造能力很强,因此导致美国在很多研究问题上,从美国很多著名学者的研究领域来看,他们关注的或者他们的研究素材往往都是欧洲的案例、欧洲的历史或者欧洲独特的政治现象。加之美国的国家历史非常短,不像欧洲历史那样能够提供足够多的政治学案例进行研究。这是一个正常现象,无可厚非。

第二次世界大战结束之后,西方比较政治学的研究领域迅速扩张,这点在美国比较政治学的发展进程上能清晰地看到。例如,塞缪尔·亨廷顿等人开展的政治发展研究就是覆盖发展中国家的政治现象。西方的学者尤其是美国的比较政治学者,已经不仅仅局限于研究欧洲国家和世界大国,广大发展中国家的政治成为美国学者新的研究对象,但是他们所套用的理论分析框架依然是欧洲中心主义的。如果说在比较政治学发展早期，因为政治学起源于西方，所以他们在研究议题和研究领域上受到欧洲的影响很大，这属于议题欧洲中心主义。第二次世界大战结束之后，在研究议题领域大为扩展的新的时代背景之下，这时候他们所套用的理论分析框架依然是欧洲中心主义的，这种情况可以被称为理论欧洲中心主义。议题欧洲中心主义和理论欧洲中心主义的含义不尽相同。议题欧洲中心主义是学科发展过程中的客观现象，但是理论欧洲中心主义却是美国比较政治学发展过程中有意而为之的结果。尽管西方在比较政治学发展方面拥有话语霸权，并且因为他们的国家实力在整体上还居于世界的领先地位，所以他们认为自己掌握了理论的话语权。在21世纪新的时代背景下，这种议题欧洲中心主义和理论欧洲中心主义有些站不住了。

随着"金砖国家"和其他新兴国家的发展，这些国家的自主性越来越强，摆脱西方国家强行设定的学术发展轨迹符合这些国家发展的需要。这种自主性催生了这些国家内部知识体系的自主性，也就意味着新兴国家会更多地从自己的立场、历史、文化、国情出发来研究自己的问题。美国学术界发展出的议题欧洲中心主义和理论欧洲中心主义将会面临较大的冲击，但是这并不意味着欧洲中心主义在比较政治学领域就此偃旗息鼓。未来的发展方向更多的可能是走向范式欧洲中心主义，也就是说，非西方国家对西方社会关心的议题并没有那么关心，每个国家都会根据本国的实际情况来塑造自己的研究领域，而不是围绕美国比较政治学界来追逐研究热点。在理论层面同样如此，美国学者所发展出来的西方比较政治理论并不能够很好地解释这些非西方国家的一些现实问题。西方理论并不会像过去那样轻易地在广大非西方社会实现"知识殖民"。但是在分析和研究的范式上，还是存在着较大的趋同或者是融合的可能。这是因为新兴国家想要另起炉灶，重新建构一套能够逻辑自洽、理论适应性强、接受度广的比较政治学知识体系是非常困难的事情。美国学界提出的研究范式依然具有很强的生命力，其本身的包容性也让非西方社会的学者能够掌握理论分析的工具。比如在中国，现在学界研究历史政治学的诸多努力，与美国学者提出的比较历史分析在分析范式层面是有共同之处的。

第二节　问题优先、方法优先还是西方意识形态优先

美国比较政治学面临的第二个困境出现在研究起点的选择上。所谓研

究起点，就是解决研究发生的具体路径问题。美国比较政治学研究困境上的问题就是，在研究的起始点上到底是遵循问题优先，方法优先还是西方意识形态优先？这是三种完全不同的开展研究的逻辑。美国学者在整体上属于比较政治学研究领域的第一集团，人数众多，而且在全球学术界占据了优势地位。但是现在美国学者对于比较政治研究从何而起却在实践层面产生了分歧，或者说已经有了明显不同的实操思路。一般来讲，研究从何而起不应该成为一个问题，应该是从具体的一个研究问题出发，从具体的问题来引导出研究的思路和研究设计。但是现在美国比较政治学界并不是严格按照这个逻辑从事研究工作，目前来看，存在三种研究起点的优先逻辑：第一种是问题优先；第二种是方法优先；第三种是意识形态优先。

问题优先的逻辑就是首先要寻找到一个重要的研究问题，这个研究问题在学术界的积累上并不深厚，或者是一个有积累的问题但是出现了新的情况或者视角，或者它是一个新兴的问题，比如现在面临着的人工智能、大数据、新科技革命冲击社会秩序、地缘政治冲突、全球气候变化对于人类社会发展的影响等问题。这些新的问题能够催生出很多可以思考的理论研究的热点。例如，针对特朗普的崛起对美国民主甚至西方民主的影响问题，美国国内政治学者和比较政治学者实现了研究上的合作，产出了一些非常有深度的理论成果。[①] 例如，在讨论新科技革命冲击社会秩序问题时，我们可以研究贫富差距或者数字鸿沟等更加中观层面的问题。美国比较政治学正在积极地反思理论与现实的联系，试图对这些新问题予以回应。如果一个学科的研究工作与现实的联系越来越脱节，这个学科的基础和生命力也就会走向枯竭。因此，从现实出发寻找重要的研究问题，永远是非常正确的开展研究的起点。

方法优先的逻辑主要是受到现在西方学界发表的压力和所谓研究方法数理化转向的影响。美国学术界在很久以前就确定了终身教职（tenure-track）制度，用于保障高校教职人员的权利。正是因为终身教职制度足够吸引人，所以能够晋升到终身教职是非常艰难的。它要求学者在一定的时间内有比较好的研究成果出版。现在年轻学者的发表压力和职称晋升压力比过去还要大，美国很多著名的高校在执行终身教职机制的过程中不断提高要求。现在的关键问题在于，因为进入美国比较政治学研究领域的人员越

---

① Robert C. Lieberman, Suzanne Mettler, Thomas B. Pepinsky, Kenneth M. Roberts and Richard Valelly, "The Trump Presidency and American Democracy: A Historical and Comparative Analysis", *Perspectives on Politics* 2019, 17(2).

来越多,而能够发表成果的渠道和平台是有限的、固定的,所以现在发表的压力越来越大,进而导致职称竞争压力也很大。在这种背景下,掌握一些比较新颖甚至酷炫的研究方法,成为很多年轻学者提高自己发表能力的一个重要途径。因为采用一些新颖的研究方法能够体现出较强的创新性,至少在研究方法方面是一种创新性,自然就有利于发表更多的成果。还有一个新的现象是,随着更多具有研究数学、统计学甚至计算机科学的人员进入比较政治学研究的领域,他们的教育背景和研究优势为现在政治学和比较政治学的研究领域带来了很多新的内容,尤其是他们带来了很多研究方法的扩展。在西方专门刊发政治学研究方法的学术期刊上,我们可以看到大量具有统计学和计算机科学教育背景的研究人员,他们利用很多模拟方法、大数据方法、实验方法来推动作为计算社会科学研究的兴起,这也是现在整个美国比较政治学界方法论浪潮方兴未艾的一个很重要的表现。

方法优先的逻辑尽管有一些优点,但问题在于,很多时候让学者更加追究方法上的先进性,而忽视了研究问题本身。研究问题的真实性和重要性可能会在研究方法优先的逻辑下被忽视甚至完全无视,因为忽视了研究问题本身的价值,这样的研究尽管从形式上看非常新颖独特,但是它们对于学术界的发展尤其是扩展比较政治学的理论意义和现实意义,可能会产生一种本末倒置的结果。如果方法的革新是为解决之前无法解决的问题,为一些学术争议较大的问题提供新的解释,这样的方法革新是值得提倡的。但是单纯追求方法优先,进而希望以方法论的创新获得发表的便利,实则是美国比较政治学发展的一种隐患。

第三种研究起点的优先逻辑是意识形态优先。意识形态优先是理解今天美国比较政治学发展困境的一个很重要的方面。在任何国家,它的学术界不可能完全摆脱本国意识形态的影响,只是在程度上存在差别而已。美国的政治学界在第二次世界大战结束之后充满了反共的意识形态色彩,虽然冷战结束之后这种意识形态色彩有所消退,但是影响持续至今。这一点为很多非西方学者所诟病和批判。进入21世纪的第二个十年,随着美国国内政治斗争的加剧,意识形态斗争也在向外扩展。现在美国共和党和民主党在很多意识形态问题上有激烈的争斗,两党在堕胎、控枪、女性权利、移民、经济发展等很多方面都存在不可调和的矛盾。

由于现在整个国际形势的紧张加剧,美国国内的意识形态斗争也在积极地向外扩展。美国两党越是在国内的很多问题上争斗不断并无法达成共识,就越有可能在对外问题上采取步调一致的做法。美国学者更加强化了对所谓民主与专制的这种二分法的分析逻辑,也就是说,按照西方模式运行的政治制度，在他们眼中就是民主制度。如果不按照西方的模式运行的政治制度，在他们眼中就是专制制度。这样的一个大的二分法被强行地扣在很多国家的头上，给这么多国家武断地贴上这个西方标签，会直接导致很多研究问题其实是无法深入进行的。举例来讲，如果在美国学者的眼中，一个国家跟他们是不一样的制度，他们就会在宏观的方面已经把这个国家给否定掉，这样很多研究也就无法深入，也就无法保持中立客观的立场。因为美国认为自己是一个成熟的民主国家，所以即使爆发出2021年1月6日的国会山暴乱事件，也无伤大雅。在意识形态优先的指导下，很多研究的路径基本上就固化了。很多研究就是为了证明某些美国学者已经认可的结论，他们希望看到的是西方的研究结论在非西方地区的扩展和验证，这也显示了政治和学术在很多时候是很难完全分开的。

第三节　美国比较政治学如何直面百年未有之大变局的挑战

当今世界正处于百年未有之大变局，世界各国无不正在经历巨大的冲击。美国比较政治学如何直面百年未有之大变局的挑战，如何从理论上予以回应，值得进一步关注。当今世界正处于百年未有之大变局的一个核心要素就是权力结构的改变。西方的学者和政治家已经逐渐意识到，中国正在崛起为世界性大国。中国崛起的背后是广大新兴国家的发展，这也就意味着西方世界的衰落。无论是从美国政府发布的《国家安全战略》报告来看，还是从欧洲很多国家发布的对外政策来看，中国的地位都处于快速上升阶段。过去100多年来，西方的强势地位正在受到严峻的挑战，世界权力的中心在由西方向东方转移，这种硬实力的改变必然带来文化、教育、学术等软实力的相应调整。

"金砖国家"的崛起已经对地区和全球治理产生了显而易见的影响，非西方国家的崛起在不断冲击西方国家的自信。最新的一个证据就是印度的经济已经基本上超越了英国，跃升为世界第五大经济体。英国作为曾经世界上最强大的国家，建立了罕见的覆盖广大亚非拉地区的殖民体系，这些殖民体系现在不仅已经土崩瓦解，而且曾经的殖民地印度已经在经济上超越了自己的宗主国英国。目前，全球前五大经济体中，有两个是发展中国家，三个是发达国家。在10多年前，前五大经济体完全被发达国家所垄断。未来的发展趋势是，在经济实力和政治影响力维度，会有更多的发达国家被发展中国家所取代和超越。当然,百年未有之大变局也包含其他非经济因素。今天的世界越来越变得动荡不安。首先是地缘冲突加剧,一些重要的地区国家参与地缘政治冲突,导致巨大的安全危机和一系列连锁反应。全球的重大自然灾害、气候变化等问题也在不断让这个世界变得更加动荡不安和充满危机。

2019年年底暴发的新冠肺炎疫情,更加以一种前所未有的方式冲击和改变了现在的世界秩序。亨利·基辛格博士在2020年4月提出,新冠肺炎疫情将永远改变世界秩序。① 在过去的三年中,我们已经看到不仅几百万人死亡,几亿人感染,更重要的是整个世界的面貌发生了巨大变化。美国的比较政治学界对疫情冲击有所关注,也发表了一些成果。例如,美国密歇根大学政治学家斯科特·格利尔(Scott Greer)与同行们一起努力,出版了《疫情政治:比较政治学与对新冠疫情的政策》。② 但是这方面的研究还不够深入,尤其是在对待非西方国家的抗疫方面,美国比较政治学者的视野和认识存在较大的问题。此外,一些国家面临粮食危机、能源危机、产业链危机,还有很多国家政局动荡、国家破产。西方发达国家和广大发展中国家所面临的内政外交的形势,变得越来越复杂、越来越难以解决。整个百年未有之大变局有向百年未有之大败局演化的趋势。

这些都是在政治学领域以及比较政治学领域需要重点研究的问题。政治学和比较政治学长期聚焦秩序和繁荣两大研究主题。在百年未有之大变局的今天,世界秩序走向何方是一个非常棘手的研究难题。疫情暴发以来的国际经济处于衰退的巨大风险之中,在世界各国经济紧密联系的状况下,没有哪个国家能够独善其身。如何回应今天这个时代的新变化,是每个世界大国都必须处理的问题。作为当今世界的头号强国,这也是美国比较政治学在研究上面临的一个挑战。

第四节 美国比较政治学研究向何处去

最后一个问题就是美国比较政治学研究向何处去? 应该说在经历了几

---

① Henry A. Kissinger, "The Coronavirus Pandemic Will Forever Alter the World Order", April 3, 2020, WSJ OPINIDN, https://www.wsj.com/articles/the-coronavirus-pandemic-will-forever-alter-the-world-order-11585953005, accessed March 25, 2024.
② See Scott L. Greer, Elizabeth King, Elize Massard da Fonseca and André Peralta-Santos, *Coronavirus Politics: The Comparative Politics and Policy of COVID-19*, Ann Arbor: University of Michigan Press, 2021.

十年的辉煌发展后,美国比较政治学确立了自己在学术界的领头羊的位置。但是随着世界形势、研究问题、美国国内政治生态及学术生态的改变,美国的比较政治学面临一个发展去向的问题。它是越来越变得本土化,在研究议题和研究领域方面固守欧洲中心主义?还是在继续扩展和强化所谓的欧洲中心主义的传统的同时,更加用强势的学术传播机制,把西方的这种理论进一步向外传播,试图塑造21世纪的比较政治学的研究议程?还是接纳和承认国际秩序的转型,从一些研究领域撤出自己的话语权,主张开展更加平等的学术交流和对话?

对于这个问题,美国比较政治学界的内部也在反思和讨论。目前,美国比较政治学界的工作重点是希望能够更好地研究和解决现实问题,推动学科进步,推动比较政治学与现实政治的这种联系,提高解释现实的这种能力。那么美国比较政治学的研究方法、研究范式、研究意义究竟应向何处扩展?尤其在地缘大国的关系愈发紧张的情况下,美国的比较政治学研究会向何处去?这都是值得思考的问题。不管美国的比较政治学研究向何处去,我们都应该认识到美国的目标主要还是维护自身发展的利益需要,服务于美国国家战略的需要,服务于维护美国霸权的需要,它不可能发展出所谓的基于全世界发展的一个普遍的理论体系。翻阅2021年出版的最新修订的《比较政治学的新方向》①,尽管参与修订的都是美国比较政治学界大名鼎鼎的学者,但是他们的理论突破比较少,更多的还是对过去理论成果的总结。

大国是一定要掌握话语权的,没有话语权就没有稳固的大国地位,也只有大国才能在话语权的竞争中占据主动和优势。学术话语权是话语体系中的基本内容。学术话语权的争夺是大国竞争中的重要内容。美国比较政治学的发展历程已经非常清楚地说明了这个道理。中国的比较政治研究学者应该在坚持我们自己的指导思想的前提下,尤其是在马克思主义的旗帜引领下,发展出我们自己的比较政治学知识体系。在充分学习利用借鉴美国比较政治学研究成果的基础之上,采取兼容并包的思维,以我们自己的知识体系,以我们自己的文化传统为基础,力图解决我们自己的问题,提出我们自己的概念、方法和范式。这应该是我们从美国比较政治学百年发展的进程中能够收获的一个重要启示。

---

① See Howard Wiarda eds., *New Directions in Comparative Politics*, London: Routledge, 2019.

结论：打破西方对比较政治学理论话语权的垄断

为何在对美国比较政治学的百年发展历程进行梳理之后，本书在结论部分会聚焦一个与主题似乎联系不是那么紧密的问题。从表面上来看，打破西方对比较政治学理论话语权的垄断，与剖析美国比较政治学的百年发展历程的关系不是特别紧密。但是，从美国比较政治学的发展结果和发展导向来看，我国学术界必须面对西方对比较政治学理论话语权垄断的现实问题。大国是一定要掌握话语权的，没有话语权就没有稳固的大国地位，也只有大国才能在话语权的竞争中占据主动和优势。学术话语权是话语体系中的基本内容。学术话语权的争夺是大国竞争中的重要内容。即使抛开这个因素不谈，如何在百年未有之大变局的时代背景之下，打破西方对比较政治学理论话语权的垄断本身也是一个真命题。我们有自己的文化底蕴、学术土壤、哲学基础、历史文明，这决定了我们不能成为美国比较政治学理论的传声筒。美国的比较政治学可以从古希腊、古罗马中寻找灵感，可以从亚里士多德的城邦比较中奠定根基。非西方国家一定要这样做吗？我国的历史如此久远，具有中国特色的比较政治学也可以从春秋战国的历史中寻找灵感，也可以从不同诸侯国的比较中奠定我们的比较政治学基础概念、理论和体系。我们有丰富的知识资源和历史资源可以为我所用，我国比较政治学界可以利用国内和国际两种思想资源开展比较政治学研究。问题的关键是要有信心、有勇气、有魄力。

习近平总书记在"5·17讲话"中强调："发挥我国哲学社会科学的作用，要注意加强话语体系建设。"[①]目前，在比较政治学领域，西方国家尤其是美国几乎垄断了比较政治学理论的话语权。这不是一个孤立的学术现象，

[①] 习近平：《在哲学社会科学工作座谈会上的讲话》（2016 年 5 月 17 日），新华网，http://www.xinhuanet.com/politics/2016-05/18/c_1118891128.htm，最后浏览日期：2023 年 12 月 23 日。

在其他社会科学领域，美国学术界也非常强势。我国学术界引入大量的西方哲学社会科学的概念和理论来解释中国的实践就是例证。诚然，有些国外的理论是有效的，但是有些理论不符合中国国情。生搬硬套地用部分西方理论来解释中国只能是食洋不化。为了打破西方对比较政治学理论话语权的垄断，我们需要充分吸收和借鉴我国其他学科对于话语权和话语体系建设的思考和做法。在充分讨论国际关系和公共管理等学科对于话语体系和话语权的学术思考之后，我们重点探索一下如何推进政治学尤其是比较政治学的话语权建设。

一、国际关系领域中的中国话语体系建设

我国的国际关系研究在这些年取得了长足进步，出现了一大批有影响力的中文和英文成果。一些学者已经有能力在国际英文 SSCI 期刊上发表论文。部分学者在国外著名出版社出版的英文专著不仅引起了国外学界的关注，而且还斩获国际学术大奖。尽管取得了一些成绩，但是总体上来讲，我国国际关系研究的话语权仍然相当薄弱，存在诸多不足。例如，我国学者在英文学术期刊上发表研究成果的数量比较少，而且还没有进入国外大学的教学大纲之中。我国国内的国际关系教学仍然严重依赖国外的国际关系理论和概念。这种现状无法匹配我国作为文明古国、崛起大国、世界强国的身份，也无法为中国国际话语权的提升提供有力的学术支撑，影响了中国在世界争取认同、威望和提升软实力。当前，我国国际关系学界正在加紧推进构建国际关系研究的中国学派。中国国际关系研究在话语构建中已经初见成效，理论和学术话语创新意识明显提升，相关学术探索正在进行，但原创性理论仍然匮乏，话语认可度仍然较低。为了进一步提升国际关系研究的话语体系，国内学者的思考和做法具体如下文所述。

（一）强化学科内涵，注重内部系统建设

有部分学者提出，要加强我国国际关系研究的内部系统建设，强化学科内涵。陈小鼎和王亚琪认为："现阶段国际关系学科的内涵建设主要应包括三个方面：一是强化主体性，提炼核心问题，实现原创性理论突破。从中国自身的现实困惑出发，构建理论内核，逐步催生原创性理论，更好地向世界解释中国，强化中国国际关系研究的学术竞争力。二是立足方法论高度，推动理论创新。三是强化学科建制，培育共同体意识。"[①]目前，在这三个方面，

---

① 陈小鼎、王亚琪：《国际关系研究的话语权之争——兼论中国国际关系研究的学术自觉》，《国际安全研究》2013 年第 5 期。

我国国际关系学界均已经有了一些行动：第一个方面，清华大学国际关系研究院在院长阎学通教授的带领下一直围绕中国崛起开展原创性理论研究；第二个方面，科学研究方法已经在国际关系学界蔚然成风，我国的著名期刊《世界经济与政治》《当代亚太》《外交评论》等刊载的论文都非常注重研究方法的科学性和适宜性；第三个方面，随着政治学与国际关系学术共同体年会的定期召开，我国国际关系学界的共同体意识也在增强，内部凝聚力和向心力也在增长。

（二）加快推动外交话语学科实践创新

杨明星认为："要依托中国特色、世界一流学科建设工程和发展机遇，大胆推进外交话语学科构建的实践创新。具体内容包括三点：一是要重视外交话语学科创新平台建设。推动外语学科与国际关系等其他学科的交叉融合，将外交话语列为特色新兴前沿交叉学科；二是要重视外交话语学科创新研究和学术交流合作；三是要重视外交话语学科创新团队建设。要创建省级、国家级'中国特色大国外交话语体系建设创新团队'。"[①]近些年来，我国对外政策更加奋发有为，"一带一路"倡议的出台也让世界更加关注我国的外交政策。在对外交往方面，习近平总书记提出的人类命运共同体已经成为原创的重要的外交话语，在国际外交话语体系中产生了重大影响。我们需要进一步思考如何把我国的外交话语更好地传播出去，尤其是像人类命运共同体、新型大国关系等新的外交理念。

（三）提升国际话语权需要技巧和创新能力

面对百年未有之大变局，要提升中国国际话语权和大国形象，我国应加强技巧培养和创新能力的养成。杨明星提出："加强话语政策的深入研究和战略规划，要明确和厘清'外交传播''外交形象''外交叙事'和'外交话语权'的本质属性和特殊发展规律。要坚持在人类命运共同体理念的统领下，构建以我为主、融通中外的对外话语体系，善于用世界通用的语言来讲好中国故事、传播中国理念。"[②]用世界通用的语言来讲好中国故事是需要很多技巧的，需要专业人士来开展，需要真正能够懂得中国和世界的人。这也需要加强外交话语实践的创新，尤其是需要进一步提升人类命运共同体理念的国际影响力和认可度。习近平总书记在中共中央政治局第三十次集体学习

---

① 杨明星：《推动外交话语学科建设与人才培养的实践创新》，《中国社会科学报》2020年5月19日第3期。
② 同上。

时强调:"要加强和改进国际传播工作,展示真实、立体、全面的中国。"①总书记对于国际传播和国际话语权提出了新的要求,这需要我们加强创新能力的培养,积极有为地把中国主张、中国智慧、中国方案注入我国的国际关系研究之中,并最终以恰当的方式向世界传播。

二、公共管理领域中国话语体系的建设

公共管理学科近些年发展迅猛,在部分高校专门成立了公共管理学院。公共管理学在国际化接轨方面也走在前列。西方的学术期刊不断地增加关于中国公共管理方面的论文发表,引起了很大的关注。在取得这些成绩的同时,我们也应该看到公共管理领域中国话语体系建设存在的问题。清华大学薛澜教授认为:"在公共管理研究领域,西方流行的概念、理论和方法往往未加审视就被用来讨论中国的现实问题,一方面,使中国公共管理学科在理论建构方面失语;另一方面,不可避免地也使美国公共管理学科话语体系中的许多问题被'移植'到中国。中国公共管理学科话语体系面临以下的忧患:其一,复杂的语境;其二,体制性的话语;其三,离散化的主题。"②公共管理学界对于如何建构中国话语体系提出了很多具有启发意义的建议。

(一)坚持马克思主义的指导地位

王枫云认为:"中国的公共管理学自诞生之初,就没有清晰的指导思想,长期处在摇摆不定之中,改革开放以来,西方的新公共管理理论、新公共服务理论、政府治理理论、公共价值管理理论等各种思潮纷至沓来,在尊崇西方话语的学术情境中,马克思主义的指导地位被无形地遮蔽了。在中国公共管理学话语体系的建构中,我们不应是机械地固守马克思主义经典作家的部分论断或词句,而是要把马克思主义当作分析问题、解决问题的方法指导。在中国公共管理学话语体系的建构中,以马克思主义为指导就是要以马克思主义的立场、观点和方法观察、思考中国公共管理中的现实问题,寻求问题产生的根源和解决之道,探寻中国特色社会主义公共管理的运行规律。"③马克思主义是科学的理论,对于指导我国丰富的公共管理实践具有很强的现实意义。这一点还需要在公共管理学科中增强。

---

① 《习近平在中共中央政治局第三十次集体学习时强调 加强和改进国际传播工作 展示真实立体全面的中国》(2021年6月1日),求是网,http://www.qstheory.cn/yaowen/2021-06/01/c_1127517480.htm,最后浏览日期:2024年2月2日。
② 薛澜、张帆:《公共管理学科话语体系的本土化建构:反思与展望》,《学海》2018年第1期。
③ 王枫云:《中国公共管理学话语体系的建构》,《行政论坛》2018年第3期。

(二) 深入中国公共管理的伟大实践

公共管理学具有鲜明的实践特性。这一点是我国公共管理学科领域内的共识。很多学者认为,中国公共管理学话语体系一定是源于中国的公共管理实践,尤其是中国独有的公共管理实践,否则就不能将这种话语体系归属于中国公共管理学。在现实层面,目前更主要的做法是用西方公共管理理论来解释和分析中国的公共管理过程。因此,在中国公共管理学话语体系的建构中,特别要对中国公共管理的实践成果予以密切关注,唯有如此,才能找准我国公共管理学话语的生长点,使中国公共管理学话语体系具有强烈的时代特征和鲜明的中国特色。发展出具有时代特征和鲜明中国特色的公共管理学,也能帮助我国公共管理学界更好地与西方公共管理学界交流对话。蓝正勇认为:"中国正处于从传统走向现代、从本土走向国际、让国际了解本土的时代。打造一个规范统一、包容创新、利于有效沟通和相互学习的现代公共管理学的话语体系,注重它与国际概念的准确对接,有利于推动学科的发展,促进管理实践的提升,吸引国际注意力,形成国际影响力。"①

(三) 汲取中国传统公共管理文化的精华

王枫云的观点是:"中国的表达方式、中国的实践关照、中国的经验总结、中国的文化根基是构建中国公共管理学话语体系的关键节点。"②参照和吸纳中国传统管理思想的优秀内容,在现代公共管理知识体系中注入相应的中国元素,增强对于当代中国公共管理问题的解释能力。葛荃表达出相似的观点。他认为:"中国传统行政管理思想作为中国元素介入现代公共管理知识体系,推动这一学科能够更贴近中国国情和洞悉中国问题,在公共管理知识体系本土化的转型中,取得国家与社会治理的最佳效果。"③公共管理学科虽然是外来品,但是我国治国理政的历史是非常长的,具有的国家治理经验非常丰富。这是我国作为世界上最早建立大一统国家的重要的遗产。我国公共管理学界已经开始注重加强对传统公共管理和国家治理文化和知识的总结,但是目前取得的成果还远远不够,需要我国公共管理学界进一步加强研究。

(四) 注重学科和研究方法的对话

薛澜和张帆共同提出:"尽管公共管理在其发展过程中存在着'没有自我意识'的倾向,但其始终是一个寻求自我理解的领域,并且,随着其在中国

---

① 蓝志勇:《谈中国公共管理学科话语体系的构建》,《国家行政学院学报》2014 年第 5 期。
② 王枫云:《中国公共管理学话语体系的建构》,《行政论坛》2018 年第 3 期。
③ 葛荃:《构建公共管理知识体系的中国话语——从中国传统行政管理思想说起》,《行政论坛》2018 年第 6 期。

语境中的重新定位,公共管理的研究和实践将更好地处理以下几组关系,从而越来越成为一种具有自我意识的活动。首先,处理好专业知识和领域研究的关系;其次,处理好规范研究和实证研究的关系;再次,处理好研究者、决策者、管理者和公众的关系。"①当代中国的公共管理理论及其研究方法基本上都是舶来品。在社会科学研究领域,计量研究、田野调查经过30多年的倡导和普及,已被学界全盘接受。这种状况与前30年的学术研究形成明显的反差。也可以说是对前30年以定性研究为主导的某种逆转。何种研究方法更优,本身是一个伪命题,研究方法的选择要从研究问题出发,服务于解决研究问题的需要。不能说定量研究就是科学的,而质性研究就是不科学的。

薛澜和张帆对于我国公共管理研究的发展提出了远大的远景。他们认为:"目前,经济社会的转型发展与公共部门的改革实践正不断地对我国的公共管理研究提出全新的挑战和更高的要求。为回应这些挑战,公共管理学科不仅应持续关注政府改革与治理、公共政策的理论与实践、公共组织理论和政府工具等传统研究领域,针对重大基础研究问题激励原始创新,适应深化改革的需求,推动重点突破;还应重点关注全球治理体系重构与国家发展战略及新时期国家安全战略等新兴研究主题,把握未来趋势,支持前段战略布局,加强全球网络建设,推动研究方式转变。"②兰志勇提出:"中国公共管理现代话语体系的构建,就是改造、更新和提升现有的官方话语体系。在这个改造和提升的过程中,有几个原则是值得关注的:其一,尊重现有官方语言存在的现实,尊重前人的表达习惯,规范地使用字典上有清楚定义或长期以来约定俗成的语言概念;其二,注意语言的内在逻辑;其三,与时俱进,开放包容地吸收国际和国内生活语言中的新名词、新定义、新意义,作为丰富话语体系和行政实践的新鲜素材;其四,包容国际世界和中华本土的民间话语体系,学说洋话、民语,使官方的语言现代、简练、直接、通俗易懂。"③

三、比较政治学领域中国话语体系的建设

构建中国特色社会主义政治学是时代的要求,也是当代中国政治发展实践理论升华的必然结果。经过改革开放四十多年对海外政治学知识的引进和吸收,林毅、郑慧从几个方面对构建中国特色社会主义政治学学科体

---

① 薛澜、张帆:《公共管理学科话语体系的本土化建构:反思与展望》,《学海》2018年第1期。
② 同上。
③ 蓝志勇:《谈中国公共管理学科话语体系的构建》,《国家行政学院学报》2014年第5期。

系、学术体系和话语体系的可能性做出了阐释:在宏观领域,坚持马克思主义的指导地位为其构建提供了思想基础;党和国家对哲学社会科学的高度重视是其重要保障。在实践中,中华人民共和国成立以来,特别是改革开放以来,中国共产党在领导革命建设和发展过程中探索形成的理论成果,为中国特色、中国风格、中国气派的社会主义政治学学科体系、学术体系和话语体系提供了丰富的资源素材、强大的动力契机和广阔的平台。在理论来源上,优秀的中华民族传统政治理论积淀和丰富的外来政治学资源,为构建中国特色的政治学提供了养分;此外,中国政治学恢复以来广大政治学者的研究成果,也从研究主体建设、研究成果与方法积累、学术氛围创造和学科系统传承等方面为构建中国特色社会主义政治学学科体系、学术体系和话语体系积累了丰富的经验和人才储备。[①] 近些年,我国高校产生了多股政治学的发展力量,如历史政治学、田野政治学、政治现象学等,这都体现了我国政治学研究在原创性和理论深度方面的进步和成就。

与此同时,我们还应该清醒地看到,构建中国特色社会主义政治学话语体系依然任重而道远。发展具有中国特色的比较政治学是构建中国特色社会主义政治学话语体系和理论体系的重要一环。面对西方的比较政治学理论,我们不能照搬照抄,不能做学术的"自我殖民",中国学者要勇于创新,提出和发展出自己的比较政治学概念体系、理论体系和研究范式。对此,我国学术界已经有了很多思考。其中,部分政治学学者的主张与其他社会科学学者的思考有异曲同工之妙。

(一) 注重马克思主义政治学理论研究

构建中国特色社会主义政治学话语体系首当其冲的是要坚持马克思主义。坚持马克思主义的指导地位是所有社会科学学科构筑中国特色的普遍要求。王冠中认为:"马克思主义政治学的创立,实现了政治学的伟大历史性变革,作为全新的理论体系,它以辩证唯物主义和历史唯物主义为理论基础,以分析社会生产方式和生产关系为出发点,站在无产阶级的立场上,揭示了建立在经济基础之上的各种政治结构、政治关系和政治活动的存在方式和运动规律。"[②]杨海蛟和李猛提出:"要进一步深化马克思主义政治学基本理论的研究,推进中国化的马克思主义政治学研究、完善马克思主义政治学研究的人才培养机制、学术激励机制。"[③]西方学者的比较政治学研究也会

[①] 林毅、郑慧:《构建中国特色社会主义政治学学科体系、学术体系和话语体系何以可能》,《探索》2017年第4期。
[②] 王冠中:《中国马克思主义政治学学科初建探析》,《政治学研究》2008年第3期。
[③] 杨海蛟、李猛:《试论推动中国政治学繁荣发展的着力点》,《学习与探索》2011年第3期。

从马克思主义思想中寻找灵感,作为中国学者,我们更应该以马克思主义作为指导思想来构建具有中国特色的比较政治学。

(二) 注重本土化政治学理论体系的构建

历史、文化、经济等因素让西方发达国家在政治理论体系的构建方面先走了一步,西方中心主义和西方话语霸权被隐藏在一般的政治学理论体系之中。这是一种不能被人轻易察觉的学术陷阱。如果不加思考就全盘接受西方的政治学和比较政治学理论,我们就在不经意间掉入了西方学术的陷阱。杨海蛟和李猛提出,在吸收、批判和学习西方政治学一般理论体系的同时,中国政治学更要基于中国特有的国情、国家利益和政治实践,注重本土化理论体系的构建。本土化的政治学理论体系有利于提升中国软实力,提升中国特色、中国风格、中国气派的马克思主义政治学的国际影响力。有利于提升中国政治学研究的凝聚力,为摆脱西方中心主义、建设有中国风格的政治学提供主要支撑。有利于强化中国政治学的解释力和指导性,为建设有中国特色的政治学奠定基础。有利于增强中国政治学的吸引力,为掌握主动权、增强话语权以及构建中国特色的政治学注入活力。[①] 我国应该用学术的语言阐释我国历史中形成的本土话语体系,并且把这些成果进行国际化推广,丰富中西方的学术交流。举例来说,西方的话语分析中往往存在结构和施动者、观念和物质、身体和灵魂等二元的框架,而我国的话语体系更多是一元和多元的框架。这就意味着,从理论创新的角度来说,我国的本土理论资源是有潜力对西方的理论进行丰富和发展的。我国部分高校倡导的历史政治学研究路径就非常注重挖掘本土话语和概念,这是非常具有战略前景的研究领域。

(三) 注重对政治现实问题的研究

理论发展最鲜活的来源应该是实践。理论创新的本质是以新的视角来解释现实问题。中华人民共和国成立以来,特别是改革开放以来,中国共产党治国理政的伟大实践,为中国特色、中国风格、中国气派的政治学的建构提供了支持,具体表现在:其一,政治建设与发展为学科的构建和完善提供了丰富的实践资源和素材。郑慧认为:"建国以来特别是改革开放以来不断推进和发展的政治实践,为我国政治学话语体系提供了新的实践平台和丰富资源。"[②]我国在改革开放阶段取得的经济腾飞和政治发展是对其他发展中国家具有借鉴意义的一种成功模式。其二,解决现实问题的时代呼唤构

[①] 杨海蛟、李猛:《试论推动中国政治学繁荣发展的着力点》,《学习与探索》2011 年第 3 期。
[②] 郑慧:《论构建中国特色社会主义政治学话语体系》,《政治学研究》2014 年第 6 期。

成了政治学发展的重要动力和契机。社会政治实践的发展变化所催生出的新领域、新主题、新课题,很大程度上有可能超出现有的学科体系的解释范畴,而对此类问题的研究方法、程序以及对问题的形态的表述方式等也会与之前存在明显差异,这就要求对政治学既有的学科体系、学术体系和话语体系进行变通、创新和重构。我国的发展在某些层面已经超越了西方国家,在我国产生的新问题很可能未来会出现在其他国家。因此,研究和解释这些新问题而创造出的新概念和新理论,极有可能成为政治学的增量知识。

(四)注重方法论的研究

政治学方法的研究与创新是中国政治学发展的动力、传承的途径、联系现实的路径,同时也是政治学研究的科学性和规范性的重要保障。我国政治学界通过努力已经在研究方法的科学化方面取得了一定的成绩。但是整体上来讲,我国政治学教育过程中的方法论培养还不够,能够应用复杂、缜密、科学的研究方法来开展比较政治学研究的成果还不多。因此,学术界普遍认为,中国政治学界在马克思主义的指导下寻求适合中国政治学研究现况的定性研究与定量研究的结合之路,并且在坚持规范研究、定性研究、制度研究的同时,开始加强对经验研究或定量研究方法的借鉴和应用,通过社会调查、统计分析、案例分析、模型分析等方法透析中国的政治现象。[①] 我们尤其需要进一步普及定量研究方法,让更多的比较政治学者掌握统计分析技术以开展大规模的数据分析。这一点在大数据时代尤为重要。

具体到比较政治学领域,本书对美国比较政治学的发展历程的研究,初心是希望对构建我国的比较政治学学术体系、话语体系和理论体系有所助益。从非西方主义的视角出发,我们可以把美国比较政治学发展过程中的欧洲中心主义分为三种类型:议题欧洲中心主义、理论欧洲中心主、范式欧洲中心主义。议题欧洲中心主义、理论欧洲中心主义和范式欧洲中心主义的发展给发展中国家的学术界带来了两个方面的影响:从理论层面来看,多数发展中国家的政治学者们将西方理论奉为圭臬,以西方政治为标尺来衡量发展中国家的政治;从实践层面来看,多数发展中国家将西方理论移植到本国的学术生态,期望推动本国的政治与国家社会的发展。中国作为一个大国,尤其是作为一个社会主义国家,决定了我国学者不可能照搬照抄西方理论。我们需要对美国比较政治学的欧洲中心主义底色保持清醒的认识,建构和发展具有中国特色的比较政治学需要区别对待上述三种欧洲中心主义。

[①] 杨海蛟、李猛:《试论推动中国政治学繁荣发展的着力点》,《学习与探索》2011年第3期。

议题欧洲中心主义主要指美国学者以西方世界所关注的政治问题为导向。以美国比较政治学领域的政党研究为例,美国学者主要以西方政党行为、政党自身发展过程中所遇到的问题为基础进行研究。西方政党与议题之间的关系是什么？约翰·彼得罗奇克(John Petrocik)认为,政党对特定议题的所有权由政党的任职经历和社会基础所塑造,前者主要指政党解决民众所关切问题的"处理"能力,后者主要涉及政党所根植的政治冲突和社会分歧。① 议题的不同代表政党的行为选择、价值追求的不同。政党在公共辩论、选举竞争、议会和政府活动中对特定政策议题的持续关注、宣传和政治化倾向,使得民众建立起政党与该议题领域的特殊联结并产生信赖感和认同感。② 例如,在美国和欧洲的政治语境中,环境保护通常被认为是绿党的议题,移民是激进右翼政党的议题,欧洲一体化与法律秩序被认为是保守党的议题,社会民主党则拥有福利国家建设、教育等议题。③ 问题在于,这些特定的议题都带有显著的欧洲特色,并不是普世的,并不是其他地区普遍关心的。举例来讲,移民在其他非西方地区就不一定是激进右翼政党的议题,非西方的学者自然也就不会研究这类政党问题。更为重要的是,西方的政党体制是竞争性政党体制,因此,政党议题大部分与选举相关,而对政党的理念、使命、责任的关注度较低。中国共产党这类的使命型政党,因为与西方的选举型政党差异很大,所以很少被纳入美国比较政治学的政党研究的议题领域。发展我国的比较政治学尤其需要对议题欧洲中心主义保持清醒的认知,不能随着美国和西方学者在议题领域"翩翩起舞",要掌握自己的议题设置能力,关注和研究我国本土视野下重要的比较政治学议题。

理论欧洲中心主义是指美国比较政治学者主要基于西方的政治发展实践,在过去百年历程中努力构建比较政治学的理论体系。无须讳言,美国的比较政治学界已经发展成了一套比较成熟的比较政治学理论体系。无论是在日常的教学工作中,还是在比较政治学研究生的培养上,还是在用比较政治学理论来影响政府政策上,还是在西方的媒体舆论宣传场域之中,美国的比较政治学者在比较政治学的概念含义、基础理论、研究方法、思维理念等方面已经具备了比较强的理论自信。他们自信地认为,他们的理论话语和

---

① John R. Petrocik, "Issue Ownership in Presidential Elections, with a 1980 Case Study", *American Journal of Political Science*, 1996, 40(3).
② Benny Geys, "Success and Failure in Electoral Competition: Selective Issue Emphasis under Incomplete IssueOwnership", *Electoral Studies*, 2012, 31(2).
③ 王聪聪：《西方政党政治中的议题所有权理论：研究进路与理论反思》,《欧洲研究》2020 年第 5 期。

理论体系是非西方学者很难超越和批判的。尽管美国比较政治学的某些个别理论可能会遭遇比较明显的批判和质疑，但是其整个理论体系已经比较稳固。想要系统地对美国比较政治学的理论体系进行超越，难度要远远大于对议题欧洲中心主义的超越。当然，这并不是说理论欧洲中心主义无懈可击。美国比较政治学在发展的过程中，因为受到冷战的影响，所以会对社会主义和共产主义的理论极为排斥。而这一点恰恰是我们非西方学者可以思考和研究的切入点之一。试想世界上曾经有那么多社会主义国家，中国作为世界上最大的社会主义国家依然充满生机与活力，马克思主义和科学社会主义的理论肯定不像西方学者所诋毁的那样是过时陈旧的。我们应该对此有清醒的认识。近些年，我国学者的理论自主意识越来越强，建构自主知识体系的各种尝试和成果不断出现。例如，历史政治学、田野政治学、政治现象学、中共党史党建学等都能对美国比较政治学的理论体系产生一定的冲击。对于西方的理论体系，我们要从自主话语体系出发保持一定的距离。

范式欧洲中心主义是指美国比较政治学者在研究议题、创新理论基础上进一步发展构建出的理论研究的范式。我们耳熟能详的美国比较政治学理论研究著名学者（就像第七章提到的几位学者），往往是构建和发展理论研究范式的代表性人物。例如，西摩·李普塞特在民主理论的研究方面所提出的社会范式，至今仍然保持着很强的学术影响力。美国的比较政治学者尤其注重加强与欧洲同行在研究范式领域的交流。在跨大西洋的思维碰撞中，美国比较政治学的范式欧洲中心主义发展得尤为顺利。例如，欧洲的著名学者乔万尼·萨托利的政党研究在理论和实证层面实现了很好的衔接，对竞争性和非竞争性政党体制聚拢在一起进行研究，构建出很强的政党研究范式。美国学者理查德·卡茨等人的研究范式则另辟蹊径，主要承袭组织模式路径，但是因为引入比较分析和类型学分析，所以与奥斯特果尔斯基和米歇尔斯等人的组织范式也有区别。构建具有中国特色的比较政治学，需要在范式层面加强与西方的学习和交流。因为范式主要是从学术研究本身的内在展开逻辑出发，反而对构建我国的比较政治学具有很强的借鉴意义。

2021年，由王正绪、耿曙、唐世平主编的教科书《比较政治学》由复旦大学出版社出版。这是一本系统、深入而全面的教材，编者由十几位国内从事比较政治学教学和研究的中青年学者组成。唐世平在序言中提到了中国比较政治学的责任问题。他提出："我们希望中国的社会科学家更多地去了解外面的世界，而且是用社会科学的眼光去了解外面的世界。我个人认为，这一转型至少有如下四个方面的意义。"①第一个方面的意义是推动中国的社会科学家能从一个更加全面科学的角度，而不只是从中国与其他国家和地区之间的角度，去研究这些国家和地区。唐世平希望学者抛弃从国与国关系好坏的视角来选定研究对象，而应该是从一个比较全面科学的角度去选定研究对象，这是非常有指导意义的一个思考。他提出的第二个方面的意义是希望能够推动我国社会科学为世界贡献出更多的新知识，而不是只停留在引进和吸收国外知识的水平和阶段。为世界贡献新知识，扩展知识的增量，这是中国学者责无旁贷的一份使命。唐世平提出的第三个方面的意义是希望我国的社会科学研究能够助力我国与其他国家和地区在打交道的时候贡献更好的方针、政策和措施。这是从发展比较政治学的现实意义的角度来谈的观点，理论只有与实践紧密结合才能凸显理论的力量。如果我国的比较政治学研究能够切实帮助我国解决一些对外交往中的问题，比较政治学的发展动力就会更强。唐世平提出的最后一个方面的意义是社会科学研究的科普意义，他希望学者的研究能够让中国公民尤其是受过一定教育的公民更好地了解其他国家和地区，从而助力中国的民间外交，实现民心相通。

中国正在成长为一个举世瞩目的世界大国。东升西降的形势和世界重心向亚太地区转移的趋势已经非常明显。我国已经是一个综合实力仅次于美国的大国，但是我国的学术话语权与我国的国际实力和国际地位严重不匹配。我国学者有责任讲好中国故事，让世界更好地了解中国。我国的比较政治学者更有责任讲好世界故事，让中国更好地了解世界。破除西方的学术霸权不是一定要将西方理论完全抛弃，我们的目的是让学术更加包容、繁荣和健康。我们要让广大发展中国家对于发展道路、制度模式、国家认同有更多的理解，而不是依靠西方来定义自身。美国的比较政治学经过百年发展所形成的一整套理论体系有其合理性也有弊端，我国比较政治学界要在借鉴国外优秀成果和成功发展经验的基础之上，通过努力发展出具有中国特色且能为其他国家提供理论启发的比较政治学。

---

① 王正绪、耿曙、唐世平主编：《比较政治学》，复旦大学出版社2021年版，I-Ⅲ。

附 录

附录 1 《美国政治科学评论》期刊百年百篇经典论文

序号	引用量（次）	性别	职称	作者数量	研究区域	主题	研究方法	发表时间（年）	英文论文原题目	第一作者单位（英文原名）
1	252	男	助理教授	2	拉丁美洲	政党	统计	2017	The Incumbency Curse: Weak Parties, Term Limits, and Unfulfilled Accountability	Georgetown University
2	1 329	男	教授	2	全球	资源诅咒	统计	2011	Do Natural Resources Fuel Authoritarianism? A Reappraisal of the Resource Curse	Stanford University
3	611	男	助理教授	2	非洲	民族政治	统计	2012	Does the Leader's Ethnicity Matter? Ethnic Favoritism, Education, and Health in Sub-Saharan Africa	Bar-Ilan University
4	419	男	教授	2	非洲	冲突	统计	2014	The Legacy of Historical Conflict: Evidence from Africa	London School of Economics
5	10 959	男	教授	2	全球	内战	统计	2003	Ethnicity, Insurgency, and Civil War	Stanford University

续 表

序号	引用量（次）	性别	职称	作者数量	研究区域	主题	研究方法	发表时间（年）	英文论文原题目	第一作者单位（英文原名）
6	1 956	女	教授	1	拉丁美洲	政治机器	统计	2005	Perverse Accountability: A Formal Model of Machine Politics with Evidence from Argentina	Yale University
7	1 491	男	教授	2	/	制度变化	统计	2004	A Theory of Endogenous Institutional Change	Stanford University
8	1 632	男	助理教授	4	非洲	民族政治	实验	2007	Why Does Ethnic Diversity Undermine Public Goods Provision?	Georgetown University
9	1 426	男	教授	2	发达国家	社会政策	统计	2001	An Asset Theory of Social Policy Preferences	Harvard University
10	1 617	女	助理教授	1	欧洲	政党	统计	2005	Competition Between Unequals: The Role of Mainstream Party Strategy in Niche Party Success	University of Rochester
11	1 132	男	教授	2	全球	经济发展	统计	2006	Economic Backwardness in Political Perspective	Massachusetts Institute of Technology
12	1 008	男	副教授	1	中东	性别政治	统计	2008	Oil, Islam, and Women	University of California, Los Angeles
13	1 133	男	助理教授	1	非洲	政治参与	混合	2009	From Violence to Voting: War and Political Participation in Uganda	Yale University

续 表

序号	引用量（次）	性别	职称	作者数量	研究区域	主题	研究方法	发表时间（年）	英文论文原题目	第一作者单位（英文原名）
14	970	女	助理教授	1	拉丁美洲	分权	比较	2005	A Sequential Theory of Decentralization: Latin American Cases in Comparative Perspective	University of Pennsylvania
15	707	女	助理教授	1	/	文化	/	2002	Conceptualizing Culture: Possibilities for Political Science	University of Chicago
16	544	男	教授	3	非洲	政党	统计	2003	Electoral Institutions, Ethnopolitical Cleavages, and Party Systems in Africa's Emerging Democracies	Bridgewater State College
17	8 301	男	教授	1	/	路径依赖	/	2000	Increasing Returns, Path Dependence, and the Study of Politics	Harvard University
18	5 416	男	教授	1	/	民主	/	1993	Dictatorship, Democracy, and Development	University of Maryland, College Park
19	2 441	男	教授	1	/	民主	形式模型	1997	The Political Foundations of Democracy and the Rule of Law	Stanford University
20	1 479	男	助理教授	2	欧洲	制度	统计	1997	Political Institutions and Satisfaction with Democracy: A Cross-National Analysis of Consensus and Majoritarian Systems	Rice University

续表

序号	引用量（次）	性别	职称	作者数量	研究区域	主题	研究方法	发表时间（年）	英文论文原题目	第一作者单位（英文原名）
21	1 355	男	博士生	2	/	民主	统计	1994	Comparative Democracy: The Economic Development Thesis	University of Iowa
22	1 057	男	教授	1	欧洲	法律	统计	1999	Veto Players and Law Production in Parliamentary Democracies: An Empirical Analysis	University of California, Los Angeles
23	723	男	教授	1	/	民主化	/	1996	Political Inclusion and the Dynamics of Democratization	University of Melbourne
24	734	男	教授	1	亚洲	民主	描述	1996	The Puzzle of Indian Democracy: A Consociational Interpretation	University of California San Diego
25	731	男	副教授	1	/	政体变迁	统计	1995	Economic Crisis and Political Regime Change: An Event History Analysis	Louisiana State University, Baton Rouge
26	682	女	教授	1	拉丁美洲	经济危机	统计	1991	The Political Impact of Economic Crisis in Latin America in the 1980s	University of New Mexico
27	617	男	助理教授	1	/	议会	形式模型	1996	The Vote of Confidence in Parliamentary Democracies	University of Michigan
28	631	男	助理教授	1	中东	公民权	统计	1992	Ethnic Democracy and the Legal Construction of Citizenship: Arab Citizens of the Jewish State	Tel Aviv University

续 表

序号	引用量（次）	性别	职称	作者数量	研究区域	主题	研究方法	发表时间（年）	英文论文原题目	第一作者单位（英文原名）
29	454	男	助理教授	2	拉丁美洲	社会支出	统计	1999	Democracy and Social Spending in Latin America, 1980−92	Rice University
30	529	男	副教授	1	/	道义经济	/	1994	On the Idea of the Moral Economy	McGill University
31	369	男	助理教授	3	欧洲	政党	统计	1991	Issues and Party Support in Multiparty Systems	University of North Carolina at Chapel Hill
32	1 632	男	教授	1	/	政治文化	统计	1988	The Renaissance of Political Culture	University of Michigan
33	1 369	男	教授	1	/	政党	/	1982	The Two-Party System and Duverger's Law: An Essay on the History of Political Science	University of Rochester
34	801	男	教授	1	/	政治文化	统计	1987	Value Change in Industrial Societies	Florida State University
35	1 394	男	教授	1	/	制度	统计	1987	Political Institutions and Voter Turnout in the Industrial Democracies	Michigan State University
36	1 188	男	教授	1	/	政治文化	/	1988	A Culturalist Theory of Political Change	University of California, Irvine
37	877	男	教授	2	/	冲突	统计	1987	Inequality and Insurgency	University of Arizona
38	693	男	教授	1	/	范式争论	/	1988	The Return to the State	Stanford University

续 表

序号	引用量（次）	性别	职称	作者数量	研究区域	主题	研究方法	发表时间（年）	英文论文原题目	第一作者单位（英文原名）
39	541	男	副教授	1	/	独裁	形式模型	1990	The Tinpot and the Totalitarian: An Economic Theory of Dictatorship	University of Western Ontario
40	426	男	教授	2	/	阶级政治	形式模型	1982	The Structure of Class Conflict in Democratic Capitalist Societies	University of Chicago
41	447	男	教授	1	/	学科讨论	/	1990	Political Science and the Crisis of Authoritarianism	Massachusetts Institute of Technology
42	368	男	研究员	2	欧洲和大洋洲	选举	统计	1989	Leadership Effects in Parliamentary Elections in Australia and Britain	Australian National University
43	308	男	教授	1	/	阶级政治	/	1983	Radicalism or Reformism: The Sources of Working-class Politics	Stanford University
44	239	男	不详	2	欧洲	政治文化	统计	1984	Soviet Political Culture and "Covert Participation" in Policy Implementation	University of Michigan
45	3 377	男	助理教授	1	/	公有经济	统计	1978	The Expansion of the Public Economy: A Comparative Analysis	Yale University
46	3 140	男	助理教授	2	欧洲	政治文化	统计	1971	The Silent Revolution in Europe: Intergenerational Change in Post-Industrial Societies	University of Michigan

续 表

序号	引用量（次）	性别	职称	作者数量	研究区域	主题	研究方法	发表时间（年）	英文论文原题目	第一作者单位（英文原名）
47	2 068	男	助理教授	1	东南亚	庇护政治	描述	1972	Patron-Client Politics and Political Change in Southeast Asia	University of Wisconsin-Madison
48	722	男	教授	1	非洲	庇护政治	/	1972	Political Clientelism and Ethnicity in Tropical Africa: Competing Solidarities in Nation-Building	University of Florida
49	568	男	助理教授	2	欧洲	政党	统计	1971	Party Systems and Government Stability	University of Essex
50	476	男	助理教授	1	/	政党	形式模型	1973	Parties as Utility Maximizers	University of California, Santa Cruz
51	482	女	助理教授	2	拉丁美洲	国家社会关系	/	1979	Inducements versus Constraints: Disaggregating "Corporatism"	University of California, Berkeley
52	362	男	教授	1	欧洲和非洲	投票	统计	1979	Religious vs. Linguistic vs. Class Voting: The "Crucial Experiment" of Comparing Belgium, Canada, South Africa, and Switzerland	University of California San Diego
53	374	男	助理教授	1	/	腐败	/	1978	The Corruption of a State	University of Michigan
54	274	男	助理教授	1	/	阶级政治	统计	1976	Industrial Conflict in Advanced Industrial Societies	Massachusetts Institute of Technology

续表

序号	引用量(次)	性别	职称	作者数量	研究区域	主题	研究方法	发表时间(年)	英文论文原题目	第一作者单位(英文原名)
55	4 215	男	教授	2	/	投票	形式模型	1968	A Theory of the Calculus of Voting	University of Rochester
56	3 680	男	助理教授	1	/	腐败	/	1967	Corruption and Political Development: A Cost-Benefit Analysis	Harvard University
57	2 644	男	教授	1	/	社会动员	统计	1961	Social Mobilization and Political Development	Yale University
58	699	男	助理教授	1	亚洲	庇护政治	/	1970	Peasant Society and Clientelist Politics	Tufts University
59	498	男	副教授	1	/	民主	/	1967	Some Conditions of Democracy	University of California, Irvine
60	402	男	助理教授	1	澳洲	投票	描述性统计	1970	The Effect of the Australian Ballot Reform on Split Ticket Voting: 1876–1908	Purdue University
61	306	男	副教授	1	非洲	政治冲突	/	1968	The Structure of Political Conflict in the New States of Tropical Africa	University of Chicago
62	273	男	助理教授	1	/	军人政治	描述性统计	1970	Soldiers in Mufti: The Impact of Military Rule Upon Economic and Social Change in the Non-Western States	Brandeis University
63	173	男	助理教授	1	拉丁美洲	军人政治	描述性统计	1966	Political Development and Military Intervention in Latin America	University of New Mexico

续 表

序号	引用量(次)	性别	职称	作者数量	研究区域	主题	研究方法	发表时间(年)	英文论文原题目	第一作者单位(英文原名)
64	110	女	助理教授	1	非洲	政党	/	1961	Single-Party Systems in West Africa	Boston University
65	138	男	博士后	/	拉丁美洲	城市化	描述性统计	1969	Urbanization as an Agent in Latin American Political Instability: The Case of Mexico	Stanford University
66	93	男	副教授	2	拉丁美洲	政治稳定	描述性统计	1968	Measuring Social and Political Requirements for System Stability in Latin America	Randolph College
67	102	男	副教授	1	亚洲	种姓制度	/	1965	The Modernity of Tradition: The Democratic Incarnation of Caste in India	University of Chicago
68	11 546	男	副教授	1	/	民主	统计	1959	Some Social Requisites of Democracy: Economic Development and Political Legitimacy	University of California, Berkeley
69	210	男	助理教授	1	非洲	民族主义	描述	1954	Nationalism in Tropical Africa	University of California, Los Angeles
70	132	男	教授	1	欧洲	政党	描述	1956	Pressure Groups and Parties in Britain	Harvard University
71	92	男	助理教授	1	亚洲	种姓制度	案例	1956	Caste and the Andhra Communists	University of California, Berkeley

续 表

序号	引用量（次）	性别	职称	作者数量	研究区域	主题	研究方法	发表时间（年）	英文论文原题目	第一作者单位（英文原名）
72	78	男	副教授	1	拉丁美洲	政党	描述	1959	Political Groups in Latin America	Northwestern University
73	73	男	副教授	3	/	学科讨论	/	1955	Comparative Politics of Non-Western Countries	Cornell University
74	57	男	教授	1	欧洲	政党	描述	1953	The Two-Party System in British Politics	University of California, Berkeley
75	40	男	副教授	1	拉丁美洲	政党	描述	1957	Mexico's One-Party System: A Re-Evaluation	San Diego State University
76	36	男	助理教授	1	欧洲	政党	案例	1957	German Party Finance: The CDU	London School of Economics
77	28	男	教授	1	欧洲	农民	描述	1952	The French Peasant and Communism	University of Colorado
78	64	男	副教授	1	欧洲	政党	/	1947	Workers' Control of Industry and the British Labor Party	Yale University
79	42	男	副教授	1	拉丁美洲	议会	/	1945	Parliamentary Government in Latin America	Northwestern University
80	48	男	教授	1	欧洲	宪法	描述	1949	Rebuilding the German Constitution	Harvard University
81	37	男	教授	1	拉丁美洲	宪法	描述	1945	Constitutional Development in Latin America: A Synthesis	University of California, Los Angeles

续 表

序号	引用量(次)	性别	职称	作者数量	研究区域	主题	研究方法	发表时间(年)	英文论文题目	第一作者单位(英文原名)
82	37	男	教授	1	欧洲	联邦主义	/	1941	Theories of Federalism under the Holy Roman Empire	University of California
83	18	男	教授	1	欧洲	苏联	访谈	1950	Controls and Tensions in the Soviet System	Harvard University
84	10	男	助理教授	1	欧洲	农业集体化	案例	1947	The Influence of Ideas on Policies as Shown in the Collectivization of Agriculture in Russia	University of Chicago
85	14	男	副教授	1	/	军人政治	/	1944	Some Problems of Military Government	Princeton University
86	827	男	教授	1	欧洲	民主	/	1937	Militant Democracy and Fundamental Rights	Amherst College
87	91	男	教授	1	欧洲	民主	/	1935	Autocracy Versus Democracy in Contemporary Europe	Yale University
88	28	男	助理教授	1	欧洲	官僚	描述	1938	Italy's Fascist Bureaucracy	Duke University
89	15	男	副教授	1	欧洲	政府改革	描述	1936	The Nazis Reform the Reich	University of Chicago
90	13	男	教授	1	欧洲	官僚	/	1934	German Bureaucracy in Transition	/
91	22	男	教授	2	欧洲	政党	/	1937	Governmental and Party Leaders in Fascist Italy	University of Chicago

续　表

序号	引用量（次）	性别	职称	作者数量	研究区域	主题	研究方法	发表时间（年）	英文论文原题目	第一作者单位（英文原名）
92	14	男	教授	1	亚洲	政府改革	描述	1942	War-Time Government in China	Peking University
93	12	男	助教	1	欧洲	青年	描述	1938	Youth in the Dictatorships	University of Minnesota Twin City
94	15	男	退休	1	欧洲	代议制	/	1932	The Teutonic Origins of Representative Government	Independent Scholar
95	953	男	助理教授	1	/	宣传	/	1927	The Theory of Political Propaganda	University of Chicago
96	14	男	教授	1	亚洲	政党	描述	1929	Labor Parties in Japan	Northwestern University
97	8	男	教授	1	欧洲	司法审查	/	1930	Some Phases of the Theory and Practice of Judicial Review of Legislation in Foreign Countries	University of California, Los Angeles
98	14	男	教授	1	亚洲	政府改革	描述	1915	Reform in China	Johns Hopkins University
99	20	男	/	1	非洲	制度	描述	1911	Political Institutions in Liberia	/
100	18	男	/	1	亚洲	制度	描述	1918	Democratic Ideals and Republican Institutions in India	/

注：数据截至 2023 年 4 月。

附录2 《美国政治科学评论》期刊发表的中国政治研究论文

序号	第一作者（英文名）	第一作者单位（英文名）	发表时间（年）	引用量（次）	研究方法	议题	单独作者	英文文章原标题
1	Ching-Chun Wang	University of Illinois	1910	3	描述性分析	交通与国际关系	是	Why the Chinese Oppose Foreign Railway?
2	Frank J. Goodnow	Johns Hopkins University	1914	12	比较	立法机构	是	The Parliament of the Republic of China
3	Frank J. Goodnow	Johns Hopkins University	1915	14	比较	改革	是	Reform in China
4	Harold M. Vinacké	Miami University	1921	3	描述性分析	军队	是	Military Power and Constitutional Development in China
5	Harold Scott Quigley	University of Minnesota	1923	6	描述性分析	政治体制	是	The Political System of Imperial China
6	Harold Scott Quigley	University of Minnesota	1924	7	描述性分析	宪法	是	The Constitution of China
7	Robert T. Pollard	Ohio State University	1927	1	描述性分析	民族主义运动	是	The Economic Background of China's Nationalist Movement

续 表

序号	第一作者（英文名）	第一作者单位（英文名）	发表时间（年）	引用量（次）	研究方法	议题	单独作者	英文文章原标题
8	Harold Scott Quigley	University of Minnesota	1929	1	描述性分析	政府	是	The National Government of China
9	John A Fairlie	University of Illinois	1931	5	描述性分析	宪法	是	Constitutional Developments in China
10	William C. Johnstone	George Washington University	1937	21	描述性分析	国际关系	是	The Status of Foreign Concessions and Settlements in the Treaty Ports of China
11	Tuan-Sheng Chien	National University of Peking	1942	14	描述性分析	政府	是	War-Time Government in China
12	H. Arthur Steiner	University of California, Los Angeles	1950	17	描述性分析	城市政策	是	Chinese Communist Urban Policy
13	Charles O. Hucker	University of Chicago	1951	30	描述性分析	监察制度	是	The Traditional Chinese Censorate and The New Peking Regime
14	Chao Kuo-Chun	Massachusetts Institute of Technology	1954	9	描述性分析	群团组织	是	Mass Organizations in Mainland China

续 表

序号	第一作者（英文名）	第一作者单位（英文名）	发表时间（年）	引用量（次）	研究方法	议题	单独作者	英文文章原标题
15	H. Arthur Steiner	University of California, Los Angeles	1955	14	描述性分析	宪法	是	Constitutionalism in Communist China
16	Franklin W. Houn	Hoover Institute	1957	21	描述性分析	共产党	是	The Eighth Central Committee of the Chinese Communist Party: A Study of an Elite
17	John W. Lewis	Cornell University	1966	12	描述性分析	城市发展	是	Political Aspects of Mobility in China's Urban Development
18	Lynn T. White III	Princeton University	1976	12	描述性分析	央地关系	是	Local Autonomy in China During the Cultural Revolution: The Theoretical Uses of an Atypical Case
19	Lowell Dittmer	State University of New York at Buffalo	1977	36	描述性分析	文革	是	Thought Reform and Cultural Revolution: An Analysis of the Symbolism of Chinese Polemics
20	David M. Lampton	Ohio State University	1979	23	描述性统计	教育与医疗	是	The Roots of Interprovincial Inequality in Education and Health Services in China

续表

序号	第一作者（英文名）	第一作者单位（英文名）	发表时间（年）	引用量（次）	研究方法	议题	单独作者	英文文章原标题
21	William Pang-yu Ting	University of Michigan	1979	8	统计分析	军队	是	Coalitional Behavior among the Chinese Military Elite: A Nonrecursive, Simultaneous Equations, and Multiplicative Causal Model
22	Alan P. L. Liu	University of California, Santa Barbara	1983	177	描述性统计	腐败	是	The Politics of Corruption in the People's Republic of China
23	Joshua S. Goldstein	University of Southern California	1991	126	统计分析	国际关系	否	U.S.-Soviet-Chinese Relations: Routine, Reciprocity, or Rational Expectations?
24	Melanie Manion	University of Rochester	1996	319	统计分析	农村政治	是	The Electoral Connection in the Chinese Countryside
25	M. Kent Jennings	University of California, Santa Barbara	1997	193	统计分析	农村政治	是	Political Participation in the Chinese Countryside
26	Lily L. Tsai	Massachusetts Institute of Technology	2007	744	统计分析	农村政治	是	Solidary Groups, Informal Accountability, and Local Public Goods Provision in Rural China

续 表

序号	第一作者（英文名）	第一作者单位（英文名）	发表时间（年）	引用量（次）	研究方法	议题	单独作者	英文文章原标题
27	James Kung	Hong Kong University of Science and Technology	2011	300	统计分析	共产党	否	The Tragedy of the Nomenklatura: Career Incentives and Political Radicalism during China's Great Leap Famine
28	Victor C. Shih	Northwestern University	2012	828	统计分析	共产党	否	Getting Ahead in the Communist Party: Explaining the Advancement of Central Committee Members in China
29	Gary King	Harvard University	2013	2 510	大数据文本	审查制度	否	How Censorship in China Allows Government Criticism but Silences Collective Expression
30	Xiaobo Lu	Texas A&M University	2014	178	统计分析	教育	是	Social Policy and Regime Legitimacy: The Effects of Education Reform in China
31	Xiaobo Lu	University of Texas	2014	245	统计分析	财政	否	Show Me the Money: Interjurisdiction Political Competition and Fiscal Extraction in China
32	Rory Truex	Yale University	2014	275	统计分析	立法机构	是	The Returns to Office in a "Rubber Stamp" Parliament

续表

序号	第一作者（英文名）	第一作者单位（英文名）	发表时间（年）	引用量（次）	研究方法	议题	单独作者	英文文章原标题
33	Ryan Hanley	Marquette University	2014	26	/	经济发展	是	The "Wisdom of the State": Adam Smith on China and Tartary
34	Yiqing Xu	Massachusetts Institute of Technology	2015	190	统计分析	农村政治	否	Informal Institutions, Collective Action, and Public Investment in Rural China
35	Haifeng Huang	University of California, Merced	2015	107	统计分析	信息政治	是	International Knowledge and Domestic Evaluations in a Changing Society: The Case of China
36	Gary King	Harvard University	2017	1 001	大数据文本	社会媒体	否	How the Chinese Government Fabricates Social Media Posts for Strategic Distraction, Not Engaged Argument
37	Sung Eun Kim	Korea University	2018	33	统计分析	媒体	是	Media Bias against Foreign Firms as a Veiled Trade Barrier: Evidence from Chinese Newspapers
38	Jennifer Pan	Stanford University	2018	74	统计分析	腐败	否	"Concealing Corruption: How Chinese Officials Distort Upward Reporting of Online Grievances"

注：数据截至2023年4月。

附录 3 《比较政治学》期刊发表的中国政治研究论文

序号	第一作者（英文名）	第一作者单位（英文名）	发表时间（年）	引用量（次）	研究方法	议题	单独作者	英文文章原标题
1	Chen Pi-chao	Wayne State University	1972	45	描述性分析	城市化	是	Overurbanization, Rustication of Urban-Educated Youths, and Politics of Rural Transformation: The Case of China
2	Rensselaer W. Lee III	/	1973	17	描述性分析	技术政治	是	The Politics of Technology in Communist China
3	Paul H. B. Godwin	/	1976	13	描述性统计	军队	是	The PLA and Political Control in China's Provinces: A Structural Analysis
4	Trong R. Chai	City University of New York	1979	2	描述性分析	官僚	是	Communist Party Control over the Bureaucracy: The Case of China
5	Gordon Bennett	University of Texas at Austin	1985	5	/	经济发展	是	Economy, Polity, and Reform in China
6	Daniel Kelliher	Northwestern University	1986	21	综述	政治转型	是	The Political Consequences of China's Reforms

续表

序号	第一作者（英文名）	第一作者单位（英文名）	发表时间（年）	引用量（次）	研究方法	议题	单独作者	英文文章原标题
7	Dorothy J. Solinger	University of California, Irvine	1986	13	描述性分析	经济发展	是	China's New Economic Policies and the Local Industrial Political Process: The Case of Wuhan
8	James T. Myers	University of South Carolina	1989	69	描述性分析	腐败	是	China: Modernization and "Unhealthy Tendencies"
9	Avery Goldstein	University of Pennsylvania	1990	10	描述性分析	综合	是	Explaining Politics in the People's Republic of China: The Structural Alternative
10	Bruce J. Dickson	George Washington University	1992	24	综述	政治行为	是	What Explains Chinese Political Behavior? The Debate over Structure and Culture
11	Daniel Kelliher	University of Minnesota	1993	54	描述性分析	抗争	是	Keeping Democracy Safe from the Masses: Intellectuals and Elitism in the Chinese Protest Movement
12	Weizhi Xie	/	1993	13	描述性分析	综合	是	The Semihierarchical Totalitarian Nature of Chinese Politics
13	Yanqi Tong	University of Utah	1994	73	比较	国家社会关系	是	State, Society, and Political Change in China and Hungary

续表

序号	第一作者（英文名）	第一作者单位（英文名）	发表时间（年）	引用量（次）	研究方法	议题	单独作者	英文文章原标题
14	George T. Crane	Williams College	1994	48	案例	抗争	是	Collective Identity, Symbolic Mobilization, and Student Protest in Nanjing, China, 1988-1989
15	David Zweig	Tufts University	1995	95	描述性分析	经济发展	是	Developmental Communities on China's Coast: The Impact of Trade, Investment, and Transnational Alliances
16	Dorothy J. Solinger	University of California, Irvine	1995	122	描述性分析	城市化	是	China's Urban Transients in the Transition from Socialism and the Collapse of the Communist "Urban Public Goods Regime"
17	Kevin J. O'Brien	University of California, Berkeley	1999	962	描述性分析	农村政治	否	Selective Policy Implementation in Rural China
18	Yan Sun	City University of New York	1999	131	比较	腐败	是	Reform, State, and Corruption: Is Corruption Less Destructive in China than in Russia?
19	Xiaobo Lu	Columbia University	2000	233	描述性分析	腐败	是	Booty Socialism, Bureau-Preneurs, and the State in Transition: Organizational Corruption in China

续表

序号	第一作者（英文名）	第一作者单位（英文名）	发表时间（年）	引用量（次）	研究方法	议题	单独作者	英文文章原标题
20	Corinna-Barbara Francis	N/A	2001	87	描述性分析	经济发展	是	Quasi-Public, Quasi-Private Trends in Emerging Market Economies: The Case of China
21	Mark R. Thompson	Friedrich-Alexander-University Erlangen-Nuremberg	2001	47	比较	抗争	是	To Shoot or Not to Shoot: Posttotalitarianism in China and Eastern Europe
22	Tianjian Shi	Duke University	2001	550	统计分析	政治信任	是	Cultural Values and Political Trust: A Comparison of the People's Republic of China and Taiwan
23	Elizabeth Remick	University of Oregon	2002	49	描述性分析	地方政府	是	The Significance of Variation in Local States: The Case of Twentieth Century China
24	Edward S. Steinfeld	Massachusetts Institute of Technology	2002	23	描述性分析	金融	是	Moving beyond Transition in China: Financial Reform and the Political Economy of Declining Growth
25	Yanqi Tong	University of Utah	2005	55	比较	环境政治	是	Environmental Movements in Transitional Societies: A Comparative Study of Taiwan and China

续 表

序号	第一作者（英文名）	第一作者单位（英文名）	发表时间（年）	引用量（次）	研究方法	议题	单独作者	英文文章原标题
26	Aseema Sinha	University of Wisconsin Madison	2005	49	比较	政治经济学	是	Political Foundations of Market-Enhancing Federalism: Theoretical Lessons from India and China
27	Dorothy J. Solinger	University of California, Irvine	2005	54	描述性分析	福利政策	是	Path Dependency Reexamined: Chinese Welfare Policy in the Transition to Unemployment
28	Andrew C. Mertha	Cornell University	2006	62	比较	环境政治	否	Unbuilt Dams: Seminal Events and Policy Change in China, Australia, and the United States
29	Andrew C. Mertha	Cornell University	2006	36	描述性分析	知识产权	是	Policy Enforcement Markets: How Bureaucratic Redundancy Contributes to Effective Intellectual Property Implementation in China
30	Lianjiang Li	Chinese University of Hong Kong	2008	203	统计分析	抗争	是	Political Trust and Petitioning in the Chinese Countryside
31	Teresa Wright	California State University, Long Beach	2008	8	综述	国家社会关系	是	State-Society Relations in Reform-Era China: A Unique Case of Postsocialist State-Led Late Development?

续表

序号	第一作者（英文名）	第一作者单位（英文名）	发表时间（年）	引用量（次）	研究方法	议题	单独作者	英文文章原标题
32	Yan Sun	City University of New York	2009	91	比较	腐败	否	Does Democracy Check Corruption? Insights from China and India
33	Xi Chen	University of North Carolina at Chapel Hill	2009	12	统计分析	抗争	是	The Power of "Troublemaking": Protest Tactics and Their Efficacy in China
34	Jie Lu	American University	2009	11	统计分析	农村政治	否	Political Experience: A Missing Variable in the Study of Political Transformation
35	Lynette H. Ong	University of Toronto	2012	91	描述性分析	政商关系	是	Between Developmental and Clientelist States: Local State-Business Relationships in China
36	William Hurst	Northwestern University	2014	49	统计分析	抗争	否	Reassessing Collective Petitioning in Rural China: Civic Engagement, Extra-State Violence, and Regional Variation
37	Yuen Yuen Ang	University of Michigan	2014	40	比较	互联网	是	Authoritarian Restraints on Online Activism Revisited: Why "I-Paid-A-Bribe" Worked in India but Failed in China

续 表

序号	第一作者（英文名）	第一作者单位（英文名）	发表时间（年）	引用量（次）	研究方法	议题	单独作者	英文文章原标题
38	Lily L. Tsai	Massachusetts Institute of Technology	2015	59	混合	农村政治	是	Constructive Noncompliance
39	Christian Sorace	Colorado College	2015	9	访谈	灾后重建	是	The Communist Party's Miracle? The Alchemy of Turning Post-Disaster Reconstruction into Great Leap Development
40	Haifeng Huang	University of California, Merced	2015	305	统计分析	宣传	是	Propaganda as Signaling

资料来源：数据截至 2023 年 4 月。

附录 4 《比较政治研究》期刊发表的中国政治研究论文

序号	第一作者（英文名）	第一作者单位（英文名）	发表时间（年）	引用量（次）	研究方法	议题	单独作者	英文文章原标题
1	Paul J. Hiniker	University of Chicago	1978	14	描述性统计	领导权威	否	Alternation of Charismatic and Bureaucratic Styles of Leadership in Postrevolutionary China
2	Ralph Thaxton	Brandeis University	1979	3	描述性分析	革命	是	Peasants, Capitalism, and Revolution: On Capitalism as a Force for Liberation in Revolutionary China
3	Marc Blecher	Oberlin College	1981	4	案例	农村政治	否	Economic Growth and Equality in Rural China: Xiyang County as Development Experience and Model
4	Richard L. Petrick	State University of New York at Stony Brook	1981	17	理论建构	政策研究	是	Policy Cycles and Policy Learning in The People's Republic of China
5	Lester Ross	Purdue University	1986	4	博弈论	市场改革	是	Market Reform and Collective Action in China

续 表

序号	第一作者（英文名）	第一作者单位（英文名）	发表时间（年）	引用量（次）	研究方法	议题	单独作者	英文文章原标题
6	Edgar Kiser	University of Washington	1992	99	描述性分析	腐败	否	Determinants of the Amount and Type of Corruption in State Fiscal Bureaucracies An Analysis of Late Imperial China
7	Chih-Yu Shih	National Taiwan University	1994	26	理论建构	大跃进	是	The Decline of a Moral Regime: China's Great Leap Forward in Retrospect
8	Kevin J. O'Brien	Ohio State University	1994	138	描述性分析	人大	是	Chinese people's congresses and legislative embeddedness: understanding early organizational development
9	Xueguang Zhou	Duke University	1995	56	描述性分析	官僚	是	Partial Reform and the Chinese bureaucracy in the post-Mao era
10	Pradeep Chhibber	University of California, Berkeley	2000	50	比较	经济改革	否	Local elites and popular support for economic reform in China and India
11	Bruce Dickson	George Washington University	2000	143	统计	共产党	否	Membership has its privileges: the socioeconomic characteristics of Communist Party members in urban China

续表

序号	第一作者（英文名）	第一作者单位（英文名）	发表时间（年）	引用量（次）	研究方法	议题	单独作者	英文文章原标题
12	Xueguang Zhou	Duke University	2001	69	统计	官僚	是	Political dynamics and bureaucratic career patterns in the People's Republic of China, 1949-1994
13	Yang Zhong	University of Tennessee	2002	164	统计	农村政治	否	To vote or not to vote: an analysis of peasants' participation in Chinese village elections
14	Kevin J. O'Brien	University of California, Berkeley	2005	95	访谈	农村政治	否	Popular contention and its impact in rural China
15	Kellee Tsai	Johns Hopkins University	2005	163	描述性统计	私营企业主	是	Capitalists without a Class: Political Diversity Among Private Entrepreneurs in China
16	Yongnian Zheng	National University of Singapore	2005	269	理论建构	信息技术	否	Information Technology, Public Space, and Collective Action in China
17	Mei Guan	Yale University	2006	49	统计	城市政治	否	Noncoercive Mobilization in State-Controlled Elections: An Experimental Study in Beijing
18	Melanie Manion	University of Wisconsin Madison	2006	197	统计	农村政治	是	Democracy, Community, Trust The Impact of Elections in Rural China

续 表

序号	第一作者（英文名）	第一作者单位（英文名）	发表时间（年）	引用量（次）	研究方法	议题	单独作者	英文文章原标题
19	Gang Guo	University of Mississippi	2007	78	统计	政治参与	是	Organizational Involvement and Political Participation in China
20	Bruce Gilley	Queen's University	2008	219	理论建构	合法性	是	Legitimacy and Institutional Change: The Case of China
21	Benjamin L. Read	University of California, Santa Cruz	2008	159	比较	公民社会	是	Assessing Variation in Civil Society Organizations China's Homeowner Associations in Comparative Perspective
22	Victor Shih	Northwestern University	2007	77	描述性分析	金融	是	Partial Reform Equilibrium, Chinese Style: Political Incentives and Reform Stagnation in Chinese Financial Policies
23	Yuming Sheng	Wayne State University	2007	59	统计	贸易	是	Global Market Integration and Central Political Control: Foreign Trade and Intergovernmental Relations in China
24	Pierre F. Landry	Yale University	2010	103	统计	农村政治	否	Elections in Rural China: Competition Without Parties
25	Daniela Stockmann	Leiden University	2011	587	统计	媒体政治	否	Remote Control: How the Media Sustain Authoritarian Rule in China

续表

序号	第一作者（英文名）	第一作者单位（英文名）	发表时间（年）	引用量（次）	研究方法	议题	单独作者	英文文章原标题
26	Jeffrey Becker	George Washington University	2012	51	统计	抗争	是	The Knowledge to Act: Chinese Migrant Labor Protests in Comparative Perspective
27	Roselyn Hsueh	Temple University	2012	48	比较	行业管制	是	China and India in the Age of Globalization: Sectoral Variation in Postliberalization Reregulation
28	David A. Steinberg	University of Oregon	2012	128	描述性分析	外汇政策	否	Interest Group Influence in Authoritarian States: The Political Determinants of Chinese Exchange Rate Policy
29	Jiangnan Zhu	The University of Hong Kong	2013	146	统计	腐败	否	When Grapevine News Meets Mass Media: Different Information Sources and Popular Perceptions of Government Corruption in Mainland China
30	Tom Harrison	National Planning Commission Secretariat	2014	76	比较	环境政治	否	Balancing Priorities, Aligning Interests: Developing Mitigation Capacity in China and India
31	Junyan Jiang	University of Chicago	2016	132	自然实验	公民偏好	否	Lying or Believing? Measuring Preference Falsification From a Political Purge in China

续 表

序号	第一作者（英文名）	第一作者单位（英文名）	发表时间（年）	引用量（次）	研究方法	议题	单独作者	英文文章原标题
32	Jiangnan Zhu	The University of Hong Kong	2017	83	统计	反腐败	否	Weapons of the Powerful: Authoritarian Elite Competition and Politicized Anticorruption in China
33	Lily Tsai	MIT	2017	25	综述	综合	是	Bringing in China: Insights for Building Comparative Political Theory
34	Tianguang Meng	Tsinghua University	2017	208	实验	政府回应	否	Conditional Receptivity to Citizen Participation: Evidence From a Survey Experiment in China
35	Daniel C. Mattingly	Stanford University	2017	63	自然实验	殖民遗产	是	Colonial Legacies and State Institutions in China: Evidence From a Natural Experiment
36	Diana Fu	University of Toronto	2017	157	民族志	抗争	是	Disguised Collective Action in China
37	Xi Chen	University of North Carolina at Chapel Hill	2017	21	混合	抗争	是	Elitism and Exclusion in Mass Protest: Privatization, Resistance, and State Domination in China
38	Greg Distelhorst	University of Oxford	2017	79	案例	信息公开	是	The Power of Empty Promises: Quasi-Democratic Institutions and Activism in China

续 表

序号	第一作者（英文名）	第一作者单位（英文名）	发表时间（年）	引用量（次）	研究方法	议题	单独作者	英文文章原标题
39	Melanie Manion	University of Wisconsin-Madison	2017	73	统计	人大	是	"Good Types" in Authoritarian Elections: The Selectoral Connection in Chinese Local Congresses
40	Rory Truex	Princeton University	2017	261	实验	人大	是	Consultative Authoritarianism and Its Limits
41	Susan H. Whiting	University of Washington	2017	71	统计	法治	是	Authoritarian "Rule of Law" and Regime Legitimacy
42	Pierre F. Landry	Chinese University of Hong Kong	2018	278	统计	共产党	否	Does Performance Matter? Evaluating Political Selection Along the Chinese Administrative Ladder
43	Yuhua Wang	Harvard University	2018	17	统计	司法	是	Relative Capture: Quasi-Experimental Evidence From the Chinese Judiciary

注：数据截至2023年4月。

主要参考文献

一、中文文献

1. 常士訚:《比较政治学研究中的发现、创新和限度》,《思想战线》2021年第3期。
2. 王宏禹、王丹彤:《比较政治学视域下量化研究方法的边界》,《社会科学文摘》2019年第3期。
3. 汤峰、苏毓淞:《比较政治学视域下的体制性整合及其反思》,《学海》2021年第1期。
4. 李路曲:《比较政治学研究范式的综合性趋势评析》,《当代世界与社会主义》2020年第4期。
5. 李路曲:《比较政治学的基本特质与学科划分标准》,《当代世界与社会主义》2019年第1期。
6. 李路曲:《关于比较政治学几个基本问题的认识》,《社会科学战线》2020年第6期。
7. 马俊毅:《国家建构视角下中国特色比较政治学的理论体系建设》,《探索》2019年第3期。
8. 程同顺、李畅:《构建中国特色的比较政治学话语体系》,《理论与改革》2019年第2期。
9. 陈刚:《改革开放40年中国比较政治研究的发展》,《天津社会科学》2019年第1期。
10. 邢瑞磊:《宏观与微观的融合:比较政治学研究路径的逻辑调适与演化》,《比较政治学研究》2018年第1期。
11. 张春满:《重新思考比较政治学中的范式演进谱系》,《南开学报》(哲学社会科学版)2019年第1期。
12. 杨端程:《"比较政治学的新发展"暨第七届比较政治学论坛会议综述》,《比较政治学研究》2018年第1期。

13. 游腾飞:《论比较政治学的定量研究方法》,《探索》2018 年第 4 期。
14. 张长东:《比较政治学视角下的国家理论发展》,《北大政治学评论》2018 年第 1 期。
15. 李路曲:《中国特色比较政治学话语体系的建构及其面临的问题》,《学海》2018 年第 1 期。
16. [意]菲利普·施密特:《比较政治学的本源及其未来发展》,臧雷振编译,《比较政治学研究》2017 年第 2 期。
17. [意]菲利普·施密特:《比较政治学:过去、现在与未来》,江晨编译,《比较政治学研究》2017 年第 2 期。
18. 吕同舟、徐思宇:《改革开放以来中国比较政治研究述评》,《比较政治学研究》2017 年第 2 期。
19. 路煜:《构建中国特色政治学中层理论的思考——以比较政治学为例》,《江苏工程职业技术学院学报》2017 年第 4 期。
20. 那传林:《当代俄罗斯的比较政治学研究:特点、问题和前景》,《国外社会科学》2017 年第 6 期。
21. 程多闻:《比较政治学和区域研究在中国的发展:互鉴与融合》,《国际关系研究》2017 年第 2 期。
22. 许瑶:《西方比较政治学的方法论误区》,《国外理论动态》2017 年第 1 期。
23. 李路曲、夏蒙:《比较政治学的学科发展、比较历史分析、政治发展与民主化研究评述》,《比较政治学研究》2016 年第 2 期。
24. 徐海燕:《中国比较政治学:从西方学徒到自主创新》,《社会科学战线》2016 年第 11 期。
25. 陈峰、康怡:《比较政治学如何研究?——范例和启示》,《比较政治学研究》2016 年第 1 期。
26. 林奇富、刘世禹、鞠思成:《近十年美国比较政治学研究的新进展——基于三种比较政治学主要期刊的分析(2006~2015)》,《经济社会体制比较》2016 年第 5 期。
27. 高奇琦、吉磊:《中国比较政治研究的议题、价值与方法》,《理论探讨》2016 年第 4 期。
28. 王金水、胡华杰:《境外政治学实验研究的发展及其对于中国政治学研究的价值》,《中国人民大学学报》2016 年第 3 期。
29. 臧雷振、陈鹏:《比较政治学研究选择性偏差及其规避探索》,《政治学研究》2016 年第 1 期。

30. ［美］杰拉多·蒙克、理查德·斯奈德：《论比较政治学的发展方向——一项对主要学术期刊的分析》，吉磊编译，《比较政治学前沿》2014年第2期。
31. 邢瑞磊：《比较政治学与理性选择：理论与方法的双向综合》，《国外理论动态》2014年第11期。
32. 徐海燕：《中西比较政治学的发展：范式与变迁》，《长江论坛》2015年第1期。
33. 李路曲、杜雁军：《比较政治研究中三大范式的兼容趋势评析》，《天津社会科学》2014年第6期。
34. ［美］丹·斯莱特、埃丽卡·西蒙斯：《信息回归：比较政治学中的关键性前因》，花勇译，《比较政治学前沿》2013年第1期。
35. 杨光斌：《关于国家治理能力的一般理论——探索世界政治（比较政治）研究的新范式》，《教学与研究》2017年第1期。
36. 李巍：《层次回落与比较政治学的回归》，《世界经济与政治》2008年第7期。
37. 李新廷：《社会中心主义·国家中心主义·政党中心主义——西方比较政治学研究视角的演进与中国关照》，《国外理论动态》2016年第2期。
38. 李辉、熊易寒、唐世平：《中国的比较政治学研究：缺憾和可能的突破》，《经济社会体制比较》2013年第1期。
39. 高奇琦：《论西方比较政治学与国际关系学理论路径的趋近》，《世界经济与政治》2012年第4期。
40. 高奇琦：《从单因解释到多因分析：比较方法的研究转向》，《政治学研究》2014年第3期。
41. 黄冬娅：《国外比较政治学研究的发展及其内在逻辑》，《中山大学学报》（社会科学版）2009年第3期。
42. 吴清：《本世纪以来比较政治学在美国的发展》，《国外社会科学》1994年第1期。
43. 丁珊：《比较政治学述评?》，《上海社会科学院学术季刊》1985年第3期。
44. 程同顺：《比较政治学：走向没落，还是再度辉煌》，《政治学研究》1997年第1期。
45. 张小劲：《比较政治学的历史演变：学科史的考察》，《燕山大学学报》（哲学社会科学版）2000年第1期。
46. 张小兵：《美国视角的比较政治学》，《政治学研究》2009年第3期。

47. 刘昌明、找敏：《全球化的新部落主义转向：特征、动因及影响》，《探索与争鸣》2023年第7期。
48. 徐海燕：《中国视角下的比较政治学研究：发展与评析》，《政治学研究》2013年第2期。
49. 杨光斌：《比较政治学：理论与方法》，北京大学出版社2016年版。
50. 潘维：《比较政治学理论与方法》，北京大学出版社2014年版。
51. 张小劲、景跃进：《比较政治学导论》，中国人民大学出版社2008年版。
52. 李路曲：《解析比较政治学》，中央编译出版社2015年版。
53. 王正绪、耿曙、唐世平主编：《比较政治学》，复旦大学出版社2021年版。
54. 高奇琦：《比较政治学》，高等教育出版社2016年版。
55. ［美］加布里埃尔·A.阿尔蒙德、小G.宾厄姆·鲍威尔：《比较政治学——体系、过程和政策》，曹沛霖译，东方出版社2007年版。
56. ［英］戴维·米勒、韦农·波格丹诺：《布莱克维尔政治学百科全书》，邓正来译，中国政法大学出版社2002年版。

二、英文文献

1. Mohamed, Wader, Demiroglu, Levent and Imam, Mukhtar, "Historical Development of Comparative Politics in The United States", *The International Journal of Social Sciences and Humanities Invention*, 2017, 2(5), pp.1268-1297.
2. Neumann, Sigmund, "Comparative Politics: A Half-century Appraisal", *The Journal of Politics*, 1957, 19(3), pp.369-390.
3. Kenny, Michael, "The Case for Disciplinary History: Political Studies in the 1950s and 1960s", *The British Journal of Politics and International Relations*, 2004, 6(4), pp.565-583.
4. Neumann, Sigmund, "The Comparative Study of Politics", *Comparative Studies in Society and History*, 1959, 1(2), pp.105-112.
5. Blondel, Jean, "Then and Now: Comparative Politics", *Political Studies*, 1999, 47(1), pp.152-160.
6. Adcock, Robert, "The Emergence of Political Science as a Discipline: History and the Study of Politics in America, 1875-1919", *History of Political Thought*, 2003, 24(3), pp.481-508.
7. Hanrieder, Wolfram, "International and Comparative Politics: Toward a Synthesis?", *World Politics*, 1968, 20(3), pp.480-493.

8. Eckstein, Harry, "A Perspective on Comparative Politics, Past and Present", *Comparative Politics: Critical Concepts in Political Science*, 2005, 1, p.213.

9. Jackman, Robert, "Cross-National Statistical Research and the Study of Comparative Politics", *American Journal of Political Science*, 1985, 29(1), pp.161-182.

10. Melanson, Philip and King, Lauriston, "Theory in Comparative Politics: A Critical Appraisal", *Comparative Political Studies*, 1971, 4(2), pp.205-231.

11. Ulmer, Sidney, "American Political Science: A Profile of a Discipline", *The Journal of Higher Education*, 1965, 36(9), pp.522-524.

12. Beyme, Klaus, "The historical development of Comparative Politics", *Zeitschrift für Vergleichende Politikwissenschaft*, 2010, 4(1), pp.1-15.

13. Sartori, Giovanni, "Concept Misformation in Comparative Politics", *The American Political Science Review*, 1970, 64(4), pp.1033-1053.

14. Lijphart, Arend, "Comparative Politics and The Comparative Method", *The American Political Science Review*, 1971, 65(3), pp.682-693.

15. Kohli, Atul, Evans, Peter, Katzenstein, Peter, Przeworski, Adam, Rudolph, Susanne, Scott, James, and Skocpol, Theda, "The Role of Theory in Comparative Politics: A Symposium", *World Politics*, 1995, pp.1-49.

16. Munck, Gerardo, and Snyder, Richard, "Debating the Direction of Comparative Politics: An Analysis of Leading Journals", *Comparative Political Studies*, 2007, 40(1), pp.5-31.

17. Katznelson, Ira, "Structure and Configuration in Comparative Politics", *Comparative Politics: Rationality, Culture, And Structure*, 1997, pp.81-112.

18. Macridis, Roy and Cox, Richard, "Research in Comparative Politics (Seminar Report)", *American Political Science Review*, 1953, 47(3), pp.641-657.

19. Goodin, Robert, *The Oxford Handbook of Political Science*, Oxford: Oxford University Press, 2009.

20. Dodd, Walter, "An Index of Comparative Legislation", *American Political Science Review*, 1906, 1(1), pp.62-75.

21. Bishop, Joseph, "The Burgermeister, Germany's Chief Municipal Magistrate", *American Political Science Review*, 1908, 2(3), pp.396-410.
22. Korff, Baron, "The Future Russian Constitution as Seen by Russian Liberals", *The American Political Science Review*, 1920, 14(2), pp.209-221.
23. Shepard, Walter, James, "The New German Constitution", *American Political Science Review*, 1920, 14(1), pp.34-52.
24. Dennis, Alfred, "Impressions Of British Party Politics, 1909-1911", *Americna Poitical Science Review*, 1911, 5(4), pp.509-534.
25. Saby, R. S, "Danish Parliamentary Elections of 1918", *American Political Science Review*, 1919, 13(4), pp.656-662.
26. Ogg, Frederic, "British Parliamentary Elections", *The American Political Science Review*, 1919, 13(1), pp.108-114.
27. Fenwick, Charles, "Democracy and Efficient Government—Lessons of the War", *American Political Science Review*, 1920, 14(4), pp.565-586.
28. Miller, Norman, "The Rural African Party: Political Participation in Tanzania", *American Political Science Review*, 1970, 64(2), pp.548-571.
29. Leiserson, Michael, "Factions and Coalitions in One-Party Japan: An Interpretation based on The Theory of Games", *American Political Science Review*, 1968, 62(3), pp.770-787.
30. Lipset, Seymour, "Some Social Requisites of Democracy: Economic Development and Political Legitimacy", *American Political Science Review*, 1959, 53(1), pp.69-105.
31. Bernhard, Rachel, Shauna, Shames and Teele, Dawn, "To Emerge? Breadwinning, Motherhood, and Women's Decisions to Run for Office", *American Political Science Review*, 2020, 115(2), pp.379-394.
32. Wahman, Michael, Frantzeskakis, Nikolaos and Yildirim, Tevfik, "From Thin to Thick Representation: How a Female President Shapes Female Parliamentary Behavior", *American Political Science Review*, 2021, 115(2), pp.360-378.
33. Hutchings, Kimberly and Owens, Patricia, "Women Thinkers and the Canon of International Thought: Recovery, Rejection, and Reconstitution", *American Political Science Review*, 2021, 115(2),

pp.347-359.
34. Hancock, Ange-Marie, "When Multiplication Doesn't Equal Quick Addition: Examining Intersectionality as a Research Paradigm", *Perspectives on Politics*, 2007, 5(1), pp.63-79.
35. Ellis, George, "Political Institutions in Liberia", *American Political Science Review*, 1911, 115(2), pp.213-223.
36. Helmke, Gretchen and Levitsky, Steven, "Informal Institutions and Comparative Politics: A Research Agenda", *Perspectives on Politics*, 2004, 2(4), pp.725-740.
37. Dahl, Robert, "The Behavioral Approach in Political Science: Epitaph for a Monument to a Successful Protest", *American Political Science Review*, 1961, 55(4), pp.763-772.
38. Gilison, Jerome, "Soviet Elections as A Measure of Dissent: The Missing One Percent", *American Political Science Review*, 1968, 62(3), pp.814-826.
39. Hudson, Michael, "Democracy and Social Mobilization in Lebanese Politics", *Comparative Politics*, 1969, 1(2), pp.245-263.
40. Easton, David, "The New Revolution in Political Science", *American Political Science Review*, 1969, 63(4), pp.1051-1061.
41. Schachter, Ruth, "Single-Party Systems in West Africa", *American Political Science Review*, 1961, 55(2), pp.294-307.
42. Blyth, Mark, "Great Punctuations: Prediction, Randomness, and the Evolution of Comparative Political Science", *American Political Science Review*, 2006, 100(4), pp.493-498.
43. Gould, Stephen and Eldredge, Niles, "Punctuated Equilibria: The Tempo and Mode of Evolution Reconsidered", *Paleobiology*, 1977, 3(2), pp.115-151.
44. Hall, Peter and Taylor, Rosemary, "Political Science and the Three New Institutionalisms", *Political Studies*, 1996, 44(5), pp.936-957.
45. Finnemore, Martha and Sikkink, Kathryn, "Taking Stock: The Constructivist Research Program in International Relations and Comparative Politics", *Annual Review of Political Science*, 2001, 4(1), pp.391-416.
46. Schmidt, Vivian, "Discursive Institutionalism: The Explanatory

Power of Ideas and Discourse", *Annual Review of Political Science*, 2008, 11(1), pp.303-326.

47. Sil, Rudra and Katzenstein, Peter, "Analytic Eclecticism in The Study of World Politics: Reconfiguring Problems and Mechanisms across Research Traditions", *Perspectives on Politics*, 2010, 8(2), pp.411-431.

48. Beyle, Herman, "Political Methodology: A Scale for the Measurement of Attitude toward Candidates for Elective Governmental Office", *The American Political Science Review*, 1932, 26(3), pp.527-544.

49. Munck, Gerardo and Snyder, Richard, "Debating the Direction of Comparative Politics: An Analysis of Leading Journals", *Comparative Political Studies*, 2007, 40(1), pp.5-31.

50. Johnson, Burke, Onwuegbuzie, Anthony and Turner, Lisa, "Toward a Definition of Mixed Methods Research", *Journal of Mixed Methods Research*, 2007, 1(2), pp.119-121.

51. Small, Mario, "How to Conduct a Mixed Methods Study: Recent Trends in a Rapidly Growing Literature", *Annual Review of Sociology*, 2011, 37, pp.57-86.

52. Humphreys, Macartan and Jacobs, Alan, "Mixing Methods: A Bayesian Approach", *American Political Science Review*, 2015, 109(4), pp.653-673.

53. Lieberman, Evan, "Nested Analysis as a Mixed-Method Strategy for Comparative Research", *American Political Science Review*, 2005, 99(3), pp.435-452.

54. Rohlfing, Ingo, "What You See and What You Get: Pitfalls and Principles of Nested Analysis in Comparative Research", *Comparative Political Studies*, 2008, 40(11), pp.1492-1514.

55. Lijphart, Arend, "Comparative Politics and Comparative Method", *American Political Science Review*, 1971, 65(3), pp.682-693.

56. Mahoney, James, "After KKV: The New Methodology of Qualitative Research", *World Politics*, 2010, 62(1), pp.120-147.

57. Huntington, Samuel, "Political modernization: America VS. Europe", *World Politics*, 1966, 18(3), pp.378-414.

58. Morse, Anson, "What is a Party", *Political Science Quarterly*,

1896, 11(1), pp.68-81.

59. Meguid, Bonnie, "Competition between Unequals: The Role of Mainstream Party Strategy in Niche Party Success", *American Political Science Review*, 2005, 99(3), pp.347-348.

60. Hall, Peter and Taylor, Rosemary, "Political Science and the Three New Institutionalisms", *Political Studies*, 1996, 44(5), pp.936-957.

61. Katz, Richard and Mair, Peter, "Changing Models of Party Organization and Party Democracy: The Emergence of The Cartel Party", *Party Politics*, 1995, 1(1), pp.5-28.

62. Lijphart, Arend, "Comparative Politics and The Comparative Method", *Americann Political Science Review*, 1971, 65(3), pp.682-693.

63. Laitin, David, *Comparative Politics: The State of The Subdiscipline*, in Ira Katznelson and Helen V. Milner eds. *Political Science-State of the Discipline*, New York: W. W. Norton & Company, 2004.

64. Beyme, Klaus, *The Evolution of Comparative Politics*, Heidelberg: Springer, 2014.

65. Munck, Gerardo, *The Past and Present of Comparative Politics*, Helen Kellogg Institute for International Studies, 2006.

66. Almond, Gabriel, *Comparative Politics Today: A World View*, London: Pearson, 1974.

67. O'Neil, Patrick, *Essentials of Comparative Politics*, New York: Norton, 2015.

68. Wiarda, Howard, *Introduction to Comparative Politics: Concepts and Processes*, TX: Harcourt College, 2000.

69. Lane, Ruth, *The Art of Comparative Politics*, Boston: Allyn and Bacon, 1997.

70. Mahler, Gregory, *Comparative Politics: An Institutional and Cross-National Approach*, Upper Saddle River: Prentice-Hall, 2000.

71. Lim, Timothy, *Doing Comparative Politics: An Introduction too Approaches and Issues*, Boulder: Lynne Rienner Publisher, *Comparative Political Studies*, 2017, 50(3)2016.

72. Bentley, Arthur, *The Process of Government*, Chicago: University of Chicago Press, 1908.

73. North, Douglass, *Institutions, Institutional Change and Economic*

Performance, Cambridge: Cambridge University Press, 1990.

74. Mahoney, James and Thelen, Kathleen, *Explaining Institutional Change: Ambiguity, Agency, and Power*, Cambridge: Cambridge University Press, 2010.
75. Katznelson and Miller, *Political Science: State of the Discipline*, New York: Norton, 2002.
76. Tilly, Charles, *Big Structures, Large Processes, Huge Comparison*, New York: Russell Sage Foundation Publications, 1989.
77. Skocpol, Theda, *States and Social Revolutions: A Comparative Analysis of France, Russia and China*, Cambridge: Cambridge University Press, 1979.
78. Marx, Anthony, *Making Race and Nation: A Comparison of South Africa, the United States, and Brazil*, Cambridge: Cambridge University Press, 1998.
79. Schneider, Ben, *Business Politics and the State in Twentieth-Century Latin America*, Cambridge: Cambridge University Press, 2004.
80. He, Wenkai, *Paths toward the Modern Fiscal State: England, Japan, and China*, Cambridge: Harvard University Press, 2013.
81. King, Gary, Keohane, Robert and Verba, Sidney, *Designing Social Inquiry: Scientific Inference in Qualitative Research*, Princeton: Princeton University Press, 1994.
82. Brady, Henry and Collier David, *Rethinking Social Inquiry: Diverse Tools, Shared Standards*, Berkeley, CA: Rowman & Littlefield and Berkeley Public Policy Press, 2004.
83. George, Alexander and Bennett, Andrew, *Case Studies and Theory Development in the Social Sciences*, Cambridge, MA: MIT Press, 2005.
84. Gerring, John, *Social Science Methodology: A Criterial Framework*, Cambridge, UK; New York: Cambridge University Press, 2001.
85. Mahoney, James and Rueschemeyer, Dietrich, *Comparative Historical Analysis in the Social Sciences*, Cambridge, UK; New York: Cambridge University Press, 2003.
86. Ragin, Charles, *Fuzzy-Set Social Science*, Chicago: University of Chicago Press, 2000.

87. Collier, David and Gerring John, *Concepts and Method in Social Science: The Tradition of Giovanni Sartori*, New York: Routledge, 2009.
88. Rihoux, Benoît and Ragin, Charles, *Configurational Comparative Methods: Qualitative Comparative Analysis (QCA) and Related Techniques*, Thousand Oaks, California: Sage, 2008.
89. Goertz, Gary, *Social Science Concepts: A User's Guide*, Princeton: Princeton University Press, 2006.
90. Ragin, Charles, *Redesigning Social Inquiry: Fuzzy Sets and Beyond*, Chicago: University of Chicago Press, 2008.
91. Gerring, John, *Case Study Research: Principles and Practices*, Cambridge: Cambridge University Press, 2007.
92. Goertz, Gary and Mahoney, James, *A Tale of Two Cultures: Qualitative and Quantitative Research in the Social Sciences*, New Jersey: Princeton University Press, 2012.
93. Fukuyama, Francis, *The Origins of Political Order: From Prehuman Times to The French Revolution*, New York: Farrar, Straus and Giroux, 2011.
94. Kingsbury, Damien, *Political Development*, New York: Routledge, 2007.
95. Easton, David, *A Systems Analysis of Political Life*, Chicago: The University of Chicago Press, 1979.
96. Evans, Peter, Rueschemeyer, Dietrich, Skocpol, Theda, *Bringing the State Back In*, Cambridge: Cambridge University Press, 1985.
97. Nordlinger, Eric, *On the Autonomy of the Democratic State*, Boston: Harvard University Press, 1981.
98. Katz, Richard and Crotty, William, *Handbook of Party Politics*, London: Sage, 2006.
99. Langford, Paul, *The Writings and Speeches of Edmund Burke*, London: Clarendon Press, 1981.
100. Downs, Anthony, *An Economic Theory of Democracy*, New York: Harper, 1957.
101. Michels, Robert, *Political Parties: A Sociological Study of The Oligarchical Tendencies of Modern Democracy*, Kitchener: Batoche Books, 2001.
102. Sartori, Giovanni, *Parties and Party Systems: A Framework for*

Analysis, London: ECPR Press, 2005.

103. Katz, Richard, *A Theory of Parties and Electoral Systems*, Baltimore: Johns Hopkins University Press, 2007.

104. Crepaz, Markus, Koeble, Thomas and Wilsford, David, *Democracy and Institutions: The Life Work of Arnd Lijphart*, Ann Arbor: The University of Michigan University Press, 2000.

105. Hall, Peter and Soskice, David, *Varieties of Capitalism: The Institutional Foundations of Comparative Advantage*, Cambridge: Cambridge University Press, 1999.

106. Inglehart, Ronald, *Modernization and Postmodernization: Cultural, Economic, and Political Change in 43 Societies*, Princeton: Princeton University Press, 1997.

107. Inglehart, Ronald, *The Silent Revolution: Changing Values and Political Styles Among Western Publics*, Princeton: Princeton University Press, 2015.

108. Inglehart, Ronald, *Culture Shift in Advanced Industrial Society*, Princeton: Princeton University Press, 2018.

109. Lipset, Semour, *Political Man: The Social Bases of Politics*, New York: Doubleday & Company, Inc, 1960.

110. Lipset, Semour and Rokkan, Stein, eds, *Party Systems and Voter Alignments: Cross-National Perspectives*, New York: The Free Press, 1967.

111. Hou, Fu-wu, *A Short History of Chinese Communism, Completely Updated*, Upper Saddle River: Prentice Hall, 1973.

112. Munck, Gerardo L. and Richard Snyder eds., *Passion, Craft, and Method in Comparative Politics*, Baltimore: Johns Hopkins University Press, 2007.

113. Clark, William Roberts, Matt Golder and Sona Nadenichek Golder, *Principles of Comparative Politics*, Washington, D.C.: CQ Press, 2017.

114. Chilcote, Ronald H., *Theories of Comparative Politics: The Search for A Paradigm Reconsidered*, London: Routledge, 2018.

图书在版编目(CIP)数据

美国比较政治学的百年学术发展研究/张春满著. —上海：复旦大学出版社,2024.6
ISBN 978-7-309-17342-0

Ⅰ.①美… Ⅱ.①张… Ⅲ.①比较政治学-学科发展-研究-美国 Ⅳ.①D0

中国国家版本馆 CIP 数据核字(2024)第 058855 号

美国比较政治学的百年学术发展研究
张春满 著
责任编辑/朱 枫

复旦大学出版社有限公司出版发行
上海市国权路 579 号 邮编：200433
网址：fupnet@fudanpress.com http://www.fudanpress.com
门市零售：86-21-65102580 团体订购：86-21-65104505
出版部电话：86-21-65642845
常熟市华顺印刷有限公司

开本 787 毫米×1092 毫米 1/16 印张 13.5 字数 235 千字
2024 年 6 月第 1 版
2024 年 6 月第 1 版第 1 次印刷

ISBN 978-7-309-17342-0/D·1189
定价：58.00 元

如有印装质量问题，请向复旦大学出版社有限公司出版部调换。
版权所有 侵权必究